中央高校基本科研业务费专项资
金资助（SWU1709359）

西南大学教育学部
现代教育文库

工作场学习与专业化革新
——职业教育教师专业发展路径探新

林克松 著

人 民 出 版 社

图书在版编目（CIP）数据

工作场学习与专业化革新——职业教育教师专业发展路径探新 / 林克松 著. —北京：人民出版社，2018

ISBN 978-7-01-019415-8

Ⅰ.①工⋯ Ⅱ.①林⋯ Ⅲ.①职业教育－师资培养－研究 Ⅳ.①G715

中国版本图书馆CIP数据核字（2018）第119239号

工作场学习与专业化革新——职业教育教师专业发展路径探新

GONGZUOCHANG XUEXI YU ZHUANYEHUA GEXIN——
ZHIYE JIAOYU JIAOSHI ZHUANYE FAZHAN LUJING TANXIN

著　　者：林克松

责任编辑：翟金明　韩　悦

出版发行：人民出版社

地　　址：北京市东城区隆福寺街99号

邮政编码：100706

印　　刷：廊坊市海涛印刷有限公司

版　　次：2019年1月　第1版

印　　次：2019年1月　河北第1次印刷

开　　本：710毫米×1000毫米　1/16

印　　张：24.25

字　　数：300千字

书　　号：ISBN 978-7-01-019415-8

定　　价：75.00元

销售中心：(010) 65250042 65289539

目　录

前　言

　　在职业教育复兴以及改革呼声日益高涨的时代，针对如何进一步促进职业教育教师职后专业发展、优化职业教育师资质量问题的研究，成果已经很多了。形形色色的相关理论探讨与实践探索大致围绕着两条思路而展开：一是以"教师培训"为主导战略，试图采取"自上而下"的方式系统优化职业教育教师质量；二是以"教师学习"为核心行动，力求通过"自下而上"的方式整体提升职业教育教师专业水平。两种不同取向的行动路径，对职业教育教师专业变革生发的影响也不尽相同。前者更多地强调教师对外在知识的吸收和对外部环境的适应，后者更多地表现为教师对自我专业知能的提升和对外在环境的超越。从长远效益来看，在"自下而上"取向的改革情境中，教师专业性能够得到更好的体现并获得更稳定、更高水平的提升。将教师专业化革新转向"自下而上"取向，意味着职业教育教师必须成为专业化革新的主体，意味着每个职业教育教师的学习、每一天的学习都应该是实现专业化革新这一终极目标的必要条件。

　　工作场学习视工作场所为合法的学习空间，强调职业教育教师根植于学校工作场境，在日常工作实践中学习，主张工作学习化、学习工作化。显而易见，工作场学习蕴涵着鲜明的情境性、实践性和日常性韵味，其与"自下而上"的教师专业化革新取向深度契合，成为系统提升职业教育教师专业水平的有力杠杆。但是在实践当中，工作场学习何以促进职业教育教师专业发展？职业教育教师工作场学习是否真正发生？职业教育教师采取什么样的工作场学习方式？职业院校是否拥有支持教师工作场学习的情境？工作场学习是否真正成为促进职业教育教师知识体系不断完善的机制？如何真正将工作场学习建设成为职业教育教师专业化革新的有效机制？这些充满未知的疑惑成为本书关注的主要问题。

本书着眼于当下我国职业教育教师职后专业发展存在的现实困境，以探寻提升职业教育教师工作效能和职业院校发展效能的"自下而上"的教师专业发展路径为逻辑起点，以工作场学习为核心概念，以学习科学、教育学、心理学、管理学、人类学等学科为视角，以定量研究和定性研究为方法手段，顺延由整体建构到具体还原再到整体建构的研究路线，着力展开四个板块、八个模块内容的研究。

第一板块以意涵解读和框架设计为核心主题，具体包含绪论以及第一章。工作场学习发轫于 20 世纪八九十年代的西方欧美国家，主要应用于企业情境中的人力资源开发领域。此后，学校教育逐渐引入工作场学习的理论与实践范式，用于帮助学生更好地实现从学校到工作场所的转换，并解决职后知识技能更新问题。尽管工作场学习已然具备较为成熟的理论与实践体系，但是要将其迁移至我国职业教育领域，具体解决职业教育教师专业发展问题，则有必要将其置于不同的语境中展开讨论和比较。鉴于此，该板块以探讨中国社会变革、职业教育改革以及教师学习研究实践走向为切入点，在揭示我国职业教育教师专业化之沉疴及其谋求革新路径转型之紧迫性、重要性与可能性的基础上，通过对工作场学习研究脉络的系统梳理和深入挖掘，对工作场学习的立论、本质、机制进行了再认识和再概念化，并透析了职业教育教师工作场学习的差异性，最后综合以上分析构建出了职业教育教师工作场学习的整合性分析框架。之所以称之为整合性分析框架，一方面在于该框架从纵向上将工作场学习分解为学习动机、学习策略、学习环境以及学习绩效四个具备内在逻辑关系的分析要素；另一方面在于从横向上将工作场学习区分为教师个体以及职业院校组织两个层面。

　　第二板块以学习特征分析与比较为核心主题，具体包含第二章、第三章、第四章以及第五章。实践当中，不管是有意识的还是无意识的，任何一个教师以及任何一所职业院校都客观发生着工作场学习行为，只是不同职业教育教师以及不同职业院校在工作场学习能力上存在着差异。为了探查职业教育教师工作场学习的总体特征和特征差异，该板块以量化研究为方法，首先分别在理论讨论的基础上编制"职业教育教师工作场学习动机问卷""职业教育教师工作场学习策略问卷""职业教育教师工作场学习环境问卷"以及"职业教育教师工作场学习绩效问卷"，进而以全国7个省（直辖市）的28所中高职院校的848名教师为有效样本，调查职业教育教师工作场学习动机、学习策略、学习环境和学习绩效的基本特征，以及不同类型（国家级重点与非国家级重点）、不同区域（东部、中部与西部）职业院校在教师工作场学习动机、学习策略、学习环境和学习绩效上的特征差异。

　　第三板块以因果关系揭示为研究主题，包含第六章。工作场学习是一个开放的、复杂的、动态的自组织系统，是一个有输入、更有输出的流通系统，在该系统中，学习动机是输入，学习策略是过程，学习环境是保障，学习绩效是输出。学习动机、学习策略、学习环境与学习绩效四个要素在理论上存在相互影响的关系。为了揭示职业教育教师工作场学习要素之间的相因性，以进一步呈现职业教育教师工作场学习的整体面目，该板块将工作场学习动机、学习策略、学习环境设定为因变量，将工作场学习绩效设定为自变量，并从定量和定性两条途径出发分别探讨了职业教育教师工作场学习动机与学习绩效、学习策略与学习绩效、学习环境与学习绩效的因果关系。

　　第四板块以学习机制设计为核心主题，包含一个模块，即第七章。在国际教育变革情境中，以学校整体为单元开展变革活动逐渐成为主流趋势。为此，通过培育职业教育教师工作场学习力来提升教师工作效能、通过创建学习型职业院校来提升学校发展效能，理应成为未来中国职业教育改革进程中的关键路径。面对实证研究所昭示的我国职业教育教师工作场学习的断裂式、碎片化、孤立性、低层次等问题，该板块扎根于校本脉络、基于系统视野和能力建构取向，以内在激励、行动学习、组织学习、生态构建和知识管理为核心战略行动，分别对职业教育教师工作场学习的学习动机、学习策略、学习环境以及学习绩效进行设计，构建出了职业教育教师有效工作场学习的整合机制模型，以此为职业教育教师和职业院校提供了较为系统的问题解决思路和方案。

总而言之，本书构建了理论模型、开发了测量工具、分析了学习特征、比较了特征差异、揭示了因果关系、设计了学习机制，这些研究有助于人们认识当前我国职业院校教师工作场学习的实然状况，有助于为职业教育教师和职业院校采取相关改革行动提供实证依据和实践样式，同时有助于为今后的相关研究提供有益借鉴。最重要的是，在对职业教育教师工作场学习的探索历程中，职业教育教师专业化革新的意义不断被审视、被诠释，并被重新赋予，职业教育教师基于工作场学习的"自下而上"的专业发展路径得以清晰显现。

绪　论

职业教育教师：是濒危的群体还是专业化革新的主体?[①]

——菲利普·葛洛曼、菲利克斯·劳耐尔

(Philipp Grollmann & Felix Rauner)

"职业教育教师：是濒危的群体还是专业化革新的主体?"国际职业教育著名学者——菲利普·葛洛曼和菲利克斯·劳耐尔基于对全球职业教育教师发展状况的现实考察，发出了如此耐人寻思的拷问。在这两位学者看来，职业教育的重要性与职业教育教师的地位形成了巨大的反差：一方面，职业教育教师对促进劳动力技能的发展起着至关重要的作用；另一方面，职业教育教师却没有因为这一角色而获得很高的地位，职业教育教师所从事的工作甚至被视为"半职业化"的。尽管职业教育教师专业化问题遭受"冷遇"已是不争的事实，但是对"职业教育教师是作为濒危的群体继续存在还是作为专业化革新的主体"这一问题的回答却是肯定的，即在终身教育浪潮的强势推动下，职业教育教师必须走专业化革新之路。

---

① 〔德〕菲利普·葛洛曼、菲利克斯·劳耐尔：《职业教育教师：是濒危的群体还是专业化革新的主体?》，见菲利普·葛洛曼、菲利克斯·劳耐尔主编：《国际视野下的职业教育师资培养》，石伟平译，外语教学与研究出版社 2011 年版，第 1 页。

第一节 研究背景、目的和意义

一、研究背景

1. 研究的时代背景

变革是这个时代的主题。知识经济、网络社会、学习化社会、全球化等等一系列极富时代表征的社会改革行动极大改变着人们对生活、工作、学习、沟通的观感和习惯。面对社会变迁，教育也同步改革，积极而恰当地回应社会变革。但是，社会变革赋予了职业教育改革哪些新意义？社会变革以及职业教育改革之于职业教育教师专业化革新的意义又在哪里？

一是职业教育改革使得教师的专业化革新问题由内隐推向外凸。自2000 年以来，由于政府力量的有力驱动，中国职业教育面临前所未有的发展机遇，改革与创新成为中国职业教育发展的主旋律。其中，职业教育内涵式发展成为改革与创新的重点。有研究者概括了职业教育内涵式发展的五个议题：职业教育发展方式发生变革、全面推行人才培养模式改革、全面提升职业教育基础能力、加强职业教育师资队伍建设、健全职业教育质量保障体系。[①] 职业教育内涵式发展的五大议题清晰地揭示了中国职业教育的改革主题逐步向职业院校这一中观意义上的基础性的分析单元聚焦的趋势。职业院校作为职业教育变革的核心主体被摆放在了前所未有的重要地位。有研究者将处于学校层面的改革实践分为两大类型：非转型性改革和转型性改革。其中，非转型性改革是由教学、课程、信息技术、组织管理及教师专业发展某一维度的切入而引发的相关性变革；转型性改革是致力于学校整体面貌、内在基质和实践形态的有结构的

---

① 汤生玲、闫志利：《我国职业教育改革和发展的总体态势分析》，《河南科技学院学报》2011 年第 2 期。

变革。① 但是，不管是非转型性改革还是转型性改革，教师都应当是改革主体，都应当在其中发挥主体性的作用。任何将教师排除在外的改革注定是要失败的。② 事实上，不管是教师作为职业教育变革的主体，还是作为被变革的对象，职业教育教师的专业化问题都是根本性的问题。

二是学习型社会的理念要求职业教育教师成为"学习型教师"。终身教育、终身学习等理念构成了影响时代发展最具活性的理念之一。无论是学习型组织，还是终身教育、终身学习，学习的"魅影"始终环绕。"学习"成为当今世界全方位改革的聚焦点，"以学为基点"成为当前世界各国学校教育改革的新范型。③ 终身教育、终身学习的理念以及创建学习型社会的实践对职业教育改革的影响是深刻的。职业院校不仅要培养具备终身学习理念和能力的学生，同时自身必须成为一个学习型的组织。"学习型组织"意味着每一所职业院校必须通过持续不断的学习以适应外在环境的变化，意味着职业院校必须让学校里的人们（包括教师）平等、和谐地进行个人和集体的学习，并应用学习到的成果来促进个人和组织的效能增强，从而提高职业院校适应社会变化的能力。职业教育教师作为职业院校生态系统中的"血脉"，在职业院校建设学习型组织的环境下，必须成为"学习型教师"。学习型教师意味着学习必须成为职业教育教师工作、生活的方式之一。学习不再被仅仅看成是获取进入教师职业资格的手段，工作也不能仅仅是生存的手段，学习与工作必须交织在一起，从而共同创造具有生命意义的教师生活。

2. 研究的现实背景

"职业教育的兴衰，取决于内部条件和外部环境两个方面，内部条

① 杨小薇：《当代学校变革的理论与实践译丛总序》，见〔加〕迈克·富兰：《教育变革的新意义》（第四版），武云斐译，华东师范大学出版社2009年版，第2页。
② 卢乃桂、操太圣：《论教师的内在改变与外在支持》，《教育研究》2002年第12期。
③ 高文：《铸造"学习的生命之舟"——试论学习科学与课程教学创新（代总序）》，见赵健：《学习共同体——关于学习的社会文化分析》，华东师范大学出版社2006年版，第2页。

件的第一要素是教师。"① 毋庸讳言，师资队伍对于世界任何一个国家职业教育发展的重要性都是不言而喻的。"就革新技术与职业教育必不可少的需要而言，教师的作用仍然是最重要的。"② 改革开放三十余年来，中国职业教育在师资队伍建设上取得了有目共睹的成就。"但谁都知道，就职教内部而言，教师是数十年来制约我国职业教育发展的主要'瓶颈'，时至今日，教师队伍仍然是关乎我国职业教育事业发展的关键性要素，进一步优化师资队伍的数量、质量和结构的状况是推进我国职业教育事业发展的第一要务。"③

面对当前我国职业教育教师专业化的沉疴，职业教育理论界和实践界皆展开了积极的探讨或探索。从现状来看，似乎可以得到这样的线索，即理论界倾向于将目光聚焦在职业教育师资的职前培养以及资格证书制度改革的问题上，试图从培养制度、培养模式、课程体系、资格认定等层面强化职业教育教师职业的专业化。相对应的，实践界则倾向于以职业教育教师的在职培训为突破口进行相应的专业化革新。不管是强化职业教育教师职前培养，还是侧重其职后培训，这两种路径显然都是针对职业教育教师专业化革新的努力方向。然而，这两种路径并非职业教育教师专业化革新的全部方式，也并非解决职业教育教师专业化问题的唯一途径。另外，由于长期以来受经济、社会、文化诸多积弊的交互影响，职业教育教师专业化发展业已形成严重的"路径依赖"，试图从职前培养模式改革抑或职后培训模式改革来强化职业教育教师的专业性，都非朝夕之功，甚至还可能是吃力不讨好的事情，因为职业教育教师的专业发展问题并非职业教育教师的问题，也并非职业教育的问题，

---

① 吴全全：《职业教育"双师型"教师基本问题研究》，清华大学出版社 2011 年版，序。

② 赵中建：《全球教育发展的研究热点》，教育科学出版社 2003 年版，第 430 页。

③ 吴全全：《职业教育"双师型"教师基本问题研究》，清华大学出版社 2011 年版，序。

而是一个根基于中国经济、社会、文化土壤的系统问题。

　　面对职业教育教师专业化进程中遭遇的现实问题，中国职业教育有必要在不脱离既有的现行改革的基础上，树立更具复杂性的战略眼光，打破职业教育教师专业化进程的职前培养、职后培训的二元化思维，必须在终身教育、知识经济的时代背景下，将目光更多地转向职业教育教师本身，实现职业教育教师专业化革新的路径转型。在国际教育变革研究大家——迈克·富兰看来，在教师的专业学习解决方案中，工作坊、培训课程以及单纯为达到专业资质认证而进行的学习至多占解决方案的三成，而其余七成的关键取决于教师是否可以坚持每天不间断地学习、坚持不断地提高业务水平。基于此，富兰大胆提出判断，在教师职业学习模式转换的构成部分中，彻底改革标准、激励机制和认证体系只占解决方案的 30%，而改变教师的整体工作状况与环境占解决方案的70%。[①] 美国学者林奇等人同样大声疾呼，"围绕职业技术教育，要实现所提出的各种影响政策和立法的动议，毫无疑问应该将重点放在改进教师的专业发展和教师的工作条件上。"[②] 由此，职业教育教师的学习问题必须得到应有的重视。职业教育教师的专业化发展应从"要我发展"到"我要发展"转换。将职业教育教师专业化革新转向职业教育教师本身，意味着职业教育教师必须成为专业化革新的主体，意味每个职业教育教师每一天的学习，无论是教师个人进行的还是合作实现的，都应该是实现专业化革新这一最终目标的必要条件。

　　3. 研究的理论背景

　　"学习"作为一个研究领域，自 20 世纪至今经历了既生动又深刻

---

① 〔加〕迈克·富兰：《教育变革的新意义》（第四版），武云斐译，华东师范大学出版社 2009 年版，第 220 页。

② 〔美〕理查德·L. 林奇等：《美国职业生涯与技术教育及其师资培养》，见菲利普·葛洛曼、菲利克斯·劳耐尔主编：《国际视野下的职业教育师资培养》，石伟平译，外语教学与研究出版社 2011 年版，第 294 页。

的嬗变过程。世界范围内有关学习的理论研究在过去百余年间经历了三个主要范式的转变：20 世纪前半个世纪以动物行为研究建模的行为主义"刺激—反应"联结学习理论→20 世纪 50 年代兴起的以认知科学为支撑的认知学习理论→20 世纪 90 年代伴随社会文化建构主义运动的壮大以及情境认知、情境学习研究浪潮的掀起而兴起的情境学习理论。纵观 20 世纪的教育变革史，我们仍然可以清晰地看到，学习研究的每一次变革不仅极富建设性地推动了人们对教育现象和活动的科学理解，也极大塑造了教育的实践。

学习理论的发展尤其是情境学习理论的进展对职业教育教师专业化革新及其研究极富启发意义。这种意义体现在五个方面：

第一，情境学习理论关于"知识具有情境性"的隐喻主张只有让情境中的人基于情境获得知识，这种知识才能够丰富人的认知结构，进而生成真正的经验。对于职业教育教师学习而言，"知识具有情境性"的隐喻要求教师不能仅仅学习脱离了情境的结果性知识，还应当注重过程性知识的获得。而过程性的知识主要来源于生机勃勃的工作世界，来源于教师的实践活动，因此，工作场所理应成为职业教育教师学习的生态情境。

第二，情境学习理论关于"学习是情境性活动"的学习隐喻不仅要求学习者要善于学习"情境性的知识"，同时要善于在情境中运用所学知识。即不但要"活学"知识，而且能"活用"知识。事实上，对于偏重实践操作能力培养的职业教育而言，职业教育教师更应该注重知识的转化，应当注重在实际的教学岗位上，经过对知识的获取、分析、筛选、加工和整合等过程，从而不断构建、深化知识。

第三，情境学习理论关于"学习是知识的社会协商"的学习隐喻强调"学习共同体""学习者共同体"在学习中的作用。"情境学习将学习与学习发生的社会情境之间的关系作为研究的重点"，① 认为学习

---

① 〔美〕J. 莱夫、E. 温格：《情景学习：合法的边缘性参与》，王文静译，华东师范大学出版社 2004 年版，第 2 页。

发生在学习者参与社会情境的过程之中。"学习是知识的社会协商"弱化了学习者与知识的关系，强化了学习者与社会群体的关系。在职业教育场域，掌握完整的工作过程既是当前对人才培养的新要求，也是对职业教育教师的新要求，职业教育教师不能仅仅局限于"我的专业""我的课堂"，而应当着眼于某个完整的工作过程，关注"我们的专业""我们的课堂"，这就需要教师个体之间通过互动、共享，从而构建一个更为完整的、发展的知识体系。

第四，情境学习理论中的"认知学徒制"认为，认知的建构如同学徒学习技能一样，需要诸如情境、活动、任务、师傅、示范、观察、操作、反思、文化等要素的共同凝造。[①] 作为情境学习理论的一种重要模式，"认知学徒制"对职业教育教师专业发展有重要的启发意义。当前，"双师型"教师严重匮乏是职业教育发展的现实困境，如何培养更多的"双师型"教师也是职业教育发展的重要诉求。诚然，"双师型"教师的培养模式形式多样，但就职业教育所具有的显著的实践性特征而言，"认知学徒制"理应成为重要的模式之一。因此，职业院校的新手教师可以与"双师型"教师或"双师型"教师团队一起，在学校的真实场境中，以完成某个项目为具体载体，在参与真实任务过程中实现专长成长。

第五，情境学习理论关于"学习是实践共同体中合法的边缘性参与"的学习隐喻认为，学习是参与实践共同体的过程，学习应当包含五个本质诉求：以参与为前提、以实践为基础、以情境为条件、以学习为动机、以共享为目的。[②] "合法的边缘性参与"（Legitimate Peripheral Participation）这一极富情境表征的概念为职业教育教师提供了一种新的

---

① 王中男、崔允漷：《教师专业发展为什么要学校本位——情境学习理论的视角》，《上海教育科研》2011 年第 7 期。
② 程勇、王丹：《合法的边缘性参与：教师实践性知识管理的新观点》，《教师教育研究》2010 年第 1 期。

学习方式。① 尤其在当前我国职业教育教师职后培训制度不健全、质量不高的现实情况下，职业教育教师可以将学校工作情境作为自然场域，在教育教学实践共同体中以学习的态度参与其中，在既定情境的交流中积极去获取或习得话语权，最终实现实践性知识的共享。

在情境学习、社会共享认知等新学习概念的影响下，教师学习正在成为国际上教师认知研究和教师教育实践的前沿课题。② 国际教师教育领域有关教师发展研究的视角在最近几年发生了重大的转换，即从关注教师培养的数量、规模、层次、学科到重点探讨教师的质量、专业成长、专业发展，从强调教师培训、教师教育到关注教师学习。③ 但是，教师学习问题是一个系统性的复杂问题，正如美国教育研究会（AERA）主席博尔科所说："了解教师是如何学习的并将其作为制定教师专业发展政策和实践的基础，是美国教育研究中一个尚未解决的重大问题……"④ 为此，在未来较长一段时间内，教师学习问题仍将是国际教育研究领域中一项重要课题，势必期待更多人参与研究之中。而在中国，从文献梳理来看，对教师学习的研究显然滞后于教师学习实践本身。我国教育界关于教师学习的研究尚处于萌芽阶段，需要从以经验总

---

① "合法的边缘性参与"是一种分析学习的观点，一种理解学习的方式。所谓"合法的"是指新成员受到公认的内行从业者的接纳，与后者发生相互作用，从而使学习合法化，侧重学习机会的获得。"边缘性"意味着多元化、多样性，或多或少地参与其中，以及在实践共同体中，参与的过程中所包括的一些方法。"边缘性参与"一方面意味着新手或学习者只是部分地参与"实践共同体"中的相应活动，另一方面也表示这种参与是积极的、与活动直接相关的。（参见 J. 莱夫、E. 温格：《情景学习：合法的边缘性参与》，王文静译，华东师范大学出版社 2004 年版，第 2 页。）

② 刘学惠、申继亮：《教师学习的分析维度与研究现状》，《全球教育展望》2006 年第 8 期。

③ 肖正德、张素琪：《近年来国内教师学习研究：盘点与梳理》，《全球教育展望》2011 年第 7 期。

④ H. Broko, "Professional Development and Teacher Learning: Mapping the Terrain", *Education Researcher*, Vol. 33, No. 8, 2004, pp. 3 – 15.

结为特征的日常话语阶段转向研究领域的自觉建设阶段。① 从这个意义
上讲，本书将问题聚焦于教师工作场学习，从多重视角探讨职业教育教
师学习问题，应该说是在学习理论与教师学习研究发展态势下的理论自
觉，是对教师学习研究所作的尝试性突破。

二、研究目的和意义

本书的理论意图及其衍生的理论意义为：

第一，将国际上已然兴起的、主要聚焦于人力资源开发领域的工作
场学习理论研究成果及其实践范式引入我国职业教育教师专业学习与发
展的特定领域，并对其进行较为全面、深入的再认识和再概念化，从而
丰富我国职业教育理论体系，进一步深化对职业教育教师专业发展的认
识和理解。近二十多年来，我国在行政体系层面和学校体系层面建立起
了较为完整的职业教育体系，但职业教育理论与实践研究仍存在诸多问
题，中国特色职业教育理论体系的构建仍然逡巡守旧。② 而在我国特色
职业教育理论体系的构建过程中，理论迁移又不失为其中的可行之道。
如此背景下，我国职业教育理论研究要敢于进行理论迁移，并善于进行
理论迁移。本书对职业教育教师工作场学习的探索属于一种理论迁移。
早在 20 世纪 90 年代初，以美国、英国、澳大利亚为代表的西方发达国
家就兴起了工作场学习研究的热潮。起初，国外对工作场学习的研究主
要以人力资源开发以及组织管理为视角，聚焦于企业员工在工作场境中
教与学的问题。随后，工作场学习研究的浪潮不断渗透，并逐步运用于
教育领域中，成为当前西方国家教师培训与发展、学生培训和发展的重要
手段和方法。近年来，国内也有一些研究者开始关注工作场学习研究，但
这些研究基本上停留于概念的引介和国外研究的零星介绍上，缺乏系统

① 毛齐明：《教师学习——从日常话语到研究领域》，《华东师范大学学报（教育
科学版）》2010 年第 3 期。
② 陈甜等：《论职业教育研究的理论迁移》，《职教论坛》2012 年第 27 期。

的、本土化的研究，而直接相关职业教育教师工作场学习的研究尚未发现。因此，通过本书的研究，希望有助于人们对工作场学习、职业教育教师专业学习、职业教育教师工作场学习有更为深刻、生动的了解。

第二，通过揭示当下我国职业院校教师专业发展的实然困境，深入阐释职业教育教师工作场学习是什么、为什么、怎么做等核心问题，进而为我国未来进一步探寻职业教育教师专业化革新路径转型问题打开理论天窗，提供前期理论研究积淀。我国对教师学习的理论研究明显滞后于教师学习实践，这种现象在职业教育领域更为凸出。从国际教师专业发展形势来看，未来教师专业化革新路径由"自上而下"的教师培训转向"自下而上"的教师学习必然是历史潮流、大势所趋，研究职业教育教师工作场学习问题虽在一定程度显得"不合时宜"，但其散发的前瞻性意义却是深刻且深远的。

相对于理论意图以及理论意义，本书的实践意图及其衍生的实践意义则显得更为具体：

第一，本书将职业教育教师专业发展的关注点从传统的基于教室内的专业培训转向基于真实工作情境的专业学习，从社会与实践的维度来关注职业教育教师工作情境中的学习，试图发展出根植于职业教育教师日常工作真实境脉的学习研究的新思路以及专业化革新的新路径，为当下我国职业院校教师专业发展实践提供新思路和新方法。

第二，本书将主要采用实证研究的范式对问题展开探索，这有助于人们了解当前职业教育教师工作场学习的基本特征、现实问题及其问题产生的原因，有助于为相应的改革实践提供实证依据。

第三，针对当前职业教育教师职后培训相对不受重视，且其无法从根本上扭转理论与实践相脱节的局面，以及无法从根本上驱动教师持续的专业成长的问题，本书试图跳出传统的实践样式，根植于职业教育教师日常工作情境，探究一种符合实践需要的新型教师专业化模式，以期能为未来的职业教育教师专业化革新路径转型提供一定的实践参考。

第二节　文献研究与启示

结合研究问题和研究目的，围绕三个主题展开文献回顾，即工作场学习的研究、教师学习的研究以及职业教育教师专业化的研究。其中，前两个主题关乎职业教育教师工作场学习的过程，后一个主题关乎目的。

一、工作场学习的相关研究

近二三十年来，工作场学习研究在国际学习科学研究领域经历了从内隐到外凸、进而聚焦的过程，工作场学习不仅作为学理性的概念框架，同时作为实践性的发展战略，日益焕发独特的魅力。在国际范围内，对工作场学习研究的文献进行梳理，可以归结出四个向度的研究焦点：

☆什么是工作场学习：工作场学习的概念化脉络；

☆为什么要进行工作场学习：工作场学习的价值机制；

☆如何进行工作场学习：工作场学习的过程模式；

☆工作场学习的效果怎么样：工作场学习的影响因素。

1. 工作场学习的概念化脉络

工作场学习，也称为"职场学习""工作场所（的）学习""工作背景的学习""在工作中的学习"，其英文对应术语主要是"Workplace Learning"（西方通常简写为"WL"）或"Learning at work"。从字面上理解，"Workplace"这一单词可翻译为"工作的地方"或"工作的场所"，"Learning"意为"学习"，"Workplace Learning"从字面上可理解为"在工作的场所进行的学习"。但是，作为一个指称特定学习形式的学术性概念，"Workplace Learning"的内涵显然远远超出了物理空间的意义范畴。

工作场学习的概念最早来源于人力资源管理领域。正如加里克（Garrick，1999）所言，"对人类自身的投资也是一种资本，自人力资本理论出现以来，它就为工作场所学习争取了极大的话语权。"① 《英汉人力资源管理核心词汇手册》（2005）将工作场学习定义为"发生在工作场所的学习或培训"。并认为工作场所学习者关注的是：通过学习，而不是培训来改变个人；学习是实现绩效提升目的的一种手段。② 澳大利亚国家培训部（ANTA）将工作场学习定义为"在职场中进行的学习或培训，包括正常运营条件下的在岗训练和脱离工作过程的现场训练"。③ 英国 KSA 合作关系组织则认为，工作场所学习是学习者、学习提供者以及雇主三方之间达成的通过工作进行的学习，这种学习外显结果的取得基于或源于工作或职场情境中的活动，它包括针对尚未进入或未完全进入劳动力市场的职前预备和针对在职者提供的劳动力发展和技术更新两部分，其目的在于为学习者进入劳动力市场、当前职业教育发展或转行提供帮助。"④ 从这个定义来看，英国 KSA 合作关系组织认为工作场学习的对象不仅仅局限于成人学习者，尚未进入或完全进入劳动力市场的职业教育学生也是工作场学习的主体之一。

　　以上是关于工作场学习的官方定义，更多的是立足于人力资源管理的视角进行概念界定。从文献梳理来看，在学术领域，研究者对工作场学习内涵的认识显然更加多元，而且更具教育学的韵味。下表呈现了当前部分学者对工作场学习的主要定义和核心主题。

---

① 转引自〔英〕海伦·瑞恩博德等：《情境中的工作场所学习》，匡瑛译，外语教学与研究出版社 2011 年版，第 1 页。
② 刘永中、金才兵：《英汉人力资源管理核心词汇手册》，广东经济出版社 2005 年版，第 452 页。
③ 转引自李飞龙：《西方职场学习：概念、动因与模式探析》，《外国教育研究》2011 年第 3 期。
④ 转引自李飞龙：《西方职场学习：概念、动因与模式探析》，《外国教育研究》2011 年第 3 期。

国际学术领域有关工作场学习的定义和核心主题①

代表学者	定　义	核心主题
Watkins & Marsick (1992)	根据正式、非正式与偶然性学习来定义工作场所学习。	·正式学习（培训）：抽象的计划性事件 ·非正式学习：通常是非教室为主和非高度计划性的 ·偶然性学习：其他活动的一种偶然性副产品
Barnett (1999)	学习是内在于工作中的，工作是内在于学习中的。	工作和学习的关系可以在不同水平（组织和个人）以不同的方式（正式与非正式）存在
Bound & Garrick (1999)	工作场所学习不是被描述为一个精确的定义而是一些目的。	·为公司利益提高绩效 ·为学习者的利益改进学习 ·将学习作为一种社会投资加以推进
Billett (2001)	实际工作是为了策划活动并引导影响学习工作所需知识的方式。这些经验不是非正式或非结构化的，也不是偶然的或特殊的。相反地，它们是根据实际工作的要求构造的，而非根据教育机构的要求。	·正式学习 ·结构化学习 ·工作场所中的目标导向性活动
Evans & Raidbird (2002)	包括一系列的正式与非正式学习；学习是以企业和员工的需求为导向的；学习是通过工作场所进行的。	·在青年人的培训生机制和学徒制中，基于工作的初级学习 ·基于工作的学位和基础性学习 ·基于工作的不正式学习 ·在工作场所中的不正式的继续学习机会

---

① 改编自 Ronald L. Jacobs：《一个关于工作场所学习的建议性概念框架：对人力资源开发理论建设与研究的启示》，李宇晴译，《中国职业技术教育》2010 年第 6 期。

续表

代表学者	定 义	核心主题
Colley, Malcom & Hodkinson (2003)	可以分为正式的、非正式的或不正式的；在所有的学习情境中，用属性或特征来代替正式性或非正式性会更好。	·正式学习 ·非正式学习 ·非正规学习
Hodkinson (2004)	工作场学习非常的多变和复杂，因此至今没有一个充分发展的理论能够适当地解释它的所有方面。因为这种复杂性，想清楚地识别工作场所学习，只有几种类型可以被接受。	·对于他人已知知识的有计划的学习 ·在已有的实践团体中社会化 ·为改善已有能力的有计划的学习 ·在持续的实践中未经计划地改进发展 ·未经计划地学习前人未做之事 ·有计划地学习从事前人未做之事
Clarke (2005)	工作场所学习是正式的，有计划的工作外学习，独立的在职学习和团体的在职学习。	·正式的，有计划的工作外学习 ·独立的在职学习 ·团体的在职学习
Sambrook (2005)	与工作相关的学习包括为工作的学习（较正式的教育形式和培训课程）和在工作中学习（在工作活动中隐含的较不正式的学习过程）	·正式的教育形式和培训课程 ·在工作活动中隐含的不正式的学习过程
Elkjaer & Wahlgren (2006)	工作场所被视为为非正式和偶然性学习提供机会，并且以更正式的教授和指导活动将这些学习结合。	·非正式学习 ·偶然性学习 ·较正式的学习

当下世界范围内的学者们对工作场学习这个概念的界定可谓仁智互见、纷繁复杂。但总体而言，工作场学习在本质上被描述为人类发展进程中工作和学习两大重要内容之间的联系。正如巴尼特（R. Barnett,

2004）所言，工作已经不可避免地成为学习的一部分，而学习相应地也成为工作的一部分。① 为深入起见，这里将对一些具有代表性的定义展开批判性的阐述。

澳大利亚学者比利特（Stephen Billett）是工作场学习研究的先锋人物。自 20 世纪 90 年代起，比利特就将目光投向了工作场学习研究。起初，比利特将工作场学习定义为"一种在参与真实任务，并获得熟练成员直接指导的活动中获得知识和技能的途径"② 此后，他将知识划分为概念性知识（conceptual knowledge）和程序性知识（procedural knowledge）的基础之上，对工作场学习展开了更为深入的探讨。比利特基于知识划分的视角将工作场学习的分为了三种形式，即获取命题性知识的学习（propositional knowledge）、获取程序性知识的学习（procedural knowledge）和获取意向性知识的学习（dispositional knowledge）。③ 在知识观上，他采用了社会文化建构主义的观点，强调个体经验与所处的知识环境的互动。他认为，概念性知识的获得必须在参与社会实践、从事日常工作的过程中实现，在个体学习的阐释或知识的建构过程中，个体之间的密切互动是知识一个非常重要的来源。④ 基于社会文化建构的观点，比利特提出了"学习即参与"的工作场所学习隐喻，认为工作场所与家庭、社区还有教育机构一样都是社会实践的场所，人们通过参与其中的实践进行学习，学习是参与社会实践的一般性结果，而不仅仅是

① R. Barnett, "Learning to Work and Working to Learn", In *Understanding Learning at Work*, D. Bound & J. Garrick (Eds.), London: Routledge, 1999, pp. 29 – 44.

② S. Billett, "Authenticity and a Culture of Practice", *Australian and New Zealand of Vocational Education Research*, No. 1, 1993, pp. 1 – 29.

③ S. Billett, J. Rose, "Developing Conceptual Knowledge in the Workplace", In *Learning in the Workplace: Tourism and Hospitality*, J. Stevenson(Eds.), Brisbane, Australia: Griffith University, Center for Learning and Work Research, 1996, pp. 204 – 228.

④ S. Billett, J. Rose, "Developing Conceptual Knowledge in the Workplace", In *Learning in the Workplace: Tourism and Hospitality*, J. Stevenson(Eds.), Brisbane, Australia: Griffith University, Center for Learning and Work Research, 1996, pp. 204 – 228.

教育机构中的特定学习。①

比利特对工作场学习的研究主要聚焦于工作场学习的外显结果的获得（主要是概念性知识的获得）。与比利特相似，英国学者曼斯菲尔德（R. Mansfield）同样关注工作场学习的外显结果。只不过他聚焦的是能力层面的学习结果。因此，曼斯菲尔德基于技能学习的视角将工作场学习定义为"学习者在工作场地中发展工作能力的学习方式。"② 他发展了工作能力分析模型，指出学习者在工作中需要四种形式的技能，即技术性技能、任务管理技能、事故管理技能以及角色与环境技能。③ 在他看来，行为主义的培训对技术性技能的发展可能是有用，但并不适用于工作场学习当中。职场中技能的学习是一个整体，是一个循序渐进、由低级走向高级的过程。学习者从新手到专家的过渡过程是从被动接受信息到具备更多的反思和参与策略的过程。

比利特和曼斯菲尔德两人主要从学习结果的视角对工作场学习进行了概念化。古宁汉姆（J. Cunningham）则从社会性互动的角度来定义工作场学习。在他看来，"工作场学习是一个人试图帮助另一个人时所发生的一系列非正式互动。"④ 工作场学习的本质就是新手与专家之间的互动。莫罗（J. Mezirow, 1991）描述了工作场学习的三种形式：工具性学习、对话式学习和反思性学习。其中，工具性学习指向学习者的

① S. Billett, "Critiquing Workplace Learning Discourses: Participation and Continuity at Work", *Studies in the Education of Adults*, Vol. 34, No. 1, 2002, pp. 56 – 57.

② R. Mansfield, "Deriving Standards of Competence", In *Development of Assessable Standards for National Certification*, E. Fennel (Eds), London: Department for Education and Employment, 1991, pp. 80 – 86.

③ R. Mansfield, "Deriving Standards of Competence", In *Development of Assessable Standards for National Certification*, E. Fennel (Eds), London: Department for Education and Employment, 1991, pp. 80 – 86.

④ J. Cunningham, "The Workplace: A Learning Environment", In *The First Annual Conference of the Australia Vocational Education and Training Research Association*, Sydney, No. 2, 1998, pp. 1 – 18.

技能发展以及效率的提高；对话式学习关注个体的组织以及自我的空间；自我反思学习在于促进学习者在职场中对自我的认识以及提升自我转变的身份认同。①

　　以上三位学者对工作场学习概念的定义更多是从学习的目标着手，把工作场学习理解为一种习得与工作相关知识或技能的学习，或为了改进工作方面目的的学习。持该观点的学者主要基于两项基本假设：其一，认为工作场学习的目标是习得与工作直接相关的知识或技能。第二，认为工作场学习是习得特定知识类型的最佳场所。② 这种理解具有片面性。正如有学者所批判的，将工作场学习片面指向学习目标容易使其导向一种功利主义或功能主义的学习观。另外，将知识刻意划分为两种或更多种相互对立的类型，容易遮蔽学习的整体属性。

　　从 19 页的表中可以看到，沃特金斯（K. Watkins）、马席克（V. J. Marsick,）、康利（H. Colley）、霍德金森（P. Hodkinson）、马尔科姆（J. Malcom）、克拉克（N. Clarke）、桑布鲁克（S. Sambrook）、埃尔克耶尔（B. Elkjaer）和沃尔格林（B. Wahlgren）等人倾向于从学习方式的视角界定工作场学习。这些定义尽管将工作场学习导向了学习过程，但是，正如比利特所批判的，这种划分不必要地加强了工作场学习特征的模糊性。此外，正式学习与非正式学习内含迥然相异的学习假设以及对学习结果的预期，将其组合在一起难以达成对工作场学习的完整理解。

　　基于对工作场学习已有概念的反思和追求，雅各布斯（R. L. Jacobs, 2010）从学习的场所、学习的计划程度、培训者/推动者的作用三个变量出发，构建了一个工作场所学习的概念性框架（如下页图所

①　J. Mezirow, *"Transformative Dimensions of Adult Learning"*, San Francisco: Jossey – Bass, 1991, p. 224.
②　李茂荣、黄健：《工作场所学习概念的反思与再构：基于实践的取向》，《开放教育研究》2013 年第 2 期。

示）。这一概念性框架展示了构成工作场学习的三个完整的变量，并描述了这些变量是如何变化的。但是，雅各布斯所提出的概念框架仅是立足于"计划的程度、学习的地点、在学习中他人的作用"这三个重要的变量而提出，并将工作场学习定义为一种过程。在研究者看来，这种忽视学习结果的定义同样容易导致工作场学习的无目的性。

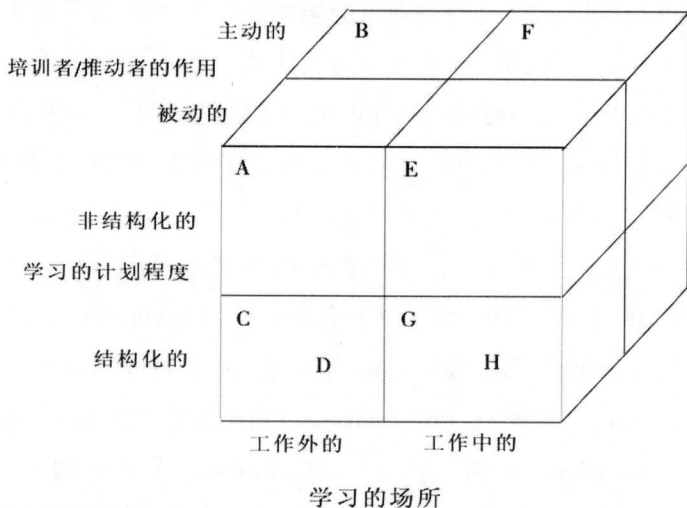

主动的

培训者/推动者的作用

被动的

非结构化的

学习的计划程度

结构化的

工作外的　工作中的

学习的场所

Jacobs 关于工作场所学习的建议性概念框架①

在国内，工作场学习并没有引起研究者的足够重视。笔者分别以"工作场所学习""工作场学习""工作中的学习"等为检索词，在中国知网（CNKI）总库进行检索，能找到的相关文献寥寥无几。其中，李飞龙在综合西方对工作场学习内涵界定的基础之上，根据"学习"和"工作"结合的程度，建设性地把工作场学习的内涵划分为三个层次：②

① 〔美〕雅各布斯：《一个关于工作场所学习的建议性概念框架：对人力资源开发理论建设与研究的启示》，李宇晴译，《中国职业技术教育》2010 年第 6 期。
② 李飞龙：《西方工作场学习：概念、动因与模式探析》，《外国教育研究》2011年第 3 期。

第一层次，把职场理解为学习的场所，学习活动脱离直接的工作情境而在工作之外进行；第二层次，把职场理解为学习情境，学习活动在工作情境中进行，主要以在岗工作的形式展开；第三层次，把职场与学习视为互为相互渗透的一体，把工作场学习视为"探究形式"或"新的工作的形式"。应该说，对工作场学习内涵从低级到高级进行三个层次的划分，有利于我们把握工作场学习内涵的全貌。此外，胡航和詹青龙还探讨了作为职业教育的一种教学模式的工作场学习，认为工作场学习"是在正规学习所提供的能力基础上，在非正规和不正式学习的能力基础上，在非正规和不正式学习的境脉中，在熟练成员直接或间接指导下，参与真实任务，从理解真实境脉中的现象领悟理论性知识的意义，从问题解决过程中提高实践能力的过程"。①

上述关于工作场学习内涵的论述各有差异，但每个概念都提供了不同研究者思考工作场学习时所采取的视角及观点，也揭示了工作场学习某一方面的属性。在以上文献研究的基础上，可以概括出以下几点关于工作场学习的内涵：

（1）工作场所是"合法"的学习空间，工作场所就是学习场所。

（2）工作场学习是个体在职场境脉中的一种参与式实践过程。

（3）工作场学习是通过个体主观能动性与职场情境互动、形成合力促成个体知识、能力、意向产生深层改变的过程，是学习情境与工作情境相互作用的结果。

（4）工作场学习是成人学习的一种有效方式。这种学习方式可以是"在工作中学习"，也可以是"在学习中工作"。

（5）工作场学习所学习的知识与所从事的工作密切相联，不同于学科知识。

① 胡航、詹青龙：《教与学的创新：职业教育中的工作场学习》，《职业技术教育》2009 年第 16 期。

2. 工作场学习的价值机制

在知识经济背景下，人们工作的性质、工作环境与以往相比发生质的改变。不确定性、速变性、多样性以及工作知识、技能更新的速率等等都对个人以及组织提出了巨大的挑战。为了提高工作效率以及促进个人的充分发展，工作场学习的价值日益凸显。国外对工作场学习价值机制的论述集中见于比利特和厄劳特（M. Eraut）两位学者，国内也有一些学者零碎地探讨了工作场学习的意义价值。

早在20世纪90年代，比利特就论述了工作场学习的优势。在他看来，工作场学习这种基于情境的学习方式可以为人们提供真实的职业活动，以及受到专家的指导，有可能为学习者提供娴熟的实践所需要的知识形式。比利特从四个方面讨论了工作场所何以能够作为获取职业知识的情境的理由：① 第一，很多行业和企业所需要的技术选项在正规教育环境中根本无法使用。政府资助的职业教育体系缺乏专门的专家评定和基础设施以确保能够获取诸多行业和企业不断发展的职业技能。第二，随着职业活动更富专业性和复杂性，职业任务同样更加复杂和具体。职业活动的专业化不仅要求人们拥有工作所需的不同形式的知识和技能，而且要理解知识如何在特定情境下应用。第三，工作场学习可以说是人们获取职业知识的一种最具成本效益的选择。第四，当前学习理论越来越强调以文化和社会为介质进行知识建构，而工作场学习是基于情境的学习方式，能够促进人们在真实的任务和环境中进行知识生产和迁移。

厄劳特同样从获取知识和技能的视角探讨了工作场学习的重要性。经过多年的实证调查和访谈，他系统整理了在工作场所中能够学习到的关键性知识、技能和能力（如下表所示）。他认为，理想的工作能够让学徒通过更多的实践操作获得工作任务所需的关键性知识、技能和能力。

---

① S. Billett, "Workplace Learning: Its Potential and Limitations", *Education & Training*, Vol. 37, No. 5, 2002, p. 20.

厄劳特对工作场所中能够学到的关键性知识、技能和能力的划分[①]

任务绩效	·速度和效率·任务和问题的复杂性·需要的技能类型·与人们广泛沟通交流
意识和理解	·背景、环境等·问题和危机·价值问题·自己的组织·重点和战略问题·其他人：同事、客户、管理人员等
个体发展	·自我评价·情绪控制·懂得听取并吸收他人观点·自我管理·从经验中学习的能力·建立并维持关系·懂得了解并改进自己的习惯·懂得与他人协商并共事·获得相关的知识和专门技术
团队协作	·合作性的工作·促进社会关系·共同的计划和问题解决·参与并促进相互学习的能力
职责履行	·优先次序·支持其他人的学习·责任、义务·授权、委派·处理突发问题·不断更新·职责范围·领导才能·管理的角色·解决伦理问题·危机管理
理论知识和技能	·证据和观点的使用·基于研究的实践·知道自己应该知道什么·获取正式的知识·理论思考·运用知识资源·学会如何运用相关理论
决策与问题解决	·何时寻求专家帮助·团体决策·面对压力作出决策·根据一个合适的实践表管理进程·处理复杂事务·问题分析·作出选择，并进行必要的解释和评价
判定	·绩效、产出和成果的品质·价值问题·轻重缓急·危机的级别

此外，戴尔（M. Dale）和比尔（J. Bell）在一项研究中也揭示了工作场学习的诸多优势，如富有弹性、有效提升工作能力、提高学习适应性，有利于通过定期审查工作实践和性能，从而迅速转移到实践，并有效解决工作中的问题。[②]

赵蒙成是我国为数不多的持续关注工作场学习的研究者之一，也是

---

① M. Eraut, *"Informal Learning in the Workplace"*, 2007 – 05 – 01, http://www. tlrp. org / dspace / retrieve / 226 / Informal + Learning + in + the + workplace. doc.

② M. Dale, J. Bell, *"Informal Learning in the Workplace"*, 2007 – 01 – 03, www. dfes. gov. uk/ research/ date/ uploadfiles/ RB134. doc.

将工作场学习的概念及理论框架引入国内的重要贡献者。他总结了工作场学习的四大优势：第一，能够发展学生的工作技能，帮助他们了解、确定未来的职业生涯；第二，有助于提高学生的学术成绩；第三，能够促进学生的心理发展，加速他们的社会化进程；第四，能够促使学生使用新的思维模式，有利于他们的智力发展。[①] 此外，赵蒙成还研究了工作场学习对美国中等教育改革的价值；[②] 胡航和詹青龙谈到了工作场学习在学校职业教育教学中的吸引力。[③] 汤霓和石伟平立足国际视野概括了工作场所学习的四个优势，即提供高质量的学习环境、促进从学校到工作的转换、确保职业教育符合劳动力市场的需求、提供高效的产出。[④] 从以上文献可以发现，对于工作场学习的价值问题，国内学者更多的是立足于学校职业教育的视角，关注的是学生层面的工作场学习。

3. 工作场学习的内在过程模式

对工作场学习过程模式的探讨主要有两条主线：一条是基于认知理论（心理学意义的认知理论和社会学意义的认知理论）阐述工作场学习的内在过程；另一条是对工作场学习方式或模式的探讨。

在工作场学习的发生过程问题上，近几年有两种研究范式值得关注：一种是以"情境学习"和"实践共同体"为关键词，以莱夫（J. Lave）和温格（E. Wenger）为代表人物的研究范式；另外一种是以"反思性学习""扩展性学习"为核心概念，以布鲁克菲尔德（S. Brookfield）、麦基罗（J. Mezirow）为代表人物的研究范式。[⑤] 莱夫和温

---

① 赵蒙成：《工作场学习的优势和理论辩护》，《教育与职业》2010 年第 3 期。
② 赵蒙成：《美国的工作场学习与中等教育改革》，《教育发展研究》2009 年第 3 期。
③ 胡航、詹青龙：《教与学的创新：职业教育中的工作场学习》，《职业技术教育》2009 年第 16 期。
④ 汤霓、石伟平：《国际视野下的工作场所学习：特征与机制》，《外国教育研究》2012 年第 6 期。
⑤ K. Illeris, "Workplace Learning and Learning Theory", *Journal of Workplace Learning*, Vol. 15, No. 4, 2003, pp. 167 – 178.

格提出的情境认知与学习理论对解释工作场学习的发生过程极富有启发性。这两位学者以人类学家的身份，通过对非洲的裁缝店学徒的研究，提出了学习是学习者通过在实践共同体中的"合法的边缘性参与"逐渐走向中心并获取身份的过程。温格进一步把社会学习理论描述为实践、共同体、身份和意义的相互作用，而这些要素也进一步被描述为"学习即做事""学习即归属""学习即成长""学习即经验"。①

尽管温格将"身份""意义"等具有个体化色彩的词语纳入其社会学习理论的构建体系之中，但是在伊列雷斯看来，莱夫和温格所提出的情境认知与学习理论代表的是一种社会学习以及社会建构的方法论，个体学习要素或多或少地被排除在外。② 相反，由布鲁克菲尔德和麦基罗等人发起的反思性学习、拓展性学习等理论，都共同揭示了一种超越自身或限制的学习类型，是对罗杰斯（C. R. Rogers）有意义学习概念的发展。罗杰斯将有意义学习概括为四个要素特征：③ 其一，学习具有个人参与的性质，即整个人（包括情感和认知）都投入学习活动；其二，学习是自我发起的，即使在其动力或刺激来自外界时，但要求发现、获得、掌握和领会的感觉是来自内部的；其三，学习是渗透性的，它会使学生的行为、态度乃至个性都会产生变化；其四，学习是由学生自我评价的，因为学生最清楚这种学习是否满足自己的需要。显然，不管是罗杰斯的有意义学习理论，还是布鲁克菲尔德、麦基罗等人据此发展的学习理论，强调的都是个体在学习中的作用，聚焦的是学习的个体过程。

工作场学习应当成为一个现代而且全面的学习理论，学习不仅应当被理解为个人的过程，也应该被理解为社会的过程，既应该包括普通的

①　E. Wenger, *Communities of Practice: Learning, Meaning, and Identity*, Cambridge, Ma: Cambridge University Press, 1998, p. 5.

②　K. Illeris, "Workplace Learning and Learning Theory", *Journal of Workplace Learning*, Vol. 15, No. 4, 2003, pp. 167 - 178.

③　转引自佐斌：《论人本主义学习理论》，《教育研究与实验》1998 年第 2 期。

日常学习，也要包含更复杂的个人发展。① 基于这样的理论构想，伊列雷斯将工作场学习的过程划分为两种紧密结合却又不同的类型：② 一方面，学习是互动的过程，学习者与环境相互影响；另一方面，学习者在与环境的互动中还存在内在的心理习得和阐述过程。其中，互动的过程基于真实的社会和文化情境，遵循的是历史—社会（historical - societal）逻辑，而习得的过程基于心理学，遵循的是生物—结构（biological - structural）逻辑。此外，伊列雷斯还界定了工作场学习的要素，即认知要素、情感要素以及社会化要素。基于对工作场学习过程和要素的划分，伊列雷斯构建了工作场学习的过程图（如下页图所示）。在他看来，通过认知要素，知识、技能、理解力以及意义和功能化得以发展；通过情感要素，动机、态度、敏感性以及心态平衡得以发展，而通过社会要素，迁移、交流、合作以及社会化的潜能均得到发展。③ 因此，工作场学习应该是一个个体与组织交互、认知与情感交互、心理习得与社会互动交互的复杂过程。

国内研究者应方淦在对"学习"进行严格区分的基础上，发现了四种能够提升学习的工作活动：④ 第一，参加团体活动；第二，在他人旁边工作；第三，处理具有挑战性的任务；第四，和顾客一起工作。在实际的工作场学习中，这四种工作活动占据了很大的比例。李飞龙基于对西方工作场学习的文献研究，根据工作场学习过程中是否有意识地以共同的学习或工作结果为目的，将工作场学习分为个体性学习（individual learning）和群体性学习（collective learning）两类。其中，个体

① K. Illeris, "Workplace Learning and Learning Theory", *Journal of Workplace Learning*, Vol. 15, No. 4, 2003, pp. 167 – 178.

② K. Illeris, "Workplace Learning and Learning Theory", *Journal of Workplace Learning*, Vol. 15, No. 4, 2003, pp. 167 – 178.

③ K. Illeris, "Workplace Learning and Learning Theory", *Journal of Workplace Learning*, Vol. 15, No. 4, 2003, pp. 167 – 178.

④ 应方淦：《论工作场学习的基本问题及影响因素》，《职教通讯》2007 年第 9 期。

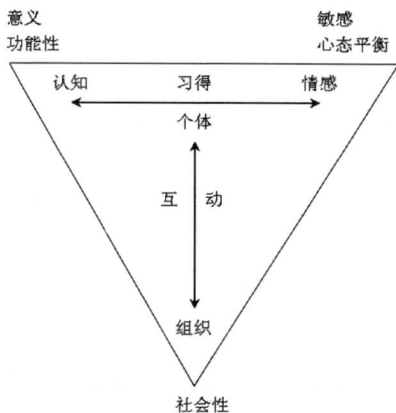

伊列雷斯的工作场学习要素和过程

性学习强调学习个体的结果，主要有"工作时附带的偶发性模式""与工作有关的有意的非正式模式""正式的在岗和离岗培训模式"三种。群体性学习也称为组织性学习（organizational learning），意指不同个体组成群体，追求共同的工作或学习结果的达成，群体性学习可以分为"网状模式""团队模式"。①

4. 工作场学习的外在环境支持

工作场学习的特殊性决定了工作场所必须作为学习者"合法"的学习空间。因此，"工作场所"这一空间概念从"工作场所是生成产品和提供服务的地方"的隐喻转向了"工作场所为一个学习场所"的隐喻。"工作场所为一个学习场所"的隐喻使研究者们将目光聚焦于"工作场所作为学习环境"对个体工作场学习所产生的影响。

对工作场学习环境的讨论大致围绕两条主线展开：一条是从宏观层面讨论职业教育的性质以及国家、劳动力和人力资本与生产体系之间的关系对工作场学习的影响；另一条是从微观层面讨论工作场所作为正在

---

① 李飞龙：《西方工作场学习：概念、动因与模式探析》，《外国教育研究》2011年第 3 期。

结构化或者已经结构化的学习环境对工作场学习的影响。本书主要关注的是第二种研究进路。在这方面,厄劳特、富勒(A. Fuller)、昂温(L. Unwin)、莱夫和温格等人开展了独到的研究。

厄劳特用两个三角形描述了学习赖以发生的职场环境和在该环境中影响学习的主要因素(如下页图所示)。在每个三角形中,左边的顶点和工作本身相关,右边的顶点和工作中的关系相关,最底下的顶点和工作者个人相关。① 在第一个三角形中,主要有三种因素影响员工在职场中的学习,即"信心和责任感""工作的挑战和价值""反馈和支持"。其中,"信心""工作的挑战""支持"三个因素又可以形成一个三角形,因为"信心"从成功迎接"工作的挑战"中产生,而承担这种挑战的信心取决于工作者在努力中感觉到的受"支持"程度。第二个三角形反映了第一个三角形,但是关注于更加广泛的相关因素。其中,"工作的分配和工作的结构"对卷入工作场学习的员工的进步起主要作用。因为在厄劳特看来,"工作场所提供给员工的学习机会是影响工作中学习的质和量的主要因素。"②

富勒和昂温创建了一个劳动力"扩展性—限制性统一体"的学习条件分析框架,并用这个分析框架将劳动力学习(发展)的途径根据扩展性和限制性特征进行了归类(如下页表所示)。这个学习条件分析框架为学习环境质量的评估和劳动力发展的组织条件分析提供了一个概念性和分析性的工具,有助于鉴别出环境或者工作环境的特征,而这些特征影响了工作场所作为一个整体给学习制造机会或障碍的程度。在富勒等人看来,对于培养工作中的学习以及整合个人与组织的发展而言,

———————————

① M. Eraut, J. Alderton, G. Cole, P. Senker, "Development of Knowledge and Skills at Work", In *Differing Visions of a Learning Society*, F. Coffield(Eds.), Bristol: Policy Press, 2000, pp. 231 – 262.

② M. Eraut, J. Alderton, G. Cole, P. Senker, "Learning from Other People at Work", In *Learning at Work*, F. Coffield(Eds.), Bristol: Policy Press, 1998.

工作的挑战　　　学习因素　　反馈和支持　　　工作的分配　　　环境因素　　工作中的困难
工作的价值　　　　　　　　　　　　　　　　　工作的结构　　　　　　　　　和人际关系

信心和责任感　　　　　　　　　　　　　　对个体角色、表现和进步的期望

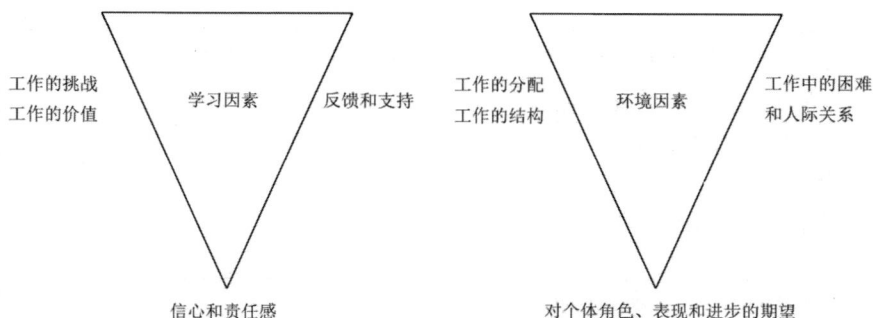

厄劳特的工作场学习的环境影响因素图

限制性环境不如拓展性环境，劳动力学习（发展）的途径若是以拓展性为特征将会创造一个更强大和更丰富的学习环境。

富勒和昂温构建的劳动力学习条件分析框架①

劳动力学习的拓展性条件	劳动力学习的限制性条件
参与工作场所内外的多种实践团体的活动	多种实践团体中限制性的参与
主要的实践团体共同分享"参与记忆（经历）"：劳动力发展的文化继承	主要的实践团体只有少量或者没有"参与记忆（经历）"：少量或者没有学徒制的传统
广度：获得跨公司的经历来促进学习	狭窄的，由任务、知识、岗位等因素导致学习的限制
获得包括以知识为基础的国家职业资格认证证书在内的一系列资格证书	获得少量的或者没有获得资格证书

---

① 〔英〕艾莉森·富勒、罗纳·昂温：《扩展的学习环境：整合组织与个人的发展》，见〔英〕海伦·瑞恩博德等：《情境中的工作场所学习》，匡瑛译，外语教学与研究出版社 2011 年版，第 140－158 页。

续表

劳动力学习的拓展性条件	劳动力学习的限制性条件
安排时间进行脱产培训，包括以知识为基础的课程和学习反思	几乎都是在职学习：限制反思的机会
逐渐过渡到充分的、全面的参与	尽可能快地过渡
对工作场学习的审视：职业生涯发展的进程	对工作场学习的审视：职业发展停滞不前
组织承认并支持雇员成为学习者	雇员成为学习者缺乏组织的承认和支持
劳动力发展作为一种手段将个人和组织发展的目标相结合	劳动力发展的目的在于使个人的能力发展满足组织的需要
劳动力发展提供了扩展个体能力的机会：通过跨部门的工作	劳动力发展限制了扩展个体能力的机会：较少的跨部门的工作经验
"工作场所课程"物化的高度发展（例如通过文件、标记、语言、工具）和学徒制来实现	"工作场所课程"的不完整限制了课程的物化，实现了一些方面的物化
广泛分布的技能	技能分布的两极化
技术技能的价值受到重视	漠视技术技能
所有人的知识和技能得到发展，其价值受到重视	关键工人或小组的知识和技能得到发展，价值受到重视
团队合作受到重视	只重视专家的作用
鼓励跨部门的交流	交流受限
管理者作为劳动力和个人发展的促进者	管理者是劳动力和个人发展的控制者
学习新技能、新工作的机会	学习新技能、新工作的障碍
重视创新的价值	不重视创新
专业知识的多维视角	专业知识采取一维的自上而下的视角

在这个分析框架的基础上，富勒等人提出了三条改善劳动者学习条件的举措：一是为劳动者提供参与工作场所中以及之外的多种实践共同体的机会。莱夫和温格提出的"合法的边缘性参与"的学习隐喻充分证明了参与实践共同体对学习的重要意义。而在富勒看来，不同公司的学徒过程存在本质区别，而这种区别似乎与学徒经验即学习质量密切相关。二是通过工作的组织和任务的设计使劳动者进入获得专业知识的多维途径。芬兰学者安吉斯通（Y. Engestrom, 1995）将职场中的专业知识分为"垂直视角"和"水平视角"，并认为职场不仅应重视"垂直视角"的专业知识，也应该强调"水平视角"专业知识的重要性。[①] 由此，应该通过工作的组织和任务的设计使雇员能够获取更多、更深入的专业知识。三是使劳动者能够获得参加以知识为本位的课程和与工作相关的资格培训的机会。这些学习机会的获得能够更大程度地支持员工的个人职业生涯发展，进而促进组织的发展。

5. 文献评析的发现与启示

关于工作场学习的探讨，通过文献回顾，并以研究主题为取向进行分类比较，可总结出其主要研究焦点集中在四个方面：

一是工作场学习的概念化。研究者们基于不同的取向对工作场学习进行了不同角度的概念界定。但是，"工作场学习非常的多变和复杂，因此至今没有一个充分发展的理论能够适当地解释它的所有方面。"[②] 这告诫我们试图把握工作场学习的全部意义是徒劳的，我们能做的仅仅是立足于特定的立场和视角对工作场学习进行再认识和再概念化。当然，尽管研究者们并没有达成一个共同的见解，但在工作场学习的概念

① 〔英〕艾莉森·富勒、罗纳·昂温：《扩展的学习环境：整合组织与个人的发展》，见〔英〕海伦·瑞恩博德等：《情境中的工作场所学习》，匡瑛译，外语教学与研究出版社 2011 年版，第 140 - 158 页。

② P. Hodkinson, H. Hodkinson, "The Complexities of Workplace Learning: Problems and Dangers in Trying to Measure Attainment", In *Workplace Learning in Context*, H. Rainbird, A. Fuller & A. Munro (Eds.), London: Routledge, 2004.

化过程中，一个意涵万变不离其宗，这就是工作与学习存在的内在的、相互的、包容的关系。

二是工作场学习的价值机制的讨论。研究者主要从劳动者个体的知识、能力、技能获得层面，以及工作场学习促进劳动者工作绩效、公司绩效发展的角度进行探讨。已有研究证明，企业员工有效的工作场学习能够提升公司绩效发展，且在劳动者的专业化过程中发挥独特的优势。

三是工作场学习的内在发生机制。这是学者们研究的重点内容之一。对工作场学习发生机制的探索可以从心理学、人类学、管理学等不同学科立场，从心理认知、社会认知、情境认知等不同学习视角，从个体学习和组织学习等不同学习层面出发而展开。但从已有文献来看，较少有研究者将个体学习、组织学习纳入同一分析框架中展开探索。

四是工作场学习的外部环境支持。这是学者们关注的又一重点内容。研究者们以"工作场所作为学习环境"为逻辑起点展开讨论，分析了工作场作为一个正在结构化或已经结构化的活动环境对学习带来的影响，并指出学习环境所提供的机会或障碍会有意或无意地造成一些变化的结果，而更高质量的学习环境是可以被创建的。

二、教师学习的相关研究

在终身学习思潮勃兴、学习型社会建设、教育变革风起云涌的时代境遇下，教育政策给予教师越来越多的压力，要求教师在诸多领域同时改变他们的实践。这种改变要求教师不断提升专业发展水平，以专注于各种各样的学科领域、教学实践和教学资源。要做到这一点，教师必须更加有效地运用他们的知识和技能，并开发必要的学习方法以应对不断变化的教学需要。在这样的背景下，教师学习问题呼之欲出，对教师学习的研究也成为目前国际教师专业发展研究中新的生长点。

在诸多相关研究中，我国学者毛齐明从纵向、横向两个角度考察了自 20 世纪 80 年代中后期至今国外教师学习领域的研究线索，并概括了研究的四种模式：基于认知的教师学习研究模式、基于社会文化活动的教师学习研究模式、以复杂思维为导向的教师学习研究模式、以学校变革为背景的教师学习研究模式。① 毛齐明所概括的教师学习研究的四种模式为我们梳理国外教师学习研究脉络提供了一个非常好的分析框架。这里将借助该分析框架，并基于对该分析框架的继续挖掘和延伸，探讨教师工作场学习的相关问题。

1. 基于认知理论的教师学习研究模式

基于认知的教师学习研究模式建立在认知学习观及相关的研究之上。认知学习观可以分为两种：一种是以安德森（J. R. Anderson）为代表人物的心理认知学习观；一种是以格林诺（J. G. Greeno）为代表学者的情境认知学习观。不管是心理认知学习观，还是情境认知学习观，都是对早期行为主义"学习就是知识传递"学习观的否定和超越。

心理认知理论对学习的研究聚焦于三个向度：一是知识的初始表征；二是知识运用能力的发展；三是新知识与学习者原有知识的整合。该理论侧重从认知的角度解释学习行为和各种学习现象，强调学习者在学习过程中建构包括支持理解和推理的操作结构、图式、命题网络及概念结构。尽管心理认知侧重对学生学习的研究，但心理认知学习观使人们意识到，教师学习并非一定是等待被输入知识的过程，而是自主建构知识的过程，由此，教师学习研究的重心开始下移，教师学习研究作为一个特定的领域开始受到研究者的重视。

20 世纪 80 年代之后，认知科学的研究逐渐开始关注环境对人的认知的影响，以格林诺为代表的研究者主张以生态学的方法取代信息加工的方法，强调关注自然情境中的认知。② 情境认知学习观认为情境与活动共同产生了知识，而学习和认知在根本上是情境化了的。"学习在本

---

① 毛齐明：《教师学习——从日常话语到研究领域》，《华东师范大学学报（教育科学版）》2010 年第 3 期。

② 高文：《教学模式论》，上海教育出版社 2002 年版，第 228 页。

质上是一个在特定情境中协商互动的过程。"① 正如格林诺本人所言，"情境原则倾向于根据更加有效地参与探究和对话的实践看待学习，这里探究和对话包括了建构概念的意义和技能的运用。"② 如果说认知心理学习观是指向理解的，情境认知学习观则指向实践以及实践中的参与。因为在情境认知学习观看来，所有的活动安排都提供了学习发生的情境和实践，且所有的学习都发生在情境之中。情境认知学习观对学习的活动和实践以及作为部分学习内容的实践参与的重视，使得教师学习的情境问题受到了前所未有的关注，教师学习研究的聚焦点也逐渐从基于心理认知的教师的个体化学习走向了学校组织中的学习和教师的群体学习。

综上可见，心理认知理论使教师学习从等待被输入知识走向了自主构建知识，情境认知理论则进一步将教师学习与学习所处的环境联系起来，将"环境""情境""实践参与"等概念引入教师学习研究领域，使得教师工作场学习成为可能并走向丰富。但是，不管是心理认知理论，还是情境认识理论，显然都不能说明教师学习以及教师工作场学习的全部问题。正是基于将心理认知理论与情境认知理论调和的构想，一种整体的基于认知理论的教师学习研究的图景不断被描绘出来，并发挥了重要影响。如美国教育研究会（AERA）前主席博尔科综合个体认知和社会认知的观点，提出了教师学习研究的三种研究路向：③ 以教师个体为分析单位，侧重描述教师个人的学习活动及相应的心理变化；以教师群体为分析单位，侧重分析教师所处的实践共同体及其相应学习活动的特点；采取教师个体和教师群体双重分析单元，考察个体与群体的互

① J. S. Brown, A. P. Collins, "Duguid, Situated Cognition and the Culture of Learning", *Educational Research*, Vol. 18, No. 1, 1989, pp. 32 – 34.

② J. G. Greeno, "The Middle School Mathematics Through Applications Project Group", *The Situativity of Knowing Learning and Research*, Vol. 53, No. 1, 1998, pp. 5 – 26.

③ H. Borko, "Professional Development and Teacher Learning: Mapping the Terrain", *Educational Research*, Vol. 33, No. 8, 2004, pp. 1 – 15.

动对教师学习的影响。

2. 基于社会文化活动理论的教师学习研究模式

基于社会文化活动理论的教师学习研究模式深受以维果斯基为代表的社会文化活动理论的影响。社会文化活动理论强调人的学习受社会、文化、历史和活动等因素的影响。社会文化活动理论立足于对心智的重新理解而反对传统学习认识的简单性思维，认为情境性是心智的根本属性，心智除了具有认识性特点之外，还应当具有实践性、文化性、社会性等特点。社会文化活动理论又可以划分为两个分支：一个是以维果斯基为代表的"社会文化理论"；一个是以列昂节夫（A. N. Leon – tev）为代表的"活动理论"。其中，"社会文化理论"主要强调文化（尤其是语言）在学习中的中介作用，而"活动理论"则主要强调活动在学习中的中介作用。

在社会文化理论的影响下，英国的安妮·爱德华（A. Edwards）和哈里·丹尼尔（H. Daniels）发展了以"智慧性学习"（Resourceful Learning）为特点的教师学习形式。所谓智慧性学习，强调"教师作为学习者要有资源意识，并具有利用这些资源来理解情境和作出智慧型反应的能力。"① 而在活动理论的影响下，芬兰学者安吉斯通（Y. Engestrom）发展了以"拓展性学习"（Expansive Learning）为特点的教师学习形式。② 所谓拓展性学习，"是将一个简单的观念拓展成为一个复杂的活动目标或者形成一种新的实践形式。"③ 拓展性学习反对传统那种事先就假定了环境和任务的反应式学习，主张超越这种给定的情境，创造出全新的情境。因此，拓展性学习强调教师作为学习者改变已有实

---

① 毛齐明：《教师学习——从日常话语到研究领域》，《华东师范大学学报（教育科学版）》2010 年第 3 期。

② 不管是"智慧性学习"还是"拓展性学习"，因国内研究相对较少，翻译有出入。也有研究者翻译为"智慧型学习"或"拓展型学习""拓展式学习"。

③ Y. Engestrom, *From Teams to Knots: Activity Theoretical Studies of Collaboration and Learning at Work*, Cambridge: Cambridge University press, 2008, pp. 100 – 101.

践和重构新活动的能力，其关注的不是知识的传递，而是学习的过程，尤其是新知识、新活动在工作场所中创造的过程。

不管是智慧性学习还是拓展性学习，扎根于社会文化活动理论的教师学习研究模式极大开阔了教师学习研究的视野，而教师学习实践也逐渐从单维走向多维、从个体走向群体进而走向组织。因此，教师学习实践越来越多地与工作场所和学校组织紧紧地联系在了一起。

3. 基于复杂思维的教师学习研究模式

以复杂思维为导向的教师学习研究模式建立在复杂科学基础之上，兴起于加拿大。诚如该研究模式团队成员之一布伦特·戴维丝（B. Davis）所言，"复杂系统就是学习系统，就是学习者"；"学习是一个非线性的、系统进化的过程，其中充满了无数机会，学习过程因而是一个选择机会的过程。"[①] 以复杂性思维为导向的教师学习研究旗帜鲜明地提出了有关教师学习的六大命题：[②]

其一，允许即席创作，探索能导致创造性涌现的差异。"即席创作"是加拿大著名学者马克思·范梅南（Max van Manen）提出的术语，他认为，"教学就是'即席创作'。"[③] 教学应当是生成的，是教师教育机智、教学创意的临场发挥，是教师将"教学意外"转化为"教学资源"的能力。用"即席创作"来隐喻教师的学习，强调的是教师学习的过程性、差异性和自组织性。其二，阐述未知的东西，通过反思发掘潜在的可知空间。其三，享受不确定性，正视问题解决中的不确定性。其四，关注既定情境中各种可能性的相互作用，充分认识学习环境。其五，重视慢速教学过程中的可能性，让学习系统中的教育成分发挥出

---

① B. Davis, D. Sumara, R. Luce – Kapler, *Engaging Minds: Changing Teaching in Complex Times*, New York: Routledge, 2008, p. 78.

② 转引自毛齐明：《教师学习——从日常话语到研究领域》，《华东师范大学学报（教育科学版）》2010 年第 3 期。

③ 〔加〕马克斯·范梅南：《教学机智——教育智慧的意蕴》，李树英译，教育科学出版社 2001 年版，第 209 页。

来。其六，注重团队认知，发挥集体认知相对于个体认知的优势。

总之，以复杂思维为导向的教师学习研究模式反映了复杂思维对教师学习实践的真实影响。在这个意义上，对教师工作场学习的认识也必将向复杂性思维迈进。

4. 基于学校变革的教师学习研究模式

以学校变革为背景的教师学习研究模式主张在学校变革的背景下探讨教师学习问题。本质上讲，这种研究模式与基于社会文化活动理论的教师学习研究模式都强调教师学习的情境性，与基于复杂思维为导向的教师学习研究模式均主张教师学习的动态性和系统性，但不同的是，前者突出的是教师学习的工作场景，倾向于以学校为单位看待教师学习问题。该研究模式的核心代表人物之一——富兰采用"专业学习"来替代教师的"专业发展"，富兰对"专业学习"的精彩论述深刻表达了教师日常学习对于教师成长的重要意义：①

专业学习不等于工作坊或培训课程，也不是单纯指达到专业资质认证的要求。它们都是重要的输入资源，都只是专业学习解决方案的组成部分。即便这些方式能够有效实现既定目标，它们也至多占解决方案的三成。其余七成的关键取决于教师是否可以坚持每天不间断地学习、坚持不断共同提高业务水平。只有当教师每天都置身于实践的学习之中时，学习的习惯才能真正养成。

换言之，转换教师职业学习模式有两个基本的密切相关的部分：彻底改革标准、激励机制和认证体系（解决方案的百分之三十），以及改变教师的整体工作状况与环境（百分之七十）。

富兰的这段论述表达了两层含义：第一，持续性的教师专业发展必

① 〔加〕迈克·富兰：《教育变革的新意义》（第四版），武云斐译，华东师范大学出版社 2009 年版，第 220 页。

须依赖于教师本人基于工作场所的日常的、扎扎实实的学习。第二，教师学习需要在合作的文化中进行，教师之间需要相互合作、互相学习。在以学校变革为背景的教师学习研究模式中，除了富兰的研究大放光彩之外，美国的安迪·哈格瑞夫斯（Andy Hargreaves）、英国的大卫·霍普金斯（David Hopkins）、澳大利亚的格里·霍伯恩（Garry F. Hoban）等学者的研究同样引人注目。总体而言，该研究模式将教师学习研究推向了一个更加纵深的层面，同时也使得人们对教师基于工作场的学习越来越重视，教师工作场学习研究进而逐渐从内隐走向了外凸。

需要指出的是，以学校变革为背景的教师学习研究模式更多关注的是教师如何作为学校变革的重要主体参与到变革之中，并在教育变革中发挥作用，更多关心的是教师为什么要进行专业学习和教师基于学校的专业学习应该怎么做的问题，而对于教师学习与工作的关系，教师工作学习的内部发生过程和外部支持条件等问题则关注较少。但正如埃尔莫尔（R. F. Elmore）所言，"问题的关键是教师几乎很少有机会在自己所处的工作环境中进行连续的、持续的学习，以及在本校观察同事的教学和被同事观察教学，跨学校之间的相互观摩教学也面临着同样的问题。"[①] 当然，这也为我们将基于认知理论的教师学习研究模式、基于社会文化活动理论的教师学习研究模式与基于学校变革的教师学习研究模式三者进行恰当的调和提供了可行的探索空间。

5. 文献评析的发现与启示

本节进一步探讨了教师工作场学习研究的理论基础，从基于认知理论的教师学习研究模式，到基于社会文化活动理论的教师学习研究模式，再到基于复杂思维的教师学习研究模式，最后到基于学校变革的教师学习研究模式，展现了国外教师学习研究的发展线索，从中也依稀勾勒了教师工作场学习研究的发生发展过程。从文献评析可以发现，心理

---

① 转引自〔加〕迈克·富兰：《教育变革的新意义》（第四版），武云斐译，华东师范大学出版社 2009 年版，第 118 页。

认知学习理论使人们对教师学习的认识从"学习就是知识传递"转向了"学习是自主建构的过程",这使得教师个体学习成为一种可能,而情境认知学习理论则进一步将教师学习推向了其所生存的环境,学习与情境联系在了一起,"学习环境""学习情境""实践参与"等概念进入了教师学习研究领域,情境认知学习理论成为教师学习以及教师工作场学习的重要理论支撑。此后,社会文化活动理论进一步打开了人们认识教师学习的视野,"实践共同体""合法的边缘性参与""学徒制""身份建构"等等富含表征的概念闯入了教师学习研究领域,相应地,教师工作场学习研究的视域也得到了扩展。复杂理论对教师学习研究的最大影响莫过于使人们进一步认识到了教师学习的过程性。最后,富兰等学者引导的学校变革理论使"变革""合作""组织"等概念进入了教师学习研究领域,教师学习与学校发展命运紧密联系在了一起,由此人们不再满足于对教师个体学习、集体学习的探索,而在教育变革的框架内探讨教师的专业学习以及学校的组织学习成为一种潮流。

毋庸讳言,以上每一种学习理论对我们认识和理解教师学习都有重要的价值,但同时我们也应当清醒地意识到,以上每一种学习理论都是基于研究者特定的研究视角或研究旨趣,是一种"片面性的深刻"。譬如,心理认知学习理论偏重教师的个体学习而忽视了学习情境的重要性,而情境认知学习理论则过分强调环境特征而冲淡了个体背景、先前知识、态度和行为的重要性。学校变革取向的教师学习理论高呼以学校变革为背景的教师专业学习和教师合作学习,但对教师们如何在变革与合作中进行有效的学习却缺乏深入的研究。鉴于此,基于全面深入理解职业教育教师工作场学习的考虑,本书将以多重理论为研究视角。

三、职业教育教师专业化的相关研究

在国际领域,职业教育教师专业化问题既是热点问题也是难点问题。之所以说是热点问题,体现在世界各国不管是在理论研究还是在实

践探索上，始终对职业教育教师专业化问题保持高度的热情，而职业教育教师专业化问题也一直是困扰职业教育质量和可持续发展的一大沉疴。就职业教育教师专业化问题研究而言，主要有两条主线：一条聚焦于职业教育师资的职前培养；一条聚焦于职业教育教师的职后发展。其中，职后发展又包括专门的职后培训以及非正式的专业学习。就本书而言，职业教育教师专业化主要指向教师职后的专业发展，尤其是基于非正式学习的专业发展历程。此外，职业教育教师专业发展与职业院校发展是相伴相生的，没有职业教育教师的专业发展就谈不上职业院校的发展，而职业院校发展也是推动职业教育教师专业化的关键。因此，这里将进一步探讨职业院校发展背景下的职业教育教师专业化问题。

1. 职业教育变革中的教师专业适应与发展

富兰曾经深刻地指出，"教师既是改革的对象又是改革的主体，教育改革既要改变教师的教学理念、教学方式，又要教师去执行和落实教育改革。"[①] 在职业教育变革的实践中，教师专业发展既是人们关注的焦点，同时也是变革的重要策略之一。职业教育改革是教师专业发展的外在动力，职业教育教师专业发展则是职业院校发展的一个基本途径，也是持续的职业教育改革和职业院校改进的关键因素。

职业教育教师处在职业教育变革的真实情境之中。这种变革既来自当前职业教育的外部环境（包括经济、社会、文化等），也来源于内部环境的变化。周满生、黄尧、石伟平、姜大源、刘春生、刘来泉、刘尧等国内学者相继梳理了 20 世纪末以来国际职业教育改革的新趋势。综合而言，可以概括出当前世界职业教育改革的五点趋势：

（1）职业教育与普通教育的综合化。例如，日本职业教育在 20 世纪 80 年代之后，设立职业高中，在专业设置上打破传统的专业划分，消除普教与专业教育的严格界限，并开设了诸如人文学科群、自然学科

---

① 〔加〕迈克·富兰：《教育变革的新意义》（第四版），武云斐译，华东师范大学出版社 2009 年版，第 220 页。

群等系列适应时代发展的崭新的综合学科以供学生选修。①

（2）职业教育终身化与高移化。职业教育终身化已是大势所趋，在终身化的驱使下，职业教育办学的重点也从高中阶段逐渐推移到了高中后阶段，使得高等职业教育得到了迅猛发展。

（3）职业教育师资队伍"双师"化。例如丹麦要求职业教育的专业教师必须在高校接受所教课程的职业教育，并有 5 年专业从业经历。②

（4）课程体系整体性与课程设置通识性。课程体系整体性表现为所开发的课程不仅针对某一阶段或特定阶段的学习者，而且面向所有从业人员的任何阶段。课程设置的通识性表现为职业教育课程设置的目标是学生个性的全面发展和综合素质的提高。如英国在 1992 年出台的"普通国家职业资格课程"不仅注重培养学习者某个具体专业领域内的职业能力，而且注重培养广泛的职业或专业都需要的一般技能、知识和理解力。

（5）深化教育教学改革。为了更好迎接 21 世纪的挑战，创业能力的培养成为职业教育改革中的一项重要内容。

在国际职业教育改革浪潮下，中国职业教育改革同样风起云涌。其中，"提升职业教育吸引力""职业院校内涵建设"是改革的核心主题。在提升职业教育吸引力的问题上，石伟平等人呼吁要通过加强职业教育的基础能力建设和建设适应现代职业教育发展的教学机制两方面改进职业教育服务质量。其中，加强"双师结构"和"双师素质"的专业教师队伍建设和专业教学环境的改善又是问题解决的关键。③ 在提升职业院校内涵的问题上，品牌专业建设、精品课程建设、师资队伍建设、实

---

① 刘尧：《国际职业教育改革趋势及其对我国的启示》，《职教论坛》2008 年第 3 期。

② 唐智彬、石伟平：《国际视野下我国职教师资队伍建设的问题与思路》，《教师教育研究》2012 年第 2 期。

③ 石伟平、唐智彬：《增强职业教育吸引力：问题与对策》，《教育发展研究》2009 年第 13 – 14 期。

训基地建设、教学管理改革、校园文化建设等都是问题解决的方法。[①]

从国际以及中国本土职业教育改革的脉络中我们可以清晰地看到，职业教育教师既是职业教育改革的重要内容，同时也是职业教育改革的核心主体。在职业教育改革的境脉下，职业教育教师必须通过采取"适应性的专业发展"做出回应。赵昕剖析了在职业教育改革与发展背景下，职业学校专业课教师所必须做出的适应性发展，包括三个向度上的内容：[②] 一是心理适应。心理适应的提出源自当下中国职业教育以及职业教育教师的地位和声望的急剧下降，职业院校招生困难、教育质量降低，职业教育教师面对迅速变化了的教育环境滋生心理压力、挫折和职业倦怠感的实然困境。当前，职业院校要发展，职业教育教师要发展，都要求教师保持积极的心理适应，以正确的态度面对压力、问题与挑战。二是角色适应。职业教育改革的新形势要求职业教育教师的身份从单一的"传授者"转换为"调适者""研究者""创造者""合作者""促进者""指导者"等多元身份，这就必然要求职业教育教师积极主动地适应这些综合角色。三是知识与能力的适应。职业教育教师知识与能力的适应来源于职业教育目标的转换，来自社会对技术应用型、复合型人才的呼唤和需求。在此背景下，职业教育教师需要突破所工作院校以及自身的教学惯习，不断更新知识，进而构建起适应职业教育培养任务的知识体系和能力体系。

2. 职业教育教师专业化的内涵与目标

关于教师专业化问题从来不乏各家之言。学者们围绕什么是教师专业化、教师为什么要专业化、教师专业化有哪些内容、如何实现教师专业化等问题展开了丰富的探索和讨论。但是就职业教育教师这一特殊群

---

① 冯贵宗、胡敏：《内涵建设与高等职业院校核心发展力》，《内蒙古农业大学学报（社会科学版）》2009 年第 11 期。

② 赵昕：《职教改革与发展背景下职业学校专业课教师适应性及其内涵研究》，《职业技术教育》2009 年第 34 期。

体而言，针对其专业化问题的研究相对较少。本部分仅就国内学者对职业教育教师专业化的讨论作两个层面的综评。

（1）职业教育教师专业化的内涵。基于教师职业的普遍性共识去理解职业教育教师专业化的内涵固然不可或缺，但从职业教育教师固有的职业特点出发进行内涵解读显然更具必要性。陈永芳分析了职业教育教师所独具的双重实践特征：一是作为职业教育教师的教学实践（该实践存在于教学的具体组织与实施过程中）；二是作为专业技术人员的生产实践（该实践存在于生产劳动的具体组织和实施过程中）。① 也有研究者（米靖）指出了职业教育教师的双重身份：一为教育家；一为职业专家。② 但是，不管是职业教育教师所独具的双重实践特征也好，还是双重身份也罢，都决定了职业教育教师在专业化历程中必须既涉猎专业科学与职业专业工作的理论、模式和内容及职业实践，同时也要涉及使受教育者获取职业性专业工作能力的教育学的"学与教"的科学成果和理论，以及作为学校"教师"和职业实践的具体情境。③

基于职业教育教师的职业特质，刘猛（2007）将职业教育教师的专业化划分为三个阶段：第一阶段，即"开始教学、寻求适应"阶段。该阶段周期一般为1—3年。当然，周期的长短以及适应度取决于学校环境与个人努力程度。第二阶段，即"目标明确，胜任教学"阶段。该阶段持续时间较长，但也是专业化成长的关键时期，是职业教育教师树立专业信心的时期。第三阶段，即"自主发展，形成风格"阶段。该阶段是职业教育教师专业化成长的最高境界。除了专业化的阶段划分之外，吴全全概括了职业教育教师专业化的内容构成：第一，强化专业

① 陈永芳、颜明忠：《德国职业教育的专业教学论研究》，《中国职业技术教育》2007年第8期。
② 米靖：《论职业教育教师的专业化及其要求》，《职教通讯》2010年第9期。
③ 吴全全：《职业教育"双师型"教师基本问题研究——基于跨界视域的诠释》，清华大学出版社2011年版，第98页。

理论知识的更新（掌握与职业领域相关的本专业领域的最新理论成果以及涉及前沿技术和关键技能的理论知识）；第二，强化企业职业实践的训练（直接参加与职业有关的企业实际工作的训练）；第三，强化职业教育理论的学习（学习与职业有关的基本的教育理论）；第四，强化职教教学实践的效果（参加与职业有关的教育过程的设计与实施）。①

（2）职业教育教师专业化的目标。基于职业教育教师专业化的特质，我国职业教育界创造性地提出了"双师型"教师的概念。"'双师型'概念的提出，适应了以能力为主线的职教理念的发展，既是对所有职教教师提出的一种专业发展要求，也是单一型的理论教学教师和实践教学教师继续教育和成长的目标导向。"② 事实上，指向"双师型"教师的职业教育教师专业化已是世界范围职教理论与实践界普遍达成的共识，成为"双师型"教师是职业教育教师专业化的根本取向。

成为"双师型"教师意味着要达到"双师型"教师的知识、能力专业标准。郑秀英等构建了"双师型"教师的专业化标准：第一，专业化的知识结构。"双师型"教师除了要精通本专业职业岗位的知识、技能、技术外，还要通晓相关专业、行业的知识、技能、技术，并能将各种知识、技能、技术相互渗透、融合和转化。第二，专业化的能力结构。"双师型"教师应当具备三种能力，即操作能力、科技开发能力和教育教学能力。第三，专业化的素质结构。"双师型"教师要具有良好的道德素质和职业素质。其中，职业素质又包括三个层面内容，即任职职业岗位直接要求的知识和能力，职业岗位所要求的行业眼光、知觉能力、思维方式和行为方式，以及较好的专业智能和创新潜能。③

---

① 吴全全：《职业教育"双师型"教师基本问题研究——基于跨界视域的诠释》，清华大学出版社 2011 年版，第 100－101 页。
② 郑秀英、周志刚：《"双师型"教师：职教教师专业化的发展目标》，《中国职业技术教育》2010 年第 27 期。
③ 郑秀英、周志刚：《"双师型"教师：职教教师专业化的发展目标》，《中国职业技术教育》2010 年第 27 期。

3. 转向工作场学习的职业教育教师专业发展路径转型

职业教育教师专业化是一个渐进的过程。这个过程可以从"群体"以及"个体"两个角度切入。从群体角度来看，职业教育教师专业化体现为职业院校整体师资队伍在结构、层次、质量、制度等层面的系统性优化，是职业教育教师这一特定职业的专业化过程。从个体角度来看，职业教育教师专业化是教师个体成为教学专业的成员并且在教学工作中越来越成熟的一个转变过程，是一个教师的职业理想、职业道德、职业情感、社会责任感不断成熟、不断提升和不断创新的过程。[①] 从专业化路径来看，群体视角下的专业化采取的是一种"自上而下"的方式，力图通过师资培养模式改革、职后培训等手段提升国家范围内职业教育整体师资队伍的专业水准。个体视角下的专业化主要采取的是一种"自下而上"的方式，旨在通过职业院校范围内教师的学习和实践提升职业教育教师的专业水平。从当前世界范围内职业教育教师专业化的理论研究及实践情况来看，职业教育教师的专业化更多指向的是"自上而下"的方法路径，人们对职业教育师资培养、在职培训的探讨远远多于教师个体的专业学习。

毋庸置疑，"自上而下"式的教师专业化范式是当前世界各国职业教育领域提升教师专业水准的主流范式，也发挥了重要的功能。但是，我们必须正视大多数职教教师在职培训所存在的低效甚至无效的问题，而导致这种低效或者无效的根本原因在于大多数培训没有以职业教育教师的专业发展理论为指导，没有真正抓住职业教育教师专业发展的核心，培训过程中所学到的知识、技能、态度难以迁移到工作情境当中去。[②] 培训与工作相脱离的现实困境使得我们不得不提出这样的问题，即职业教育教师的专业化范式必须实现范式转移，逐渐完成从"自上而

---

① 李毓秋、崔艳萍：《试论职业教育教师的专业化发展》，《中国职业技术教育》2004年第20期。
② 王玉苗：《关于职教教师培训有效性的思考》，《职教论坛》2006年第15期。

下"到"自下而上"的范式转换。事实上，关于教师专业化的范式转移问题早在 20 世纪 90 年代就有学者相继提出，只是一直未能全面渗透到职业教育教师专业化领域。如斯迈利和科尼尔斯两人在 1991 年就撰文指出，教师专业发展应当发生范式转移，转移体现在四个方面：第一，从亏拙为本取向转向能力为本取向；第二，从重复转向反思；第三，从独自学习转向合作学习；第四，从集权转向分权。① 此外，斯帕克斯（D. Sparks）和赫什（S. Hirsh）两人在 1997 年更深入地阐述了教师专业化的范式转移问题，要求从校外的脱离学校情境的、由专家独霸的、教师的被动的发展范式向与学校环境结合的帮助教师主动地对教学进行探究的范式转移，并提出了十一个层面的转换要求，如从个人发展到个人与组织共同发展、从专家向教师传递知识和技能的取向到教师研究教与学的过程、从与工作无涉的发展模式到与工作有关的多元模式等等。②

由上可见，职业教育教师专业化的范式转移本质上是针对当前"自上而下""由外而内"的发展模式的改变呼吁，强调的是职业教育教师专业发展要基于学校的具体情境，要与工作直接相关，从而使专业发展活动不至于落空。基于这样的一种理念，当前我国已有一些研究者开始将目光转向职业教育教师专业化的新范式。如谢志平从缄默知识的视角探讨了职业教育教师的专业化发展问题，主张教师个体通过教育叙事、行动研究等方式挖掘自身的个体缄默知识，职业院校通过构建教师学习型组织、校本培训、知识管理等方式挖掘教师群体的缄默知识，从而在学校的情境中，通过日常的教育教学去发掘缄默知识的手段推动职业教

---

① M. Smylie, J. Conyers, "Changing Conceptions of Teaching Influence the Future of Professional Development", *Journal of Staff Development*, Vol. 12, No. 1, 1991, pp. 12 – 16.

② D. Sparks, S. Hirsh, A *New Vision for Staff Development*, Alecardria, Virginia: Association for Supervision and Curriculum Development, 1997.

育教师的专业化发展，同时也促进职业院校的组织发展。① 米靖认为，因为职业教育教师的专业能力带有明显的"情境性"，因此职业教育教师专业能力的发展应当围绕职业和工作的动态发展要求，职业教育教师应当成为"反思性的实践者"，通过深入和持续地反思自身的专业活动，从而不断改进自身教育教学水平，成为专家型教师。② 尽管我们欣喜已有研究者将目光投向了职业教育教师专业化的新范式，但从总体来看，相关的研究仍如凤毛麟角，未来期待有更多、更系统、更深入的研究出现，从而共同促进职业教育教师专业化范式的转移。

4. 文献评析的发现与启示

以教师工作场学习为杠杆推动职业教育教师专业化革新、驱动职业院校改革发展是否可行，是本书的立论基础或逻辑起点。相关职业教育教师专业化的研究文献揭示了在国内外职业教育变革的背景下，职业教育教师既是变革的对象，也是变革的主体，同时职业教育教师发展与职业院校发展相伴相生。大量研究指出，不管是实现教师个体的发展，还是学校组织的发展，都离不开职业教育教师的专业适应和发展。显然，学术界达成的这种共识为本书所提出的职业教育教师专业化革新路径转型问题奠定了理论上的可能性和可行性。

职业教育教师专业化具有独特的内涵表征。其中，知识的缄默性、实践性、过程性和能力的情境性是职业教育教师专业化区别于其他类型教师群体专业化的重要差异所在。基于职业教育教师专业化的特质，成为"双师型"教师应当是职业教育教师专业化的根本价值目标。职业教育教师在专业化上所体现出来的特质意味着在选择专业化路径上必然有所针对，在这个意义上，基于日常工作情境、强调参与和实践的工作场学习与职业教育教师专业化深度契合，因而能够作为职业教育教师专

---

① 谢志平、周德义：《缄默知识视角下职业教育教师专业化发展》，《职教论坛》2010 年第 30 期。
② 米靖：《论职业教育教师的专业化及其要求》，《职教通讯》2010 年第 9 期。

业化革新的有效路径。

另外，职业教育教师专业化存在"自上而下"和"自下而上"两种范式，它们对教师产生的影响是截然不同的。"自上而下"的专业化范式自然有其不可替代的价值，但是理论和实践都证明，"自上而下"的范式存在诸多偏颇，其中培训中学习的知识、能力难以迁移到具体工作情境中是最大的问题所在。此外，"自上而下"的专业化范式更多强调教师对外在环境的追随和适应，更多的是让教师体验到外在的要求和压力。相反，"自下而上"的专业化革新范式强调教师对外在环境的超越和自我专业知能的提升，强调教师的专业自主性。为此，基于"自上而下"专业化范式的诸多弊病，有必要实现职业教育教师专业化的范式转移，从与工作无涉的发展模式走向与工作有关的多元模式、从零碎的改进措施走向清晰一致的策略性规划、从片面强调个人发展走向个人与组织共同发展、从关注一般的教学技能走向整合一般与特殊内容之技能。最后，在文献研究的基础上，我们认为迈向职业教育教师"自下而上"的专业化革新范式意义重大且刻不容缓，而目前对此方面的相关讨论相对较少，这使得本书具备了较大的探索空间。

第三节　概念架构

一、工作场学习

本书主要基于"工作场学习"这一概念设定整个理论架构。

从文献研究来看，学术界关于"工作场学习"的定义相当多。但是，至今对于这一概念的理解与探讨仍然极不充分，尚不存在一个相对公认的工作场所学习的定义。① 之所以出现不同的定义，其根源在于不

① 李茂荣、黄健：《工作场所学习概念的反思与再构：基于实践的取向》，《开放教育研究》2013 年第 2 期。

同研究者对"工作场所"（workplace）这一概念的不同理解。研究者对于"工作场所"的理解大致分为三种：

第一种将"工作场所"视为一个物理空间概念，由此演绎出的有关"工作场所学习"的定义可以概括为一句话，即"在工作场所中的学习"（learning at workplace）。该理解相对机械、表层，大多数研究者对此持否定意见，也极少单独使用这一概念。

第二种将"工作场所"视为一种社会文化环境，这种社会文化环境构成促进或阻碍学习者学习的主要因素，由此演绎出"工作场学习"的定义可以表述为"在工作情境中的学习"（learning in workplace）。相对于第一种理解，这种理解目前受到大多数研究者的认同。

第三种将"工作场所"视为学习者的一种新型学习形式或者工作形式，由此演绎出的"工作场所学习"的定义可以表述为"通过工作来学习"或"在工作中学习"（learning through workplace）。相较于第一、二种理解，该种理解的高明之处在于将"工作场所学习"置于一种动态的视角来看待，并且打破了"工作"与"学习"的二元对立，使其成为一对统一体。

以上三种有关"工作场所学习"概念的理解尽管都有其合理之处，但是单纯采取其中任何一种观点而忽略其他两种观点来理解"工作场所学习"都是不合理的，这种做法势必造成对工作场所学习的物理空间和文化空间、静态属性与动态属性的主观割裂，而这显然不利于我们正确窥探工作场学习的全部面貌。有鉴于此，本书试图采取一种整合性的理解，既将工作场所学习视为一种基于特定物理空间（本书中为中、高职院校）的学习，也将工作场所学习看作是一种基于特定情境（本书中为职业院校工作情境）的学习，同时本书中的工作场所学习还必然是一种具有鲜活实践生命的学习方式。

此外，必须特别指出的是，本书还对核心概念做了一个有意而为之的术语转换，即用"工作场学习"的称谓替代传统的"工作场所学习"。之所以说是有意而为之，主要基于两个方面的考虑：一方面，用"工作场学习"替换"工作场所学习"意味着本书放弃单纯用一种偶然、物理的"场所"或"场合"来理解工作场所学习，放弃将工作场所学习看作是一种任意、偶然、完全基于个人经验的、无目的的、不易干预的行为，而是转向把工作场所学习看作是可以观察的、可说明的、秩序化的工作实践模式。另一方面，用"工作场学习"替换"工作场所学习"意在用"场"这一概念的丰富内涵来彰显工作场所学习的本质规定性，即工作场所学习并非是个体知识累积的简单过程，而是一个包括整个共同体以及更大关系网络的学习实践过程。

从文献研究可以发现，研究者对"工作场所"的不同解读演绎出了有关"工作场学习"的不同定义，不同"工作场学习"的定义又衍生出了"工作场学习"的不同要素。但是，这些不同的要素并非是碎片化或者相互排斥的，而是具有共同的成分。通过整合有关"工作场学习"不同定义的核心要素成分，发现工作场学习的概念框架由四个要素构成（如下图所示）。

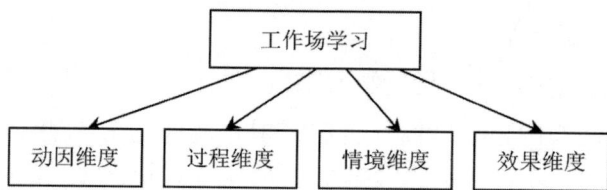

```
           ┌──────────┐
           │ 工作场学习 │
           └──────────┘
        ┌──────┼──────┬──────┐
   ┌────────┐┌────────┐┌────────┐┌────────┐
   │ 动因维度 ││ 过程维度 ││ 情境维度 ││ 效果维度 │
   └────────┘└────────┘└────────┘└────────┘
```

工作场学习的概念框架图

第一个维度是工作场学习的动因。学习动因回答为什么要工作场学习的问题。从已有研究来看，答案来自两个方面，一个是因为学习者受到外界环境的挑战或要求，如激烈的竞争、组织提高绩效的要求等；另一个是因为学习者觉悟到需要改变，如自我超越、自我发展需求等。当然，这两个方面并非呈完全对立关系，在许多情况下，它们是相互影响的。

第二个维度是工作场学习的过程。学习过程回答的是学习什么和怎么学习的问题。从已有文献来看，对工作场学习过程的讨论主要聚焦于学习内容和学习方式两个维度上。学习内容关注的是工作场所中的知识、技能以及学习者在工作场所中对知识、技能、态度、能力等方面的获取。学习方式则关注对一些具体的工作场所学习方法合理性、有效性的探讨，如比利特的"参与式实践"，莱夫和温格的"合法的边缘性参与"等等。

第三个维度是工作场所学习的情境。已有研究既从宏观层面的国家政策、体制、雇佣关系的调控方式等方面理解工作场所学习情境，也从特定的工作场所出发理解工作场学习的情境。学习情境对学习动机、学习过程均会发生影响。

第四个维度是工作场学习的效果。学习效果回答的是工作场学习有什么用的问题。在这方面，大多数研究主要从劳动力的素质和企业的绩效两个方面展开测量。

将工作场学习解构为四个维度能够为研究提供一个具体细微的分析框架，但这远远不够。事实上，有关工作场学习的讨论必然是一个系统的问题。雅各布斯就曾经鲜明地论证了工作场学习的系统观点：第一，工作场学习是一个系统，这个系统由几个相互作用、相互配合达成共同目标的几个部分组成；第二，它表明了我们应该系统化地开发和应用工作场学习。① 下页图揭示出了工作场学习概念框架的内在逻辑关系。

工作场学习概念框架具有以下逻辑：第一，工作场学习是一个由学习动因、学习过程、学习情境和学习效果共同构成的系统；第二，在工作场学习系统中，学习动因、学习过程和学习情境均属于学习的输入要素，三要素共同构成工作场学习的动力子系统；第三，在工作场学习系统中，学习效果属于学习的输出要素，构成工作场学习的目标子系统；

---

① R. L. Jacobs, C. Washington, "Employee Development and Organizational Performance: a Review of Literature and Directions for Future Research", *Human Resource Development International*, Vol. 6, No. 3, 2003, pp. 343 – 354.

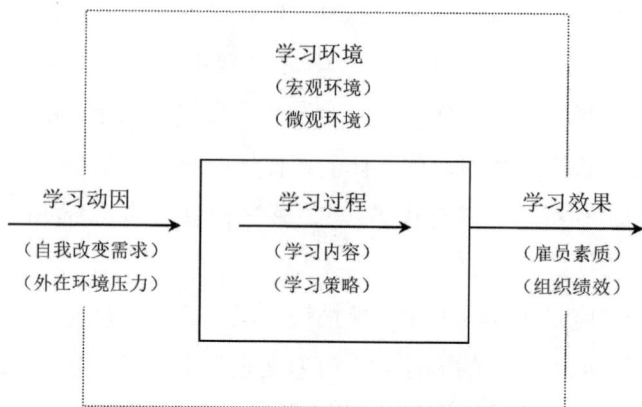

工作场学习的概念逻辑关系图

第四，工作场学习的动力子系统与目标子系统存在逻辑相因关系。

基于工作场学习的概念框架及其内在逻辑关系，可以演绎出一个工作场学习的操作性定义：工作场学习是学习者在工作场域情境中，出于内在学习需要和外在环境驱动，将学习嵌入到工作过程之中，采用特定学习方式获取相应工作过程知识，从而促进个体效能和组织绩效持续提升的实践过程。具体到本书当中，职业教育教师工作场学习是教师在职业院校工作情境中，出于自身专业发展、职业院校发展、职业教育变革之需要，将学习嵌入到日常教育教学工作实践过程之中，以不断解决教育教学问题为中介，进而展开的一个有力地促进教师效能和学校效能持续发展的实践过程。

二、职业教育教师

本书中的"职业教育教师"特指中高职院校中的专业课教师。"职业教育教师"的概念框架如下页图所示。

选择将中高职院校专业课教师作为研究对象，主要出于三个方面的考量：第一，中高职院校专业课教师诉求更为复杂的职业知识。专业课教师不仅需要掌握静态的学科理论知识，还需掌握动态的实践知识。尤

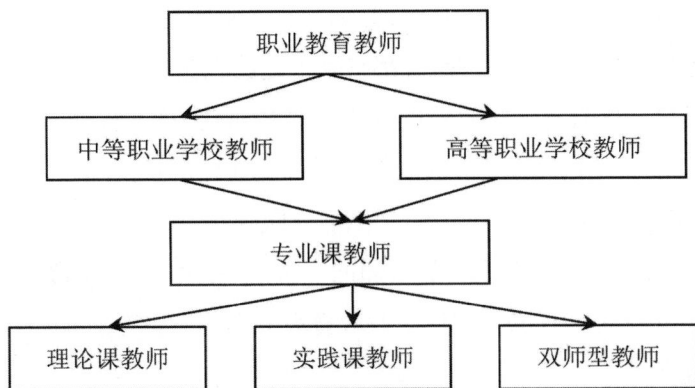

职业教育教师概念框架

其在当下快速变化着的工作世界，需要专业课教师在工作场所中投入更多的专业学习。第二，专业课教师的专业能力具有鲜明的情境性，因此专业课教师专业能力的培养更依赖于真实的问题情境，对工作场所具有更高的敏感性。第三，与中高职院校公共课教师相比较，专业课教师工作场学习势必更加复杂。专业课教师工作场学习既受中高职院校内部复杂因素的影响，又受中高职院校外部（主要为企业、行业）因素的影响。需要指出的是，虽然三种不同类型的专业课教师在工作场学习上必然有不同之处，但本书主要探查整体的中高职院校专业课教师工作场学习。

第四节　研究假设和视角

一、研究假设

研究假设是根据经验事实和科学理论对所研究问题的规律或原因做出的推测性论断和假定性解释，是在进行研究之前预先设想的、暂定的理论。依据问题和内容，本书有如下假设：

假设1：职业教育教师职后专业发展存在两种路径：一种是基于

"教师培训"的"自上而下"的路径，一种是基于"教师学习"的"自下而上"的路径。两种路径都有利于促进职业教育教师专业化。

假设2：当前我国职业教育教师职后培训量少质差，难以系统实现职业教育教师专业化革新。职业教育教师专业化革新的真正发生需要借助于教师基于日常的、立足于工作场所的专业学习。

假设3：工作场学习强调教师的专业自主性，主张教师工作学习化、学习工作化，有助于促进职业教育教师不断完善专业知识体系、实现专业化革新。

假设4：在职业院校场境内，职业教育教师客观存在着有意识或无意识的工作场学习行为。

假设5：职业教育教师工作场学习总体缺乏有效性，存在诸多问题。工作场学习尚未成为促进职业教育教师专业化革新的有效机制。

假设6：受主客观因素影响，不同职业院校、不同教师工作场学习的效果和质量存在差异。

假设7：职业教育教师工作场学习是一个有机系统，系统内部要素之间彼此影响、相互作用，同时受系统外部因素的影响。

二、研究视角

1. 综合考量认知、情感、社会情境三个重要维度，在整体性的视角下理解工作场学习的发生原理

学习科学理论经历了从热衷于以动物行为研究建模的行为主义学习理论到以认知科学为支撑的认知主义学习理论再到以情境认知理论为支撑的情境学习理论的嬗变过程。行为主义学习理论片面关注学习者的外显行为变化，学习者往往被动地接受环境刺激并做出反应；认知主义学习理论则过于关注学习者内部的认知加工过程，强调学习者对所接受的言语视觉信息进行内部加工。情境学习理论的出现打破了传统学习理论沉迷于标准化程式的局面，使得与个体生活和工作密切相关的日常学习受到了前所

未有的重视，这也为工作场学习的研究打开了全新的理论天窗，使得来自于社会学、管理学、人类学等多学科领域的学者介入到工作场学习的研究之中。显而易见，情境学习理论流派凸显了工作场作为一种特定社会环境之于学习的重要性，引发了人们对学习的社会维度的高度关注和深入探讨。但是，情境学习理论关于工作场学习的研究并非完美无缺。一些学者一针见血地指出，社会情境学习理论虽然凸显了社会情境之于工作场学习的重要价值，却因把社会情境仅仅聚焦于具体的组织环境而忽略了对社会宏观结构的分析，也忽略了学习者主体意义建构对工作场学习活动的重要影响。除此之外，还有一些学者试图站在其他全新的视角上看待工作场学习的问题，如欧莱森（H. Olesen）将情感因素视为理解工作场学习的重要维度，引入精神分析学深刻诠释了工作场所中推动个体和集体学习的内在动力源，凸显了学习者的主体性力量。[①]

　　毋庸置疑，以上各种理论均是理解工作场学习的重要维度，但每种理论却也不可避免地落入局限性。为了化解将工作场学习或视为个体的主观性过程，或看作外在的客观社会化过程的二元对立的理解，本书将综合考量认知、社会情境、情感等不同维度力量对工作场学习的影响，并在此基础上尝试建构一个关于工作场学习研究的整合模型。

　　2. 同时关照教师与职业院校不同的发展诉求，构建教师发展和组织发展的同构关系

　　关于工作场学习问题的研究分流于 20 世纪七八十年代，主要兴起于美国的人力资源开发领域。人力资源开发理论的核心主张即：人力资源是第一资源，人力资源是组织发展的高效杠杆。在这样的信条下，不管是美国、英国、韩国等发达国家，还是中国、泰国、越南等发展中国家，纷纷从国家战略层面提出了强有力的人力资源开发政策。在人力资源开发领域，与工作密切相关的学习问题自然成为研究者关注的最基本

---

① H. Olesen, "Professional Identities as Learning Processes in Life Historie", *Journal of Workplace Learning*, Vol. 13, No. 7 - 8, 2001, pp. 290 - 297.

和最核心的问题，也由此，工作场学习从内隐走向外凸进而聚焦，被视为组织和员工改进工作绩效的一种重要干预手段。当下，"学习活动或学习干预是人力资源开发的核心"这一理念已经成为世界各国诸多人力资源开发学者的广泛认同。

人力资源开发指向组织发展的本质使得人们对工作场学习的研究更多地指向组织发展，工作场学习更多地被作为达成组织绩效目标的手段。人们更关心的是，员工基于工作场所的学习能够在多大程度上改善组织的绩效发展。毋庸置疑，这种鲜明的绩效导向的理念能够使得工作场学习更好地帮助组织应对时代各种变革的挑战。但是，正如一些学者所担忧的，将工作场学习单纯指向组织发展，将导致组织严格控制员工个人的学习。① 在研究者看来，在工作场学习历程中，学习者和组织必然拥有不同的学习诉求。但是，不同的学习诉求并非意味着学习诉求之间就是矛盾对立的，两者之间或许存在一定的张力，这样的张力在一定的操作条件下有可能成为合力。基于此，本书力图打破人力资源开发范式将工作场学习过程中个人需求和组织需求"二元对立"的局势，同时关照职业教育教师和职业院校不同的发展诉求，并尝试构建双需求的同构关系。

3. 以工作场学习为一种实践过程的角度，构建职业教育教师工作场学习过程和结果的辩证关系

一直以来，结果观和过程观是主导学习理论的两大重要取向。结果观强调学习的静态成果，将学习视为知识和技能的习得，视为行为的外在改变；过程观关注学习的动态过程，将学习视为一种实践性、分享性、互动性、建构性的参与过程。显然，将工作场学习指向组织发展的价值导向容易使人们将工作场学习更多地视为一种功利主义的"学习结果观"。而这种带有功利主义的学习取向极其容易误导工作场学习的实践，使得人们

① L. L. Bierema, "Moving Beyond Performance Paradigms In HRD", In *Handbook of Adult and Continuing Education*, A. L. Wilson & E. R. Heyes (Eds), San Francisco: Jossey – Bass, 2000, pp. 278 – 293.

有意识或无意识地将工作场学习与学习者不断接受新知识、不断获取资格凭证、不断延长学习年限、不断参与各类培训画上等号。事实上，更多学者在对待工作场学习问题上保持的是一种过程观。如"学习是合法的边缘性参与"的隐喻就暗示着学习是一个发生在参与性框架中的过程，而不是发生在个体头脑中的。"学习是参与性活动"的隐喻同样暗示了工作场所中的参与性实践对于学习的重要意义。"学习是建构性活动"的隐喻，强调学习者在与学习任务、学习环境的不断调适之中构建知识结构。以上几种隐喻都强调了工作场学习作为一种过程性的活动，是学习者与工作任务、工作环境之间不断的调适过程。

　　毋庸置疑，过程主义的学习观在更深刻、更广泛的意义上诠释了工作场学习的本质。但是，"只问过程，不求结果"的学习观同样可能误导工作场学习的实践，使得学习与发展演变成为两张皮。因为从本质上来讲，任何学习最终都应当表现为相对持久地获得一种能力或者能力的变化。本书倡导的是职业教育教师的工作场学习观是一种"实践过程学习观"，并在更大意义上，试图发展职业教育教师工作场学习过程和结果的辩证逻辑。

第五节　研究思路、方法和创新

一、研究思路

　　本书主要基于四个问题的解决，即职业教育教师为什么要工作场学习、职业教育教师工作场学习是什么、职业教育教师工作场学习状况怎么样以及职业教育教师如何有效工作场学习，综合运用教育学、教育心理学、社会学、管理学、生态学等相关学科的理论，采用定性与定量相结合的研究范式，遵循从整体构建到具体还原再到整体构建的研究理路，对职业教育教师工作场学习问题进行理论与实证探索。

本书存在两条研究路线：一条是研究的明线，将职业教育教师工作场学习解构为学习动机、学习策略、学习环境和学习绩效四个维度，并依据逻辑先后顺序对四个维度及其之间的因果关系展开探查；一条是研究的暗线，将职业教育教师工作场学习区分为教师个体工作场学习和教师群体工作场学习两个层面，并依次考察个体和组织层面的教师工作场学习动机、学习策略、学习环境和学习绩效。

研究具体思路如下图所示：

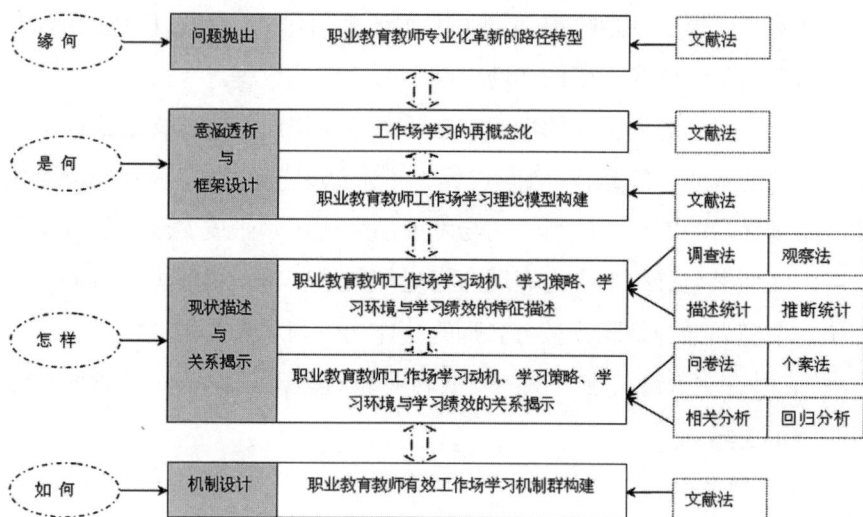

本书思路图

首先，为了回答职业教育教师为什么要工作场学习的问题，本书通过对国际职业教育发展趋势、我国职业教育改革形势、我国职业教育教师专业发展现状以及教师专业学习研究背景等问题的层层审视，抛出以工作场学习为路径的"自下而上"的教师专业发展范型转换问题，论证职业教育教师工作场学习的必要性、重要性和可能性，从而为研究奠定问题基础。

其次，鉴于工作场学习的已有研究和发现将会促进职业教育教师工作场学习的研究，本书在文献研究的基础上对工作场学习意涵进行再认

识和再概念化，希望通过对工作场学习的内涵特征、发展脉络、发生机
制等问题的深入研究，为职业教育教师工作场学习的理论与实践研究提
供基础。在此基础上，本书尝试构建一个能够从多视角、多层面理解职
业教育教师工作场学习的整合性分析模型，既作为对工作场学习理论的
再认识和再运用，也为整个研究提供一个清晰稳定的分析框架。

此后，依据所构建的整合性分析框架，综合运用问卷调查法、访谈
调查法、田野考察法等研究方法以及描述统计、推断统计、相关分析、
回归分析等统计技术，对职业教育教师工作场学习的四个维度展开实证
性研究，以期呈现当下我国中高职院校教师工作场学习的实然状况，总
结暴露的问题，挖掘问题产生的原因，揭示工作场学习各维度之间的相
因关系。在开展实证研究的同时，也对工作场学习各维度展开相应的理
论探讨。

最后，以实证研究的结果为依据，综合借鉴教育学、心理学、管理
学、生态学的相关理论，通过基于设计的研究，构建职业教育教师有效
工作场学习的机制群，一方面为我国职业院校推行教师工作场学习行动
提供具有可操作性的系统方案，另一方面为职业教育教师专业化改革行
动提供理论借鉴。

二、研究方法

自工作场学习成为研究领域以来，该领域的研究方法展现出了多样
性、多学科性的鲜明特征。纵观国际工作场学习研究发展状况可以发现，
美国除了基本理论研究之外，大部分的研究性论文均以定量的实证研究为
主，而在澳大利亚、加拿大以及英国、芬兰等西欧国家，关于工作场学习
领域的研究类型可谓各有千秋，定量的实证研究和定性的质性研究不分
上下，但从发展趋势来看，定性的质性研究呈现不断增长之势。

本书在遵循理论与实践相结合、质性研究与量化研究相统一的方法
论原则的基础上，一方面通过文献研究着眼于职业教育教师工作场学习

的概念化工作和分析框架构建，另一方面扎根于职业教育教师专业实践境脉开展实证研究和有效学习机制的设计研究。两方面的研究相互关照、彼此益知，从而使研究超越经验式的主观描述与阐释而更具科学性和可检验性。本书将具体运用以下研究方法：

1. 文献研究法

文献研究法贯穿研究的始终，是本书的基础性研究方法。通过文献研究法主要解决五个层面的问题：第一，通过文献研究全面地搜集、挖掘关于工作场学习、教师工作场学习领域的已有文献资料（主要来自于英文文献），在对文献资料进行全景性把握的基础上对相关研究进行述评，在文献回顾的基础之上确立本书的起点、方向，以及思路和研究框架。第二，通过文献研究建构职业教育教师工作场学习的理论基础，从而为本书确定独特的研究视角和坚实的理论基石。第三，通过文献研究探讨职业教育教师工作场学习独特的意蕴特征、运行过程，并在此基础上构建系统结构模型。第四，通过文献研究，梳理"学习"与"工作""学习场所"与"学习""个体学习"与"组织学习"等概念之间的逻辑关系，为全书研究提供理论引导。第五，通过文献研究和理论演绎来设计职业教育教师有效工作场学习的机制，开发提升职业教育教师工作场学习有效性的建议策略群。

2. 调查研究法

调查研究法是本书所采用的主要研究方法，旨在为研究提供坚实的实证支撑和现实依据，调查研究法主要包括问卷调查法和访谈调查法。调查研究法主要解决四个层面的问题：开发符合教育测量学特征的研究工具；描述当前职业教育教师工作场学习的基本特征；描述不同背景变量下职业教育教师工作场学习的差异表征；揭示职业教育教师工作场学习各个因素之间的因果关系。

3. 个案研究法

个案研究法的使用是对调查研究法的补充和完善，是对量化研究的深度研究。个案研究法在本书中的作用体现在：一方面，基于个案的描述有助于进一步生动还原职业教育教师工作场学习的实然状况，有助于进一步阐释不同背景变量下职业教育教师工作场学习产生差异的原因；另一方面，通过个案研究法能够鲜活呈现工作场学习各个维度之间是如何相互影响的，有助于探讨工作场学习因素之间的相互关系。

4. 田野考察法

工作场学习是一项情境性极强的学习活动，对该问题的研究势必离不开田野考察法的运用。运用田野考察法旨在解决几个方面的问题：一是通过较长时间的参与式的观察，了解职业院校教师"原生态"的工作状况，掌握该群体工作的特殊性；二是通过较长时间的参与式的观察，勾勒职业院校教师工作场学习的原生态面貌，尤其是工作与学习的结合情况；三是通过对职业院校教师工作场学习实践境脉的"在场"式的参与及领悟，全景性地了解职业院校教师工作场学习的情境特征。

三、研究创新

首先，在研究视角上，本书突破以往单纯从"职后教师培训"的"自上而下"的视角来探讨职业教育教师专业化问题的思维局限，突破单一、低效的职业教育教师专业发展路径范型，选择在"自下而上"取向的改革情境中，将目光从传统的基于教室内的教师专业培训转向基于日常真实工作情境的教师专业学习，并正式提出基于工作场学习的职业教育教师职后专业发展的路径转型命题，这为我国职业教育教师职后专业发展研究提供了新的研究视角和研究思维。

其次，在研究内容上，本书始终坚持立足于整体性的视野考察职业教育教师工作场学习问题。横向上，将职业教育教师工作场学习解构为学习动机、学习策略、学习环境和学习绩效四个维度，并以此为明线逐一考察；纵向上，将职业教育教师工作场学习区分为教师个体工作场学习和教师群体工作场学习两个层面，并以此为暗线分别审视。对职业教育教师专业发展如此系统性、结构化的研究应属创新。

最后，在研究结果上，本书创新之处集中体现在五点：第一，基于理论和实证研究，构建出了"职业教育教师工作场学习'双层双翼'理论模型""职业教育教师工作场学习动机双驱动理论模型""职业教育教师工作场学习策略五因子模型""职业教育教师工作场学习环境四因子模型""职业教育教师工作场学习绩效螺旋式整合模型""职业教育教师有效工作场学习整合机制模型"等理论模型，这些理论模型均属首创，能够为后续相关研究提供分析框架和思路；第二，基于规范的问卷编制程序，开发出了具备较高信效度的"职业教育教师工作场学习动机问卷""职业教育教师工作场学习策略问卷""职业教育教师工作场学习环境问卷"和"职业教育教师工作场学习绩效问卷"，这些问卷一定程度上弥补了国内相关测量工具的缺乏，既能够为后续相关量表发展奠定实证基础，又能够为后续相关研究提供可靠测量工具；第三，基于调查实证所获得的数据，探明了当下我国中高职院校教师工作场学习的基本特征，以及不同类别、不同区域中高职院校教师工作场学习的特征差异，并归结出了存在的问题和引发问题的原因，为人们认识职业教育教师工作场学习呈现了客观图景；第四，基于定量和定性两条路径揭示出了职业教育教师工作场学习动机、学习策略、学习环境和学习绩效之间的因果关系，得到了"职业教育教师工作场学习动机和学习绩效的路径分析模型""职业教育教师工作场学习策略和学习绩效的路径分析模型"以及"职业教育教师工作场学习环境和学习绩效的路径分析模型"，为职业教育教师工作场学习实践提供了最直接的现实依据，使得相关改革行动更具针对性和方向性；第五，基于教育学、学习科学、管理学、人类学、生态学等学科视角，设计出了职业教育教师有效工作场学习的机制群，既为相关研究提供了后续研究的生长点，也为职业教育教师工作场学习实践探索出了可行之道。

第一章

职业教育教师工作场学习的意涵及理论模型

　　成人学习趋向于在多样化、自然、真实的工作情境中学习——它与学校制度内或教室中的学习具有很大不同。①

——莱夫、温格（Jean Lave& Etienne Wenger）

　　"伴随人类社会的快速变迁，与工作相关的学习的必要性与重要性日益凸显，工作—学习作为一个独立而专门的学术探究领域，已然成为教育科学的新疆域。"② 作为一个既年轻又充满活力的学术领域，有关工作场学习的一切问题既让人心潮澎湃，也让人困惑不已。本章试图立足于工作场学习的相关研究成果，借助认知科学、学习科学、社会科学等理论工具，回答什么是工作场学习这一核心问题，并以此问题为延伸，进一步描绘职业教育教师工作场学习的发生机制、差异表征及理论模型。

第一节　工作场学习的立论探源

　　尽管最近二十余年，工作场学习的理论与实践问题受到了极大的关注，研究的疆域日益扩宽加深，有关工作场学习研究领域合法性的根本问题却似乎一直为学者们所回避，学者们热衷于探讨工作场学习的价值

---

① J. Lave, E. Wenger, *Situated Learning: Legitimate Peripheral Participation*, Cambridge, UK: Cambridge University Press, 1991.

② 黄健：《工作—学习研究：教育的新疆域——西方工作—学习领域理论成果评述》，《开放教育研究》2011 年第 2 期。

及其应用，而对工作场学习的立论基础等根本性问题回应较少。本书拟主要从哲学、心理学和人类学等多学科视角出发，探讨工作场学习的知识观、学习观、认识论以及发生论。需要指出的是，在学习科学理论的大范畴中，工作场学习能够寻找到的理论依据是非常宽泛的，建构主义、后现代主义在一定程度上都能为工作场学习立言。本书无意对所有相关的理论一一展开阐释，因此下文将重点选取哲学层面的情境理性知识观、实践性知识论以及同时包容心理学和社会学视角的情境性理论这三个理论进行讨论。

一、情境理性知识观：理性嵌于情境之中

"情境理性"（situated rationality）概念由哈贝马斯（J. Habermas）在其哲学著作《后形而上学思想》（1994）中最早提出，其核心主旨认为理性依赖于特定的情境，即人类的理性是嵌入到场景里的理性，而绝不是能够独立于场景、不依场景的改变而发生改变的抽象式的理性。情境理性对于工作场学习的意义在于，它从知识观的层面批判了普遍知识的唯一合法性，并提出了情境知识的重要意义。此外，它还强调了学习过程的情境化。

情境理性的提出是西方哲学观的巨大转变。在情境理性提出之前，普遍理性占据主导地位。所谓普遍理性，即认为人具有一种普遍的、先天的认识能力，这种理性的最大特点即认为所有个体都具有同样的理性，而且具有普遍性和总体性。就学习而言，普遍理性带来的影响有：首先，强调普遍性知识的习得。普遍性知识等同于"科学知识""客观知识"以及"真理"，由于人们普遍认为知识只有具有科学、客观、真理意义才能够成为"真正的知识"，因此普遍性知识的习得成为学习的主要目的。[①] 其次，学习的去情境化。由于知识的完全客观性，在普遍

---

① 石中英：《知识转型与教育变革》，教育科学出版社 2007 年版，第 139 页。

理性看来，学习完全可以脱离具体情境而发生。

　　情境理性将学习从强调普遍性转向了境域性。这种境域性认为"任何的知识都是存在于一定的时间、空间、理论范式、价值体系、语言符号等文化因素之中的；任何知识的意义也不仅是由其本身的陈述来表达的，而且更是由其所位于的整个意义系统来表达的；离开了这种特定的境域，既不存在任何的知识，也不存在任何的认知主体和认识行为。"①情境理性的大旗不仅使西方哲学观发生了重大转变，对教育改革也产生了深刻的影响。就学习变革而言，情境理性带来的影响主要有：

　　第一，关注知识的生存论意义。在情境理性下，人们开始形成这样的共识，即认为知识并非是与人无关的客观存在物，知识的习得不能离开人的活动。由此，学习过程中知识和生活世界的藩篱被打破，学习活动成为促进人发展、实现美好生活的手段。

　　第二，关注知识学习的情境性。在情境理性看来，任何一种情境都是人类在某一个特点的时空点上发生着的认知过程与人生体验。学习的情境性意味着情境性是学习的本质属性，任何有意义的学习都是在知识产生与实际运用的情境中进行的。

　　第三，关注学习的社会性。正如哈贝马斯所言，情境理性最讲究的就是学习者之间相互采取一种理解对方的态度进行充分的对话和交流，不断扩大个人"局部时空的知识"。因此，学习必然也将从个体式的学习转向个体之间合作性的学习。

二、情境性理论：认知与学习的情境属性

　　情境性理论兴起于 20 世纪 90 年代，是情境认知理论与情境学习理论的统称，是学习理论领域研究的主流理论。情境性理论整合了心理学和人类学的双重视角。其中，心理学视角的学习情境性研究主要集中于

――――――――
①　石中英：《知识转型与教育变革》，教育科学出版社 2007 年版，第 151 页。

情境认知的研究，社会学视角的学习情境性研究则主要集中于情境学习的研究。由于心理学层面的情境认知理论聚焦的是学校情境中学生的认知活动，而人类学视野中的情境认知理论关注的是日常生活世界中的学习，因此这里将主要讨论情境学习的观点。

情境学习由莱夫和温格两人于 1991 年提出。莱夫和温格等人类学家试图超越学习研究的教育心理学传统，将学习研究立足于人的日常活动和工作实践，通过分析人类的学习行为阐释学习的本质和真谛，并由此反观学校情境中的学习。从本质上来讲，"情境学习是有关知识本质的一种理论，它是研究人类知识如何在活动过程中发展的，特别是人们如何去创造和解释他们正在做什么的表征。"① 作为一种知识观，情境学习理论认为知识并非一个抽象具体的对象，知识不是事实，而是基于社会情境的一种活动，是个体与环境交互作用过程中建构的一种交互状态，是人类适应环境的能力。情境学习理论旗帜鲜明地提出了知识的四种隐喻，即"知识是情境性的""知识具有生成性""知识具有分布性"和"知识具有默会性"。② 在这种学习观之下，情境学习提出了学习的五个隐喻，即"学习是情境性活动""学习是个体参与实践""学习是知识的社会协调""学习是知识创新"和"学习是实践共同体中合法的边缘性参与"。本书"绪论"部分对情境学习理论已有相关论述，在此不一一赘述。

情境性理论对工作场学习的启示意义是最大的，应该说，正是由于情境性理论的兴起才催生了工作场学习的产生和兴起。具体而言，情境性理论对工作场学习的理论支撑体现在三个层面：

第一，情境性理论为将工作场所作为学习场所提供了合理的依据。情境学习理论立足于人的日常生活活动和工作实践分析人类的学习行

---

① 王文静：《人类视野中的情境学习》，《外国中小学教育》2004 年第 4 期。
② 贾义敏、詹春青：《情境学习：一种新的学习范式》，《开放教育研究》2011 年第 5 期。

为，提出"所有的学习在本质上都发生在社会生活里、存在于社会实践之中"的观点，认为社会生活与社会实践是情境学习的基础性要素。[1]这无疑证明工作场所足以成为学习的合法场所。

第二，情境性理论为工作场学习奠定了成熟的知识观，这种知识观主要表现在情境理论所鲜明旗帜提出的关于知识的四个隐喻之中。

第三，情境性理论建构了工作场学习的实践样式。情境性理论所提出的"合法的边缘性参与""实践共同体""实习场"均成为工作场学习的有效实践模式。

三、实践认识论：在实践中认知

尽管人类学层面的情境学习也从"实践"的角度探讨学习，并一定程度为工作场学习提供了基于实践取向的认知论，但为了深入起见，这里将重点谈论哲学层面的"实践认识论"及其衍生的"实践性知识"对工作场学习的启发意义。

实践认识论对于工作场学习的最大意义在于为其提供了一种基于实践取向的认识论和过程观。在认识论层面，实践认识论是对表征认识论的批判和否定。表征认识论认为知识是一种可以被占有的具体化结构，行动受到可靠的、超验的知识的驱动。具体到学习当中，表征认识论认为学习者可以在与实践相分离的学习活动中直接获取或者占有现成的知识。与表征认识论相反，实践认识论认为所有知识都是嵌入在日常经验中，并且从日常经验中获得它的意义和形式，"我们必须把知识看作是一种服务于知晓的工具，而不应该把知识看作是一种一旦被占有就可以促进行动和实践的事物。"[2] 在这个意义上，知识不再是一种固定的

---

① 王文静：《人类视野中的情境学习》，《外国中小学教育》2004 年第 4 期。

② S. Cook, J. S. Brown, "Bridging Epistemologies: The Generative Dance Between Organizational Knowledge and Organizational Knowing", *Organization Science*, Vol. 10, No. 4, 1999, pp. 381 – 400.

"库存物"，而是一种历史、文化、社会情境的活动，知识不是被发现，而是扎根于日常实践活动被制造出来的。基于这样的认识论，实践认识论将实践作为行动的指南。此时，实践作为一种学习方法而存在。而作为学习方法，实践要求人们通过活动的不断重复和对集体活动原则的讨论从而"在做中学"。实践认识论在知识观和行动观上的见解使得很多学者直接将工作场所的学习表述为参与式实践。①

概括而言，实践认识论对于工作场学习的理论支撑体现如下：第一，学习者从传统的"知识接受者"转变成为"实践者"，并在工作生活情境中通过实践的方式获取实践性知识；第二，学习对象从传统的固定知识转变为除了知识之外的诸如身份获得、实践感、意义、价值和情感等多个因素；第三，学习从注重结果走向强调过程，工作场学习被理解为在实践中知晓的过程，"做中学"成为工作场学习的主要行动指南。

第二节　工作场学习概念的省思与再构

正如比利特所指出的，由于多元研究主体基于多元研究旨趣以及多元理论背景对工作场所学习领域的多元介入，关于工作场所学习的认识和研究逐渐被导入一种难以摆脱既定认识程式窠臼的、模糊的浅见。②为了规避对工作场所学习概念的浅见性理解，本书将从工作场学习这一个概念的三个变量——工作、工作场所和学习及其内在关系入手，通过概念关系的梳理、反思及追问，从而认识工作场学习的本质。

---

① 〔澳〕斯蒂芬·比利特：《通过工作学习：工作场所的参与式实践》，见〔英〕海伦·瑞恩博德等：《情境中的工作场所学习》，匡瑛译，外语教学与研究出版社 2011 年版，第 121 页。
② S. Billett, "Workplace Participatory Practices: Conceptualizing Workplaces as Learning Environments", *Journal of Workplace Learning*, Vol. 16, No. 5 – 6, 2004, pp. 312 – 325.

一、工作与学习逻辑关系的三重隐喻

一般意义上，工作场学习已经被描述为人类发展中工作和学习这两个重要内容之间的联系。关于工作与学习关系的认识，存在三个迥然不同的隐喻，而这三个不同的隐喻实质上描绘了人们关于工作与学习逻辑关系认识的发展脉络。

1. "学习为了工作"：学习是投入工作的准备活动

这个隐喻实质上表达的是一种"准备说"，即学习是投入工作的准备活动。自工业革命以来，工业社会对成熟技术工人的渴求使得市场需要大批经过专业培训的劳动力，这种需求又使得工作和学习的组织也相应变得具有社会系统性，具备特定的组织和机构框架。至此，培训或学习成了工作的准备活动。在这个隐喻主导下，职业教育教师学习通常是一种游离于工作之外的学习。学习变成一种单纯的培训计划，变成一种"自上而下"的知识灌输。培训机构假设职业教育教师工作必须具备哪些知识、技能，并将这些知识、技能制定成五花八门的培训课程，然后提供给教师，教师做的就是消化、吸收，并尽可能将学习内容应用到工作实践之中。此外，在这种隐喻主导下，包括职业院校在内的组织将工作有意识地设计成固定流程，学习被排除在工作之外，因为学习意味着对既定工作流程和工作效率的破坏。

2. "学习就是工作"：学习是执行工作的过程

与第一重隐喻相比较，"学习就是工作"的隐喻主张学习应当在工作中展开，其表达的是一种"过程说"，即认为学习是执行工作的过程。伴随着信息技术革命的推进，信息、知识的新陈代谢速度极大加快，知识、技术大爆炸的社会背景使得社会主流的工作环境和工作模式发生颠覆性的转变，这个转变也带来了人们对工作与学习关系的重新审视。工作与学习不再是对立的两个事件，持续不断的学习不仅仅被视为得到工作的先决条件，而且成为一种主要的工作方式。工作场所学习与工作实践成为一个过程的两个方面。由此，人们不必再专门撇开工作而抽出时间用于学习，相反，学习就是工作的核心。正是在这一隐喻的指导下，工作场所学习得到关注并受到重视。"学习就是工作"的隐喻要求职业教育教师将工作与学习相互融合，学习成为工作实践的天然组成部分，成为个体与工作任务、工作环境之间持续不断的调适过程。

3. "学习创新工作"：学习是创新工作的手段

该隐喻在本质上表达的是一种"变革说"，学习成为创新工作、革新组织的"秘密武器"。知识经济的持续深入推进使得创新成为组织发展的新挑战和新机遇，知识创新成为工作的本质属性。在此背景下，工作模式再一次发生重大转变，越来越多的组织将学习型组织、自我导向工作团队模式作为工作的主导模式。在此隐喻主导下，学习与工作不仅得以共存，更重要的是，学习成为各种类型的组织保持鲜活生命力和竞争力的有效手段，成为工作创新的潜在增长点。在这种隐喻指导下，工作场学习要求职业教育教师个体在真实工作实践中通过一种"即兴的""反思性的""自然的"学习过程，创造性地寻求问题解决的最佳方案。而对于组织而言，则要求职业院校积极开展组织学习，将自身打造成为学习型组织，进而推进学校深层改革发展。

4. 工作与学习逻辑关系的再认识

显而易见，人们对工作与学习两者逻辑关系的认识过程是一个由对立到统一、由单维到多维、由低级到高级的转化过程。而这种认识上的转变又深受经济社会发展与信息技术进步的影响。时下，在全球经济一体化、知识新陈代谢迅速、社会竞争加剧的时代背景下，人们必须摒弃二元对立思维，摒弃学习只是为了工作的简单关系定位，而应树立复杂、系统的思维，以整合、发展的眼光认识工作与学习的关系，构建两者间的同构化、互动性关系，这不仅是时代发展所提出的宏观要求，也是个体或组织改善具体实践的现实要求。

二、工作场所与学习关系的反思

在工作场所学习研究与实践中，除了工作与学习的关系需要探讨之外，工作场所与学习两个概念之间的关系同样需要深入地审视。因为有关工作与学习、工作场所与学习之间关系的不同隐喻制约着人们对工作场学习的认识和理解以及相应的实践活动。对以往相关研究进行梳理发现，关于工作场所学习存在三种代表性的理解，即"工作场所学习是特定场所中的学习""工作场所学习是与工作相关或为了工作的学习""工作场所学习是一种非正式的学习"。① 这三种理解尽管有一定的合理性，而且有利于人们理解工作场所学习这一新概念，但也存在根本上的认识偏颇。

1. "工作场所学习是特定场所中的学习"

将工作场所学习视为一种发生在特定场所中的学习在本质上强调的是工作场所的物理空间意义和学习情境意义，凸显的是工作场所情境对学习的重要影响。这一观点的价值在于明确了工作场所学习的边界问题，不管这种工作场所是以学校为表征的物理空间，还是以社会关系为表征的情境空间，都相对明确了工作场学习的边界。但是，将工作场学习仅仅视为一种特定场所中的学习的危害性在于，这种观点容易使人们仅仅将工作场所视为学习的物理环境，或者是学习发生于其中的"躯壳"，使人们在聚焦于工作场所情境的同时，忽略了对工作场学习究竟如何发生、工作场为什么能构成一个与学校教育情境相区别的独特学习情境等更深层问题的思考。事实上，工作场学习的独特之处并不在于工作场所本身的特殊，而在于在工作场所之中，学习究竟如何发生、怎么发生的与众不同。倘若工作场学习只是在工作场所中发生诸如"说教式"的教学、培训活动，在严格意义上说，工作场学习根本没有发生。

---

① 李茂荣、黄健：《工作场所学习概念的反思与再构：基于实践的取向》，《开放教育研究》2013 年第 2 期。

2. "工作场所学习是与工作相关或为了工作的学习"

将工作场学习视作与工作相关或为了工作的学习主要基于一种绩效主义的学习观，这种学习观认为工作场学习或者是为了提高组织利益，或者是为了改进学习者的利益，或者是将学习作为一种社会投资加以推进。① 这种观点主要基于两个假设之上：一个是认为工作场所学习的目标是获得与工作直接相关的知识和技能；另一个是认为工作场所是习得特定知识或技能的最佳场所。② 这种观点将工作场所学习导向了一种明确的目标，突出了学习内容和学习结果的重要性，而且强调了工作场所对于学习的特殊意义，具有一定的可取之处，也被许多学者所吸收。当然，这一观点也有不可取之处，正如一些学者所批判的，这种观点容易导向一种功利主义、功能主义的学习实践或绩效导向的学习观。在研究者看来，习得与工作相关的知识或技能仅仅是工作场学习结果的一种表现形式，是工作场学习的结果，而并非工作场学习的终极目的。

3. "工作场所学习是一种非正式的学习"

将工作场所学习视为一种非正式的学习主要是从学习类型划分的角度看待的。在许多研究者看来，教室情境中的学习是可见的、明确的、合法的正式学习，而工作场所中发生的学习则通常是不可见的、不明确的、偶然的非正式学习。这种观点虽然指出了教室情境中学习与工作场所情境中学习的区别之处，但也不必要地将工作场学习导向了一种不可认识的境地，使人们通常错误地认为工作场所的学习是隐藏的、不可重复的、不易观察的和不易干预的。此外，这种认识还容易使人错误地将学校教育或教室中的学习看作是唯一合法的学习形式，而将工作场学习看作是次要的、可有可无的学习形式。事实上，非正式、偶发性等特征

---

① R. L. Jacobs：《一个关于工作场所学习的建议性概念框架：对人力资源开发理论建设与研究的启示》，李宇晴译，《中国职业技术教育》2011 年第 6 期。

② 李茂荣、黄健：《工作场所学习概念的反思与再构：基于实践的取向》，《开放教育研究》2013 年第 2 期。

并非工作场所学习的特有本质，学校教育情境下的学习同样具有非正式、偶发性的特征。另外，正如一些研究者所指出的，工作场学习同样可以是一种正式的、有目的、有组织、结构化的学习。

三、工作场学习的本质解读

基于对工作、工作场所与学习三个变量之间关系的审视，本书认为，试图从上述一个观点或几个观点去看待工作场学习的概念都是片面的。尽管本书同样无法提供一个关于工作场学习概念的万能定义，但在本质上，工作场学习概念应当暗含如下观点：

第一，学习内在于工作中、工作内在于学习中。这个观点是对工作与学习关系的再认识。这个观点意味着工作和学习不是对立的、互不相干的事件，而是一个过程的两个方面。这同时意味着工作场学习不是为了工作而学习，更不是为了学习而学习，工作和学习相辅相成、相互促进。

第二，工作场所是特定的工作实践场。与将工作场所视为偶然聚合的、物理的"场所"或"场合"不同，本书将工作场所视作一种"实践场"。"实践场"的概念一方面意味着工作场所是一种特定的、具体的、本土化的"场"，另一方面意味着工作场所是一种由实践构成的情境场域，这种实践不仅仅是个体的学习实践，同时也是一个包括整个共同体的实践。

第三，工作场所学习是发生在秩序化工作实践模式中的学习。尽管工作场所中同样存在大量的非正式学习和偶然性学习，但本书并不认为工作场学习是各种偶然性、非正式学习形式的累加，它应该是在工作实践场中发生的秩序化、惯例化的工作实践模式中的学习。

第三节　工作场学习的发生机制

工作场学习的发生机制重点回答的是工作场所学习是如何发生的这

一问题。关于工作场所学习的发生的探讨有三种方法：一种以个体获得过程为导向；一种在组织视角下研究学习；一种则是聚焦于社会和个体水平之间的互动。[①] 本节将以三种研究路径为逻辑主线展开探讨，并在探讨已有研究的基础上陈述本书的立场。

一、认知需求导向的学习发生机制：认知心理学视角

以皮亚杰理论为核心的认知心理学面对工作场学习如何发生的问题时，倾向于将学习中的内容非常狭窄地视作知识和技能，并以此为展开，重点讨论在工作场所中人们是如何有效获得知识和技能的。在这样一种研究范式中，理解和意义的掌握处于中心地位，同化和顺应是研究的核心术语。需要指出的是，在工作场所学习研究领域中，单纯以认知心理学为理论基础窥探学习发生机制的研究是相当少的。但对相关研究成果的讨论有助于我们从一个侧面更深刻地认识学习的发生机制。本部分将重点讨论库伯（D. A. Kolb）关于"体验学习圈"的研究。

库伯以皮亚杰的成果作为自己的出发点，并以此为核心构建了一个包括四个阶段的学习发生模型（如图1.1所示）。

库伯认为，学习由具体经验、反思观察、抽象概念化、主动实验四个环节互动而成。其中，具体经验是学习的起点。一个完整的学习过程应当是从具体经验开始，通过反思观察和抽象概念化，到主动实验，然后再回到一种新的具体经验。相对应地，在这样一个学习过程中，学习者经历从感知者、观察者、思考者到实践者的角色转变。首先，在具体经验环节中，学习者以已有经验为基点，主动地投入到新的经验情境中，通过感知将新旧经验有机联系起来。其次，在反思观察环节中，学习者对第一阶段所获得的具体经验展开观察和思考，并通过内在反思，从而探求学习材料之间的相关性以及认识活动与结果之间的相关性。第

---

① 〔丹麦〕克努兹·伊列雷斯：《我们如何学习：全视角学习理》，孙玫璐译，教育科学出版社2010年版，第242－243页。

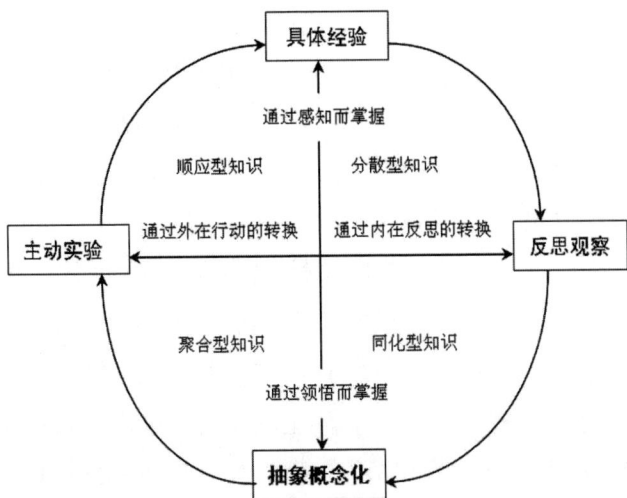

图 1.1　库伯的四阶段体验学习圈①

三，在抽象概念化环节，学习者将反思后的经验进行深度归纳和整合，将经验活动上升至理性成果。第四，在主动实验环节，学习者采用实践的方式，在新的情境中主动实验，从而验证所掌握经验的合理性，并将验证后的合理性经验转换为自己所有。此外，这种检验的过程又成为一个具体经验，成为下一个学习过程的逻辑起点。

除了四个环节之外，库伯还用两个互动维度（即"掌握"和"转换"）将一个学习周期划分出了四个空间，而这四个空间则分别代表了四种适应性的方向或知识的四种基本形式。如图 1.1 所示，在纵轴上，一极代表一种真实具体的感知，指向具体经验（表征为一种"分散型知识"）；一极代表一种适应性的或反思性的领悟，指向抽象概念化

① D. A. Kolb, *Experiential Learning: Experience as the Source of Learning and Development*, Englewood Cliffs, NJ: Prentice – Hall, 1984, p. 33.

（表征为一种"聚合型知识"）。① 纵轴指向的是经验的获得方式。其中，具体经验感知的知识通常属于个体知识，体现的是知识的默会意义，属于直接经验感知以及用来解释个人经验和指导行动的默会类知识。相反，间接经验领悟的知识则主要属于社会知识，属于独立的、社会的显性知识。② 而知识正是从两种形式的认知辩证关系中出现的。在横轴上，一极代表内在反思，指向反思性观察（表征为一种"同化型知识"）；一极代表外在行动，指向主动实验（表征为一种"顺应型知识"）。横轴指向的是意义的转换方式。其中，反思性观察通过学习者的内在反思，将知识的内涵缩小，而主动实验通过将个体的抽象概括的结果进行应用或者迁移，将知识的外延扩大。此外，图1.1还揭示了每种知识形式的典型条件：分散型知识通常从感知和内在反思中得到发展，同化型知识通常从领悟和内在反思中得到发展，聚合型知识通常从领悟和外在行动中得到发展，顺应型知识通常从感知和外在行动中得到发展。③

从以上分析可以看到，库伯对学习的理解是指向个体性的，强调的是一种个体学习的内部获得过程，学习作为一个整体来说完全成为一种内部现象，在这样一个学习发生过程之中，社会性的维度是被忽略的。当然，库伯所构建的"体验学习圈"理论对解释职业教育教师工作场学习是如何发生的仍然具有重要借鉴意义。在工作场所中，库伯所提出的体验式学习通常是职业教育教师重要的学习方式。

---

① "聚合型知识"与"分散型知识"两个概念源自乔伊·P. 吉尔福特（Joy P. Guilford）。聚合型知识即我们通常所说的推论或演绎，是一种清晰的知识；分散型知识即我们通常所理解的创造性和多样性，是一种模糊的知识。

② 严奕峰：《体验学习圈：体验与学习发生的过程机制》，《上海教育科研》2009年第4期。

③ 〔丹麦〕克努兹·伊列雷斯：《我们如何学习：全视角学习理论》，孙玫璐译，教育科学出版社2010年版，第59页。

二、认知场境导向的学习发生机制：社会文化活动理论视角

以维果斯基的社会建构心理学为基础的社会文化活动理论将"学习是心理加工""学习是个体获得"的隐喻转换成了"学习是情境性的""学习是社会性的""学习是建构性的"等新隐喻。这些有关学习的新隐喻主要建立在"学习是一种合作交往的互动过程""学习是发生在真实情境之中的"等假设的基础之上。社会文化活动理论对学习的研究使人们普遍达成一项共识，即工作环境和个人主观能动性形成合力促成个体的经验增长。在社会文化活动理论的总体框架下，不同学者从不同视角对学习的发生问题展开了探讨。例如，布朗（J. S. Brown）、科林斯（A. Collins）与杜吉德（P. Duguid）等人站在心理学的视角上研究学习发生问题，而莱夫和温格等人则站在人类学的视角上对学习发生问题展开了探索。本书将从三个层面论述社会文化活动理论视角下以个体和情境互动为导向的学习发生机制问题。

第一，从个体性的视角来看，学习是一个不断建构和重构"实践模型"的过程。社会文化活动理论同样强调学习者知识、技能、能力、经验的获得，强调学习者的个体发展。但与认知心理理论不同的是，社会文化活动理论认为学习不仅仅涉及学习者的内在理解以及信息加工，而且涉及外在的行为，学习者的个体发展正是取决于内在活动与外在行为的循环互动。社会文化活动理论对学习的独特解读来自于其对"心智"的差异理解。在社会文化活动理论看来，"心智是对环境中某些行为的可能性进行理解的机制"，"心智的主要功能在于对环境进行解码，以帮助人们挑选出有价值的回应方式"，可见，情境性是心智的根本属性。① 在特定的情境中，心智的内在认知性与外在实践性相互作用。一方面，心智通过内在的认知性接受信息，从而增强自己对于情境的理解

---

① A. Edwards, P. Gilroy & D. Hartley, *Rethinking Teacher Education: an Interdisciplinary Analysis*, London: Routledge Falmer, 2002, p. 112.

能力，并根据新的理解来建构、回应情境的可能方式（即"实践模型"）；另一方面，心智通过外在的实践性对情境进行回应，这种回应所产生的结果又会反作用于心智，使其反思和调整这种理解。调整后的理解再次以新的方式理解情境，并重新建构、回应情境的"实践模型"，并又接受行为的反馈……如此，心智与情境始终处于相互作用和交织的状态中，而学习正是在这种相互作用和交织的状态中发生的。①

第二，从文化性的视角来看，学习是一个在文化活动中生成个人理论的过程。在社会文化活动理论看来，维果斯基提出的"最近发展区"实际上是学习者个体原有观念与通过文化活动（如与他人的经验和公共知识相遇）所形成的新的个人理论之间的差距。而学习的本质就是跨越这一差距。因此，学习的过程在本质上是一个建构个人理论的文化活动过程。在学习者建构个人理论这个问题上，社会文化活动理论主张以一种"用中学"的方式进行。由此，学习又可以看作是一个"用中学"的过程。在学习过程中，学习者以个人经验或公共知识等文化工具为中介，来解决情境中存在的问题，并在这种运用文化工具的过程中得到学习。"用中学"的过程其实是个人观念与他人经验或公共知识在解决问题的过程中创造性地融合的过程。它弥补了个人观念与他人经验或公共知识之间的鸿沟，并摒弃了只强调一方而忽视另一方的简单思维和决定论思想。②

第三，从社会性的视角来看，学习是一个参与共同体的过程。在社会文化活动理论看来，学习和发展都不是个人单独完成的，而是一个参与共同体实践的过程。在这个领域，莱夫和温格做出了杰出的贡献。两位学者用一种人类学的方法，以"实践共同体""合法的边缘性参与"

---

① 毛齐明：《教师有效学习的机制研究》，博士学位论文，华东师范大学 2012 年，第 108 页。

② 毛齐明：《教师有效学习的机制研究》，博士学位论文，华东师范大学 2012 年，第 119 页。

"认知学徒制"等为核心概念，将学习问题的分析单元从个体境脉转向了共同体境脉，也将学习的关注点从知识学习、技能发展转向了实践参与、身份认同。何谓"实践共同体"？在温格看来，一个实践共同体是一个诸多个体的集合，这些个体长时间地共享共同确定的实践、信念和理解，追求一个共同的事业。[①] 实践共同体具有共同的文化历史传统、相互依赖的系统和再生产循环三个特点。那么，如何参与到实践共同体呢？"合法的边缘性参与"则是莱夫和温格对"学习是如何发生的"一种新的诠释。所谓"合法"，即学习者对共同体中所享有的资源拥有利用和掌握的权利；"边缘性的"意味着学习者作为新手不可能完全地参与到所有的共同体活动之中，而只是作为共同体某些活动的参与者；"参与"意味着学习者应该在知识产生的真实情境中，通过与专家、同伴的互动，学习他们为建构知识应该做的事情。[②] 由此可见，"合法的边缘性参与"表明在学习发生过程中，既应该包括学徒与专家之间的联系，也应该包括与其他所有作为实践文化组织部分的参与者、人工品、符号、技能和观点的联系。综上可见，将学习视为一个参与共同体的过程，是对个人主义的一种反拨，同时也使得学习发生过程之中学习者个体之间、个体与集体之间的鸿沟得以弥补。

三、认知共同体导向的学习发生机制：组织行为学视角

以学习者的内在知识技能获得为导向的学习机制以及以个体和环境互动为导向的学习机制存在本质上的差异，但二者的共同点在于：两个理论的关注点都在于个体层面，学习的主体均是个体。与这两大理论不同，以组织行为学等管理学理论为基础的一些学者将学习的视角延伸到

---

① 〔美〕戴维·H. 乔纳森：《学习环境的理论基础》，郑太年、任友群译，华东师范大学出版社 2002 年版，第 36 页。

② 崔允漷、王中男：《学习如何发生：情境学习理论的诠释》，《教育科学研究》2012 年第 7 期。

了组织学习层面，并探讨了组织学习的发生机制。

用"学习"来描述一个组织的行为实质上是一种仿真，即借用描述个体学习行为的方式来形象地描述一个组织的学习行为。当然，组织本身并不会学习，组织学习实质上关心和处理的仍然是组织学习中个体怎样学习的问题。但是，组织学习又在根本上不同于个体学习。虽然组织学习由个体学习构成，个体学习是组织学习的重要前提和基础，但是每个人都在学习的组织绝不等同于组织学习。组织学习将组织这个整体作为学习的主体来看待。正如海德伯格（B. Hedberg, 2001）所言，"组织学习通过个体学习产生，但组织学习不是个体成员学习的累加，组织不只是被动地受个体学习过程的影响，而且还可以主动地影响其成员的学习。"①

组织学习的发生机制问题是学者们关注的重点。在这个问题上，学者们提出了不同的观点。美国哈佛大学著名学者阿吉里斯（Chris Argyris）认为，组织学习包括两种形态：单环学习和双环学习。所谓单环学习是将组织运作的结果与组织的策略和行为联系起来，并对策略和行为进行修正，以使组织绩效保持在组织规范和目标规定的范围之内，而组织规范和目标本身保持不变。而如果在这个过程中，组织的根本标准、政策和目标发生改变，此时双环学习就产生了。② 此后，彼得·圣吉（M. Peter Senge, 1990）提出适应性学习和创造性学习、舍恩（A. Donald Schon, 1993）提出维持性学习和变革性学习，这些都与阿吉里斯提出的单环学习和双环学习意思相似。当然，圣吉在学习型组织的探索上走得更远，他提出了学习型组织修炼的五项技术，即系统思考、自我超越、改善心

---

① 转引自张兆芹等：《学习型学校的创建——教师组织学习力的新视角》，教育科学出版社 2011 年版，第 62 页。

② 转引自张兆芹等：《学习型学校的创建——教师组织学习力的新视角》，教育科学出版社 2011 年版，第 68 页。

智模式、建立共同愿景和团队学习。① 此外，还有许多学者对组织学习究竟如何发生展开了充分有效的探讨，在此不一一列举。

四、工作场学习发生机制的再认识：整合性视角

综上，在关于学习如何发生这个问题上，重点讨论了研究的三种路线，即认知需求导向的学习发生机制、认知场境导向的学习发生机制和认知共同体导向的学习发生机制，三种不同的学习发生机制反映出了研究者在学习是如何发生的问题上的不同视角。就本书而言，并无意以某一个具体的理论为视角。因为在研究者看来，三种研究取向并非是不可调和的，它们在本质上或多或少地分享着相似的理论假设，因此，三种研究视角完全可以在一个框架下相互汲取营养成分，共同回答学习是如何发生的这样一个复杂的问题。而这也正是当前国际关于学习科学研究的趋势和走向。正如高文（2008）指出的，"学习科学的研究者越来越致力于寻找一种整合的解释方法，而不是从某一个单一的角度，来对人类的学习做出整体性的解释。"② 鉴于此，本书同样力求从一个整合性的视角出发探寻职业教育教师工作场学习的内在发生机制。本书关于工作场学习机制的整合性认识体现为以下几个基本观点：

第一，工作场学习是个体性和社会性的统一，学习发生在一个介于个体和社会之间的张力领域中。职业教育教师工作场学习主要发生在工作生活实践中，尤其是职业教育教师和职业院校之间的联系或互动中，但与此同时，还涵括了很大程度上的个体获得过程。

第二，工作场学习是发生在情境之中的学习。首先，职业教育教师工作场学习发生在真实情境之中；其次，职业教育教师工作场学习发生在社会情境之中；再次，职业教育教师工作场学习发生在实践情境之

---

① 〔美〕彼得·圣吉：《第五项修炼：学习型组织的艺术与实践》，张成林译，中信出版社 2009 年版。

② 高文等：《学习科学的关键词》，华东师范大学出版社 2008 年版，第 43 页。

中；最后，职业教育教师工作场学习发生在文化情境之中。①

第三，工作场学习是一种基于实践取向的学习。基于实践取向的学习首先表现为在实践中学习，其次表现为通过或依靠实践而学习。在实践中学习意味着职业教育教师需要在一种扎根于日常工作实践活动中知晓。通过或依靠实践学习意味着实践构成了莱夫和温格所说的"学习型课程"，职业教育教师要做的就是参与式实践，并在实践中获得学习资源和学习机会。②

第四，工作场学习在学习主体上既包括学习者个体，也包括由不同学习者构成的、不同层次的学习团队和组织。就本书而言，作为职业院校的一员，职业教育教师既受个体驱动发生个体学习，同时也受组织驱动，成为组织学习不可分离的一员。

第四节　职业教育教师工作场学习的差异表征

作为一种学习类型，工作场学习与其他学习类型相比较，既存在共性也存在个性；作为一类学习主体，职业教育教师的学习与其他学习主体相比较，同样既有共性也有个性。本书将从三个层面对职业教育教师工作场学习的差异性展开分析：一是与儿童学习相比较，作为一种成人学习类型，职业教育教师工作场学习所表现出来的差异；二是与社会其他行业群体的学习相比较，作为独特的教师学习，职业教育教师工作场学习所表现出来的差异；三是与其他教师种类相比较，职业教育教师的工作场学习体现出来的差异。

---

① 崔允漷、王中男：《学习如何发生：情境学习理论的诠释》，《教育科学研究》2012 年第 7 期。
② 李茂荣、黄健：《工作场所学习概念的反思与再构：基于实践的取向》，《开放教育研究》2013 年第 2 期。

一、属于成人学习，呈现显著的自我导向性

自 20 世纪 20 年代成人教育作为实践领域的专业建立以来，有关成人如何学习的问题得到了普遍的讨论。在诸多理论中，由塔夫（A. Tough）、诺尔斯（M. Knowles）等学者倡导的"自我导向学习"（self–directed learning, SDL）一枝独秀，成为区分成人学习与儿童学习的重要理论。自我导向学习理论之于成人教育的重要意义正如戈瑞森（D. R. Garrison, 1992）所言，"在成人教育中，没有任何领域像自我导向的学习那样获得了如此广泛的重视并拥有如此众多的支持者。在过去的 20 年内，自我导向的学习是成人教育中经常获得确认的一种框架。"[①] 自我导向学习的内涵纷繁复杂，未取得定论。台湾学者邓运林基于以往研究所建构的自我导向学习的四重意蕴，获得普遍的学术认同。首先，自我导向学习是一种历程；其次，自我导向学习是一种能力；再次，自我导向学习是一种标记；最后，自我导向学习是一种学习形态。[②] 毋庸置疑，职业教育教师工作场学习是一种典型的成人学习。作为一种成人学习，职业教育教师的工作场学习应当表现出成人学习所具有的基本特质。以诺尔斯的自我导向学习理论为分析框架，职业教育教师工作场学习作为一种成人学习，具有四项基本特征：

第一，经验对学习是丰富的资源。作为成人学习者，职业教育教师通常具备较为丰富的知识经验和较强的独立意识，在学习过程中，擅长以独立的自我经验从事各种学习活动及设定学习目标和结果。

第二，学习需求与变化着的工作世界紧密相关。变化着的工作世界对职业教育教师提出挑战，作为学习者，职业教育教师根据变化着的工作世界，诊断自己的学习需求，并根据需求设定合适目标、调整有效的

---

① 转引自姚远峰：《自我导向学习及其与成人教育发展述评》，《河北师范大学学报（教育科学版）》2008 年第 3 期。

② 邓运林：《成人教学与自我导向学习》，五南图书出版公司 1994 年版，第 137 页。

学习策略。

第三，以问题为中心进行学习。职业教育教师工作场学习强调"用中学"。因为学习的内容与工作世界中的问题具有高度的关联性，因此，职业教育教师的学习以解决工作世界面临的问题为起点，对可以立即应用的知识尤其感兴趣。

第四，学习动机主要来自内部而不是外部。职业教育教师工作场学习有可能是为了报酬或奖罚而主动学习，但在更多情况下，他们的学习动机主要来自自身，更多的是以自我的专业发展需求和专业发展完善为导向。

二、源于"为教而学"，彰显明确的专业目的性

依照当前主流学习理论，学习具有高度的情境性，在很大程度上受其所发生的情境所调节，同意义制定的地点有关。从这个意义来看，作为教师学习的一种类型，职业教育教师工作场学习与其他专业技术工作者（如医生、律师）学习相比较，尽管具有广泛的共通性，但也具有个体性。差异主要体现为职业教育教师学习具有明确的专业目的性，而这种专业目的性又来源于"为教而学"的独特性。"专业化背景下教师的学习，不仅是出于生存和一般职业目的的需要，更是其专业本质和专业发展的需求。"[①] 可见，教师的社会角色决定了教师学习的方向和目的。作为一个整体，教师的专业发展也好、自我实现也罢，其在根本上是为了更好地教，是为了学生能更好地学习，是为了更科学高效地教学。当前，在我国职业教育师资状况不尽如人意的大背景下，要求职业教育教师学习必须以自己的专业发展需求和专业发展完善为指向，以能更好地胜任教育教学的专业岗位、解决工作实践中出现的各种问题为目标。职业教育教师的为教而学具体表现在两个方面：

---

① 　胡相峰：《专业化背景下教师学习的特点论略》，《教育评论》2005 年第 6 期。

第一，学习的目的直接指向教师的教学行为。当前，我国中高职教学质量低下已是不争的事实，不管是文化课教师，还是专业课教师，都需要通过边工作边学习的方式提高自身的教育教学水平，提高课堂教学质量。

第二，学习内容与专业发展紧密相连。职业教育教师学习在内容上通常直接来自于教育教学工作中遇到的和亟待解决的实践性问题，而这样的问题又与教师的专业发展息息相关。由此可见，职业教育教师的学习在内容上不再指向普遍的、系统的公共性知识、技能，而在于专业理念、专业知识和专业问题解决的能力等。

三、赖于"实践性知识"，散发浓厚的实践性韵味

自知识本身成为研究者的关注焦点以来，关于知识类型的划分层出不穷。有研究者根据人类活动的方式，将知识分为科学的知识（也可称为理论知识）和实践的知识（也可称为经验知识）。理论知识属于认识范畴的公共知识，通常可以通过阅读、参加讲座学习而获得；实践知识属于实践范畴的个体知识，通常可以通过三种渠道获得：一是来源于理论知识的转化；二是来源于教师一般的教育教学实践经验的积累；三是从以技能为主的实践性教学环节中得到体会和反思来获得实践性知识。① 相对于普通教育教师而言，职业教育教师赖以立基的知识应当是实践性知识。这种特性在根本上是由于职业教育的特质决定的。作为教育的一种类型，职业教育的突出特点即具有实践性。职业教育的核心任务是培养技术型、技能型人才，这决定了职业教育教学（包括文化课教学和专业课教学）要侧重与生机勃勃的、持续变化着的工作世界紧密相关的实践性知识的传送，而这又决定了职业教育教师在知识构成上不以学科知识为核心，而是以个人实践性知识为核心构成。实践以及实践性

---

① 王玉苗、刘冬:《职业教育教师专业化发展要关注实践性知识》,《中国职业技术教育》2006 年第 30 期。

知识的多重意蕴赋予职业教育教师工作场学习丰富的实践表征，具体表现为：

第一，职业教育教师工作场学习扎根于实践情境中。实践性知识观认为任何知识都必然与特定的视角或"生活形式"联结在一起。因此，以获得实践性知识为重心的职业教育教师工作场学习必然是扎根于日常实践活动的，是在长期的工作实践中形成的一种不断思考取舍的习惯性行为。

第二，职业教育教师工作场学习在过程中彰显行动性。作为一种学习方式，实践意味着人们通过活动的不断重复和对集体活动原则的讨论从而在"做"中学习。① 知识则被呈现在内在于"做"的学习形式中。

第三，职业教育教师工作场学习突出知识的应用性。实践取向的知识观指出，"我们必须把知识看作是一种服务于知晓（Knowing）的工具，而不应把知识看作是一种一旦被占有就可以促进行动和实践的事物。"② 在这个意义上，职业教育教师的工作场学习需要其在实际的工作实践中，经过对知识的分析、筛选、加工、整合等过程，将自己的个性概念、经验融入这些知识之中，将其内化为个体独特的默会知识，并通过相应途径将其显性化来指导工作实践。

第四，职业教育教师工作场学习重视知识、意义的协商。有学者将实践看作是一种"共享的行事方式"，即所谓的"规范的实践"。③ 在这个意义上说，实践之所以是实践，是因为它得到了社会的认同和维持，并在一定程度上被制度化。由此可见，实践性知识不仅主要由个体性的

---

① 李茂荣、黄健：《工作场所学习概念的反思与再构：基于实践的取向》，《开放教育研究》2013 年第 2 期。

② S. Cook, J. S. Brown, "Bridging Epistemologies: The Generative Dance Between Organizational Knowledge and Organizational Knowing", *Organization Science*, Vol. 10, No. 4, 1999, pp. 381 – 390.

③ 转引自李茂荣、黄健：《工作场所学习概念的反思与再构：基于实践的取向》，《开放教育研究》2013 年第 2 期。

默会知识构成，还应当包括群体性的默会知识。[①] 群体性默会知识的客观存在意味着职业教育教师工作场学习不仅要关注个体默会知识的获得，还要重视群体默会知识的获取。而群体默会知识的获取过程实则上是知识、意义的协调过程。

第五节　"双层双翼"理论模型：整合性分析框架

本节旨在认识工作场学习意涵以及职业教育教师工作场学习差异性的基础之上，通过借鉴已有的相关学习理论模型，构建职业教育教师工作场学习理论模型，确定整个研究的分析框架。

一、传统学习理论模型的分析和借鉴

工作场学习是学习的一个下位概念。对工作场学习模型的构建有必要借鉴以往研究者对学习模型的建构。在学习模型构建上，代表性的有库伯的"学习圈模型"、温格的"社会学习模型"、贾维斯（P. Jarvis）的学习模型以及伊列雷斯的"整体性学习模型"，等等。在所提及的学习模型中，库伯、温格、贾维斯等学者主要从一个个相对具体细微的视角（如社会学习理论）出发构建学习的模型，而伊列雷斯则从一个整体性的视角（伊列雷斯本人称之为"全视角"）出发构建学习模型。基于本书的研究意图和视角，以下将着重探讨伊列雷斯的整体性学习模型。

在伊列雷斯（2007）看来，所有学习都包含三个维度，即内容、动机和互动维度。如果要做到充分理解和分析一个学习情境，这三个维

---

① 群体的默会知识由雷诺斯（Lerothy）等学者提出，是组织成员长期以来共同经历的生产过程、实践和心理体验的基础上形成的一种约定俗成、不言自明的默契。

度必须始终被顾及。① 基于这样的考虑，伊列雷斯构建了一个学习的三维度图（如图1.2所示）。

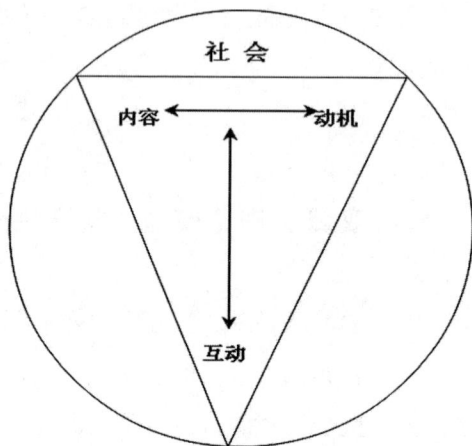

图1.2 伊列雷斯关于学习的三维度划分②

如图1.2所示，伊列雷斯用两条双箭头线条勾画出了一个三角形的领域，进而构建了学习的三个"角"或"极"。在内容、动机、互动这三个维度中，前两者与个体的获得过程相关，后者与个体和环境间的互动过程相关。进一步可以看到，一个圆周构架了学习三角，意味着学习总是发生在一个外部的社会性情境之中。

进一步地，伊列雷斯对内容、动机、互动三个学习维度进行了符号性词汇的描述。其中，使用知识、理解和技能作为学习内容的符号性语言；使用动力、情绪和意志作为学习动机的符号性语言；使用活动、对话和合作作为互动的符号性语言。这样，学习维度图得到了丰富完善（如图1.3所示）。

① 〔丹麦〕克努兹·伊列雷斯：《我们如何学习：全视角学习理论》，孙玫璐译，教育科学出版社2010年版，第26页。
② 〔丹麦〕克努兹·伊列雷斯：《我们如何学习：全视角学习理论》，孙玫璐译，教育科学出版社2010年版，第26页。

能力　　　　　　　　　　　　平衡
功能性　　　　　　　　　　*敏感性*

内容　　　　　　　　　　动机

知识　　　　　　　　　　动力
技能　　　　　　　　　　情绪
理解　　　　　　　　　　意志

活动　对话
对象　合作

互动

整合
社会性

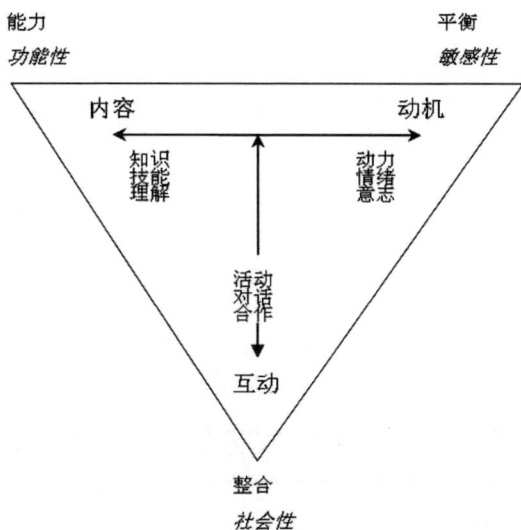

图 1.3　伊列雷斯关于学习三维度划分的具体模型图[①]

在图 1.3 中，学习三角的每个角上标注了学习的三个维度及其符号
性词汇。相应的，角外则标注了每个维度的关键词，这些关键词总结了
所讨论维度的学习目标以及在这一方面所发展的内容。毋庸置疑，伊列
雷斯所构建的学习三维度图揭示了学习的广泛度和多样性，而这种具有
广泛度和多样性的学习同样满足了它在现代社会作为能力发展的需求。

除了关注一般意义上的学习伊列雷斯还对发生在工作场所中的学习
进行了探讨，并建构了"工作生活中的学习模型"（如图 1.4 所示）。

如图 1.4 所示，伊列雷斯建构了一个"个体水平"和"社会水平"
双重视角的学习模型。与图 1.3 相比较，工作生活中的学习模型并不仅
仅是关注一般水平上的学习，同时还关注工作生活中的学习。模型显
示，在工作生活中重要的一般学习，发生在工作场所实践与学习者工作
身份认同的互动之中，而这些互动扎根在工作场所的技术组织型学习环

———————

[①]〔丹麦〕克努兹·伊列雷斯：《我们如何学习：全视角学习理论》，孙玫璐译，
　　教育科学出版社 2010 年版，第 29 页。

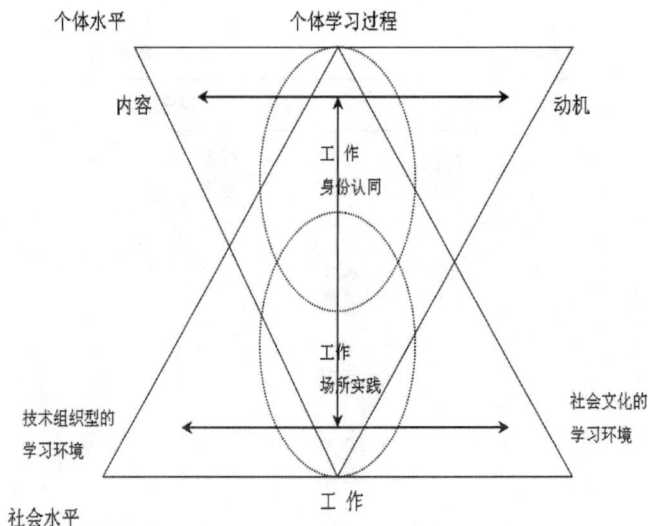

图1.4 伊列雷斯关于工作生活中的学习模型图①

境和社会文化学习环境之中。关于什么是技术组织型学习环境和社会文化学习环境，丹麦学者约根森（Jorgensen）和沃林（Warring）以及伊列雷斯（2004）对其进行了操作性的概念描述：②

1. 技术组织型的学习环境：素质要求是工作场所作为一种技术和组织化的体系对雇员所持有的一种要求，而且包含了一些课题，诸如工作内容和劳动力分工、自律和利用素质的机会、社会互动的可能性，以及对于雇员来说是一种过度紧张的工作范围。

2. 社会文化的学习环境：它关注的是工作场所中的社会分组和过程，以及一些诸如传统、规范和价值观之类的事务，并且涵盖了工作共同体、文化共同体和政治共同体。

---

① 〔丹麦〕克努兹·伊列雷斯：《我们如何学习：全视角学习理论》，孙玫璐译，教育科学出版社2010年版，第242页。

② 转引自〔丹麦〕克努兹·伊列雷斯：《我们如何学习：全视角学习理论》，孙玫璐译，教育科学出版社2010年版，第241页。

以上对伊列雷斯的学习模型进行了粗略的叙述。显而易见，不管是其关于学习的"整体模型"还是由"整体模型"衍生而出的"工作生活中的学习模型"，均闪现着鲜活的原创性蕴涵和深厚的理论根基。伊列雷斯学习模型的借鉴之处体现在以下几点：

第一，有机吸收学习的三个维度。伊列雷斯从动机、内容和互动三个维度出发构建了一个整体性的学习模型，这在学习科学领域是一个重要的突破和贡献。这种贡献主要源于伊列雷斯基于一个综合性的学习理论考察了学习并描绘了学习的全貌。纵观学习科学领域，对学习的研究主要有三大理论，分别是发展心理学理论、活动理论和社会化理论。伊列雷斯在考察关于学习的大量不同理解的基础之上，将它们汇集在一起，并放置在一个理解学习的共同框架之中，这种理解主要涵盖了在内容、动机和互动之间的整个学习领域。当然，伊列雷斯的学习理论绝非是诸多学习理论的并列集合。恰恰相反，他的学习理论在本质上是在建构主义的立场上构建起来的。为了描绘职业教育教师工作场学习的全貌，本书在模型建构上将有机吸收伊列雷斯关于学习的三个维度。同样值得一提的是，本书所建构的学习模型在理论基础上也绝非是多种学习科学成果的"大杂烩"，而在本质上则主要扎根于社会文化活动理论下的情境学习理论。

第二，从个体和社会双重视角出发构建工作生活中的学习。如上节所述，对工作生活中的学习的探讨通常有三条路径。第一条路径将目光高度聚焦在学习者身上，关注学习者个体的学习过程。如莱夫和温格等学者，尽管他们的情境学习将工作场所作为聚焦点，关注情境对于学习的作用，但终究是以学习者个体的获得过程为导向的。第二条路径将目光高度聚焦在作为学习环境的工作场所以及工作场所的发展或学习上。这种视角主要是基于所谓"学习型组织"的理念，以阿吉里斯、舍恩和圣吉为代表。第三条路径则主要聚焦于社会和个体水平之间的互动，伊列雷斯取得的成果是这一领域的典型代表。这种路径能够结合个体与环境之间的联系或互动，并同时涵括一定程度上的个体获得过程。就本书而言，所建构的职业教育教师工作场学习模型既关照职业教育教师个体的学习，同时关照作为学习情境的工作场所，即职业院校的学习和发展。

第三，强调学习情境在职业教育教师工作场学习中的意义。正如伊列雷斯所言，"所有的学习都是情境性的，即它在某个具有社会和人际交往特性的情境中发生，通过与学习者（们）的互动，成为学习不可或缺的一部分。"① 具体的情境不仅影响了学习的发生，而且对已有学习结果的激活也有重要意义。因此，在本书所要建构的职业教育教师工作场学习模型中，情境的影响应当是自始至终的。情境不仅对激活教师的学习动机有重要影响，对职业教育教师工作场学习方式、学习内容的选择，以及所获得学习效果的程度均有影响。

二、职业教育教师工作场学习理论模型的构建

当然，本书并无意全盘照搬伊列雷斯的学习模型。出于研究视角、研究对象及研究目的的不同，以及前期对工作场学习概念的剖析和再认识，本书对伊列雷斯的学习模型进行了三个方面的改造：

第一，添加了"学习结果"这一维度。伊列雷斯的整体学习模型将学习的维度归纳为动机、内容和互动三个维度，并认为所有学习都应该包含这三个维度。表面上看，伊列雷斯的整体学习模型并没有考虑学习结果这一维度，但是事实上，伊列雷斯整体学习模型建构的基础即认为学习本身就是一个能力持续获得与改变的过程。除了伊列雷斯的整体学习模型，诸如温格的"社会学习模型"、厄舍等人的"经验学习地图"，贾维斯的学习模型都将"学习结果"放在了一个重要的位置。由此可见，"学习结果"是建构学习模型应当给予考虑的一个重要维度。事实上，学习本身作为一种难以觉察的心理建构活动，我们能测量的只

---

① 〔丹麦〕克努兹·伊列雷斯：《我们如何学习：全视角学习理论》，孙玫璐译，教育科学出版社2010年版，第131页。

能是学习的结果。① 当学习发生后，学习的结果将以不同的形式得到表征，比如人的知识或行为的改变、能力的变化、情感态度价值观的变化等。倘若一个学习过程没有发生任何认知和行为的改变，实际上我们可以假定学习是没有发生的。当然，学习的结果仍然是一个内隐的概念，为了突出学习的可观察性和可测量性，本书倾向于用"绩效"一词来表征学习效果。"绩效不是行为，而是目的导向的行动所带来的结果，绩效是外在标准对于人的行为的评价，体现了学习结果的外显性，作为目的的绩效与作为结果的绩效之间是联系是由学习本身的内在连续性完成的。"② 由此，本书认为，学习包含着绩效，绩效包括学习，两者互为"手段——目的"，绩效既是学习的先决条件又是学习的结果。更进一步地，对于工作场学习而言，绩效不仅对应个体学习层面的个体绩效，还对应组织学习层面的组织绩效。

第二，将"学习内容"维度变换为"学习策略"维度。学习内容关乎的是所学之物，如果没有学习内容，没有所学之物，那么谈论学习也就不可能有什么意义。③ 可见，内容对于学习的重要性不言自明。本书将"学习内容"维度变换为"学习策略"维度并非否定学习内容的独特价值，而是基于以下两点考虑：首先，学习内容的表征过于丰富不便考察和测量。一般而言，学习内容可以具有知识、技能、意见、理解、洞见、意义、态度、资质、能力等特征。如果从一种更为广泛的视角来考察（譬如温格的社会情境学习），身份、意义、实践、共同体等也可以归属于学习内容。另外，诸如独立、自信、责任心、合作能力、灵活性等个性素质同样能够纳入到学习内容维度之中。由此可见，学习

① 于文浩：《辩证中的学习与绩效：个人发展与组织发展的双翼》，《远程教育杂志》2011 年第 1 期。
② 于文浩：《辩证中的学习与绩效：个人发展与组织发展的双翼》，《远程教育杂志 2011 年第 1 期。
③ 〔丹麦〕克努兹·伊列雷斯：《我们如何学习：全视角学习理论》，孙玫璐译，教育科学出版社 2010 年版，第 25 页。

内容维度所包囊的要素是极其复杂多元的，而且也是极其难以考察和测量的。本书无意对学习内容展开独立的重点考察。其次，学习内容维度中的诸多要素同样能够纳入到学习绩效、互动等维度之中。例如知识、意义、能力等要素均是学习绩效维度所要重点讨论的内容。因此，一方面为了凸显研究的重点，一方面为了便于区分，本书在考虑建构工作场学习理论模型时，将"学习内容"维度调整为"学习策略"维度。

第三，将学习情境分为工作情境和学习情境两个层面。伊列雷斯的整体性学习模型中的"互动"要素在本质上讨论的是学习者与环境之间的互动，而这种互动又聚焦在个体与社会及人际交往水平之间的联系上。在伊列雷斯看来，将环境作为一种要素纳入学习之中是非常重要的，而这种重要性扎根于这样一个事实——所有学习都是"情境性"的，即学习情境不仅影响学习，而且也是学习的一部分。[①] 情境之于学习的重要性已成共识。自 1991 年莱夫和温格在《情境学习》一书中正式介绍"情境"和"情境性"这一概念之后，情境在学习中的地位如日中天。但是，正如伊列雷斯所指出的，包括莱夫和温格在内的诸多学者尽管意识到了情境的重要意义，却没有意识到学习情境所展示的双重性质。[②] 所谓学习情境的双重性质意味着：一方面学习情境总是在同一时间内既被视为一个或多个学习者发现自己所在的直接情境（例如在工作场所中）；另一方面又被视为一种社会性情境（一种受到社会规范与结构影响的情境）。基于学习情境所体现出的双重性质，在构建职业教育教师工作场学习模型中，本书有意识地将学习情境分为工作情境和学习情境两个层面。工作情境强调的是学习者所能明显感受到的直接情境，学习情境则是学习者不能明显感受到的内隐情境。当然，工作情境

---

① 〔丹麦〕克努兹·伊列雷斯：《我们如何学习：全视角学习理论》，孙玫璐译，教育科学出版社 2010 年版，第 102 页。

② 〔丹麦〕克努兹·伊列雷斯：《我们如何学习：全视角学习理论》，孙玫璐译，教育科学出版社 2010 年版，第 103 页。

和学习情境绝非两种完全独立的情境，工作情境在一定条件的作用下可以是学习情境，学习情境则主要扎根于工作情境。

　　基于对伊列雷斯的整体性学习理论以及其他相关学习理论的反思性借鉴，研究者尝试构建了职业教育教师工作场学习的"双层双翼"模型（如图1.5所示）。

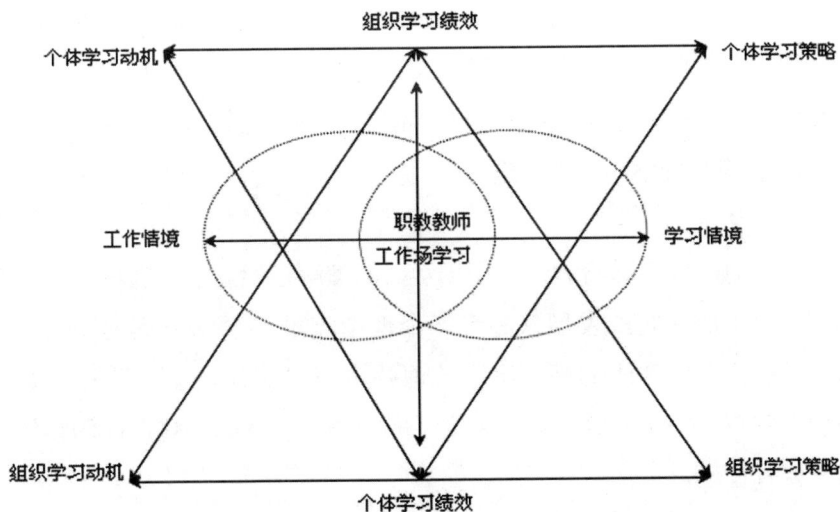

图 1.5　职业教育教师工作场学习的"双层双翼"模型

　　在上述模型中，"双层"指的是学习的个体层面和组织层面。职业教育教师个体层面的工作场学习包括学习动机、学习策略、学习绩效和学习情境四个维度。职业教育教师组织层面的工作场学习同样包含学习动机、学习策略、学习绩效和学习情境四个维度。需要指出的是，不管是个体层面还是组织层面的工作场学习，学习的主体均是职业教育教师。事实上，职业教育教师的工作场学习是"自下而上"的。这种"自下而上"体现在两个方面：一方面，个体学习是组织学习的基础。个体学习虽不能保证组织学习，但倘若没有个体学习，组织学习就不会发生。另一方面，个体的学习行为影响到组织群体中学习文化的创生。因此，在职业教育教师工作场学习模型中，个体层面的学习动机、学习策略、学习绩效和学习情境与组织层面的学习动机、学习策略、学习绩效和学习情境并非是两种完全不同的事物，确切地说，它们应该是一个事物（即工作场学习）的两种表现形态。除了"双层"，"双翼"指的是影响教师工作场学习的两种情境，即工作情境和学习情境。如前所述，工作情境是教师在工作场学习中能够直接感受到的情境，通常以空间的形态表现出来；学习情境是教师在工作场学习中不能够直接感受到的情境，通常以一种社会性互动、文化的形态表现出来。但是，工作情境和学习情境同样不是指两种完全不同的事物，它们是一个事物（即学习情境）的两种不同表现形态。

本书对于职业教育教师工作场学习的理解是建立于一般框架、成果和理论之上的，它的发展来源于多个理论流派和学术分支的视角，因此，从一个较为宽阔的视野出发梳理并重识"工作场学习"这一核心概念，并将相关不同的研究成果联系成为一个广泛的、整合性的整体显得重要且迫切。

本章首先从情境理性知识观、实践性知识论以及情境性理论三个视角出发重新探讨了工作场学习的立论基础，阐释了工作场学习的合法性，也为整个研究奠定了理论根基。顺延这个脉络，研究进一步梳理了工作与学习关系的三重隐喻，发现工作与学习的关系从"学习为了工作"走向"学习就是工作"并终将走向"学习创新工作"。此外，对"工作场所学习是特定场所中的学习""工作场所学习是与工作相关或为了工作的学习""工作场所学习是一种非正式的学习"等三种传统的有关工作场学习认识的再认识，则更进一步明确了工作场学习概念的本质，即工作场学习是这样一种学习：学习内在于工作中、工作内在于学习中；工作场所是特定的工作实践场；学习发生在秩序化工作实践模式中。

对工作场学习如何发生的问题的认识同样重要。分别以认知心理学、社会文化活动理论以及组织行为学为视角，能够为我们展现以认知需求为导向、以认知场境为导向以及以认知共同体为导向的三种工作场学习的发生机制。这无疑为认识工作场学习是如何发生的问题提供了较为全面的视角。

工作场学习在西方主要应用于人力资源开发领域，最近几年教育领域将其引入，并作为发展教师、学生的重要手段。将工作场学习作为一种范式引入，必须考虑不同主体、不同情境所带来的差异性。就职业院校教师工作场学习而言，这种差异性主要表现在三个方面，即鲜明的自我导向特征、明确的专业目的性以及显著的实践性特征。

在分析工作场学习立论基础、概念本质、发生机制以及职业教育教师工作场学习差异表征的基础上，借鉴传统学习科学的理论模型，尤其是伊列雷斯的全视角学习模型，本章构建了一个"职业教育教师工作场学习'双层双翼'理论模型"。既然工作场学习被理解为一种宽广的领域和复杂的范畴，理论模型的构建同样着意体现一种全视角的整合性。在纵向上，该模型将工作场学习分解为四个具有内在逻辑关系的要素，即学习动机、学习策略、学习环境以及学习绩效；在横向上，则将工作场学习区分为个体层面的工作场学习和组织层面的工作场学习。当然，这里所构建的理论模型仅仅只是一个整合性的分析框架，在后面的章节中将会围绕该分析框架展开更为详细深入的探讨。

第二章

职业教育教师工作场学习的动机

工作中人的行为既不是仅由内因驱动的，也不是仅由外因塑造和决定的，而是由人的行为、认知等主体因素以及环境三者之间构成动态的交互关系决定着。①

——阿尔伯特·班杜拉（Albert Bandura）

学习动机是学习科学领域当中的经典问题。在传统上，学习动机问题通常被置于发展心理学、个性心理学、认知心理学以及动机心理学等视野中广泛讨论。虽然诸多理论研究对学习动机问题做出了大量深刻的解释，但是这些研究并不统一，也不完全符合现实当中职业教育教师工作场学习的特征。正如伊列雷斯所指出的，尽管所有人都同意动机对于学习的重要性，但这个学科仍然没有对理解和组织实践中的学习做出很大的贡献。② 究其原因在于已有研究过于聚焦学习动机的类型划分问题，而没有将焦点置于研究不同群体的学习者以及学习动机作用的发挥机制上。鉴于此，本章将扎根于工作场学习的实践境脉，深切关照职业教育教师群体，并从个体和组织两个层面重点讨论隐藏在职业教育教师工作场学习背后的情绪、态度、意志等要素，以及这些要素对职业教育教师工作场学习带来的影响。

---

① A. Bandura, *Social Foundations of Though and Action: A Social – Cognitive Theory*, Upper Saddle River, NJ: Prentice – Hall, 1986.

② 〔丹麦〕克努兹·伊列雷斯：《我们如何学习：全视角学习理论》，孙玫璐译，教育科学出版社 2010 年版，第 19 页。

第一节 理论探析

动机维度是学习当中一种重要和不可或缺的要素，是学习科学领域中的热点问题。然而在教师学习领域，动机问题却鲜有系统研究。从最近二三十年国内外教师学习研究文献来看，已有相关研究主要聚焦于教师学习的"输入"（即学习投入）、教师学习的策略和教师学习的"产品"（即教师知识）等问题上，而对直接关涉学习主体——教师的情感、情绪、意志等方面的学习动机问题却少有讨论，具体到职业教育教师学习动机上则更是如此。在此，本部分将以对传统学习动机理论的讨论为起点，进而拓展到对成人参与学习动机相关成果的探讨，最终构建职业教育教师工作场学习动机的理论模型。

一、学习动机经典理论：学习动力存在多重诱因

自 20 世纪 30 年代起，学习动机开始成为一门正式的科学研究。自此，关于学习动机的研究经历以桑代克（E. L. Thorndike）、斯金纳（B. F. Skinner）等人为代表的强化理论，以阿特金森（J. Atkinson）为代表的成就动机理论，以罗特（J. Rotter）为代表的社会学习理论，以维纳（B. Weiner）为代表的归因理论，以班杜拉（A. Bandura）为代表的自我效能感理论，以德韦克（C. Dweck）等人为代表的成就目标理论以及以马斯洛（G. Maslow）和诺尔斯（M. Knowls）为代表的个人自我实现的学习动机论。对学习动机的系统梳理并非本书需要探讨的问题，但通过对学习动机的简单梳理，可以概括已有学习动机理论研究的一些特点：第一，学习动机存在多重诱因。尽管经典学习动机理论倾向于用一种理论解释学习动机的所有现象，但不管是从单个学习动机理论来看，还是纵观整个学习动机理论发展，我们都能深切感受到学习动机的多重来源。这不仅昭示了学习动机的复杂性，同时告诫我们试图用

一种理论解释学习动机的全部问题是行不通的。第二，已有学习动机理论主要解释的是儿童的学习动机，旨在改善学校情境中学生的学习状况和学业成就，而忽视了学习情境中的其他动机倾向。因此，虽然经典学习动机理论有助于我们认识理解职业教育教师工作场学习动机，但其显然无法作为剖析职业教育教师工作场学习动机的核心支撑理论。

二、成人学习动机理论：职业动机影响学习动机

由上可见，传统的学习动机理论主要解释的是儿童的学习动机，并无法全部解释其他群体（如教师群体）的学习动机现象。在这种情况下，有研究者系统研究了成人群体的学习动机。成人学习动机的研究起于20世纪60年代，最早见于美国著名成人教育学者霍尔（C. O. Houle）的研究。霍尔运用谈话法调查了成人学生的学习动机，并将其归为三种类型：目标指向（以学习作为完成明确目标的方法）；活动指向（参与学习是基于学习环境的意义）；学习指向（为求知而学习）。① 自霍尔的研究之后，成人学习动机研究逐渐走向完善和成熟。谢菲尔德（S. B. Sheffield）基于霍尔的成人学习动机三类型理论，提出了五种学习动机：个人目标取向、学习取向、活动取向、社会目标取向、活动需要取向。② 加拿大成人教育学家鲍西尔（R. Boshier）用其首创的"教育参与测定表"对成人学习展开实证调查，构建出了成人学习动机的六种类型：职业进展型（提高本职工作的能力）、社交接触型（增进人际间的友谊，扩大人际交往）、社会刺激型（借助学习摆脱生活的单调乏味）、外部期望型（获得某些职业的特殊社会威望）、社会服务型（希

① C. O. Houle, *The Inquiring Mind*, Madison: University of Wisconsin Press, 1961.
② S. B. Sheffield, "The Orientations of Adult Continuing Learning", In *The Contining Learners*, D. Soloman (Ed.), Chicago: Center for the Study of Liberal Education for Adults, 1964, pp. 1–24.

望更好地为社会组织服务）以及认知兴趣型（认为学习是享受）。① 因调查工具的可靠性和调查过程的实证性，鲍西尔所提出的成人学习六种动机类型被认为是最常见和最具有普遍性的。此后，还有诸多学者对成人学习动机展开了大量研究，但基本都建立在霍尔动机三类型之框架之上，在此不一一赘述。

有关成人学习动机的大量研究揭示了成人学习动机的若干特点：第一，成人参与学习的动机是多元的，且多重动机之间交织影响，没有一种动机取向可以全部解释成人参与学习的行为；第二，成人参与学习行为是个体内部与外在环境因素交互作用所产生的结果，这点在谢菲尔德、鲍西尔等人的理论中均可明显看出；第三，成人学习动机与其职业的选择密切相关；第四，成人参与学习的行为多数考虑学习的实用性或实际性。

三、教师学习动机理论：内外因素交互作用

在学习动机理论框架的影响下，一些学者开始探讨教师群体的学习动机问题。然而需要指出的是，国内外相关教师学习动机的直接研究非常少见，常见的是将教师学习动机问题纳入教师动机的范畴展开探讨。教师动机主要回答的是影响教师选择进入教师行业、工作投入、自身学习策略等等与教师工作内容有关的内部心理因素的问题。教师动机既是探查教师教学行为内在机制的认知与情感过程的重要工具，也是预测教师工作投入程度、影响专业化进程中教师主动学习行为的重要心理变量。② 从这个意义上来讲，教师动机问题实际上在很大程度上回答了教师学习动机的问题，而且是扎根于工作场所的学习动机问题。

直接探查教师动机的理论主要有三个：一是以瑞安（R. M. Ryan）

---

① R. Boshier, "Motivational Orientations Revisited: Life Space Motives and the Education Participation Scale", *Adult Education*, Vol. 27, No. 2, 1977, pp. 89 – 115.

② 芦咏莉等：《国外教师动机理论及研究》，《比较教育研究》2012 年第 6 期。

和德西（E. L. Deci）两人为代表的人本主义导向的自我决定理论（self
- determined theory）；二是以威格菲尔德（A. Wigfield）和艾克尔斯
（J. Eccles）为代表的期望价值理论（expectancy - value theory）；三是
以艾略特（A. J. Elliot）为代表的成就目标定向理论（achievement goal
orientations theory）。瑞安和德西两人将教师动机分为内在动机和外在动
机两个层面，而这两类动机都表达了个体在行为过程中的自我决定。其
中，内在动机伴随充分的个人意志和选择，外在动机则伴随外界压力及
被外界要求的体验。在支持性的环境中，动机的来源通常被感知为内在
的；相反，在非支持性的情境中，动机的来源则通常被感知为外在的。
由外在动机到内在动机实际上是一个连续体，这个连续体依据个体自主
程度的不同，从低到高又可分为五种不同类型的动机，即外部调节、内
摄调节、认同调节、整合调节和内在调节。① 期望价值理论主张从个体
对活动结果的预期及对活动价值的判断来解释个体的选择、坚持性及表
现。② 该理论主要关心的是教师选择教师职业的动机问题。成就目标定
向理论将成就目标划分为学习目标定向和业绩目标定向。学习目标定向
将学习本身视为一种目的，关注的是自身能力的发展，注重对任务的理
解和掌握，又可称为任务目标定向或任务卷入。相反，业绩目标定向将
学习视为一种手段，试图通过业绩来体现个体的能力，因此也可称为能
力目标定向或自我卷入。此后，艾略特进一步将业绩目标划分为驱向型
业绩目标和回避型业绩目标两类。③

---

① R. M. Ryan, E. L. Deci, "Self - Determination Theory and the Facilitation of Intrinsic
　Motivation, Social Development, and Well - being", *American Psychologist*, No. 55,
　2000, pp. 68 - 78.
② A. Wigfield, "Expectancy - Value Theory of Achievement Motivation: A Development
　Perspective", *Educational Psychology Review*, No. 6, 1994, pp. 49 - 78.
③ 趋向型业绩目标定向和回避型业绩目标定向都关注自身表现的结果。但前者关
　注的是展示自身能力并从他人那里得到肯定评价，后者着力于不暴露自己的不
　足，以避免得到否定性评价。

国内虽然有些许学者对教师学习动机问题展开了探讨，也得出一些真知灼见的观点，但总体而言，国内关于教师学习动机的研究呈现出零碎而不全面的特点。综合国内外有关教师学习动机的研究，可以总结出教师学习动机的如下特点：第一，教师学习动机与工作动机相互关联，教师工作动机直接影响学习动机，学习动机则同样影响工作动机。第二，教师学习动机既来源于内部动机，也来源于外部动机，此外还源自外部内化动机。内部动机反映的是教师对教育教学工作的主观需要和价值取向，外部动机反映的是社会因素、人际关系、工作环境等外在诱因，外部内化动机则是个体的主观需要与行为目标的有机关联。第三，教师学习动机具有高度情境性。教师学习动机受不同学习情境的影响，学习动机会随环境的变化而变化。第四，教师学习动机表现出很强的成人学习动机特点。第五，教师学习动机受诸多因素的影响。这些影响因素既包括教师个体的主观认识、价值观念，也包括学校环境、教师文化、政策制度、社会要求等等。

四、"双驱动"理论模型：测量框架

如前所述，倘若学习动机研究没有将焦点置于特殊的学习群体，那么动机理论的作用终究不能完全彰显。尽管成人学习动机理论、教师学习动机理论均取得了卓越的成果，但这两个理论框架并不能够完全解释职业教育教师这个特殊群体的学习动机问题，根本原因在于职业教育教师专业发展的特殊诉求。然而，纵观国内外相关职业教育学习动机的研究成果，研究的对象聚焦于职业教育学生群体；横览国内外相关职业教育教师专业发展的研究，关注点又主要集中于用外在力量来驱动职业教育教师的专业成长。可见，职业教育教师学习动机问题是一个"被遗忘的角落"。鉴于此，本书提出职业教育教师学习动机的"双驱动"理论，试图在传统经典学习理论、成人学习动机理论、教师学习动机理论等理论框架基础之上，充分考虑职业教育教师专业发展的特殊诉求，以

及职业教育教师工作场学习的独特性，构建服务于职业教育教师专业成长的动机理论。

职业教育教师工作场学习动机"双驱动"理论对已有学习动机理论的借鉴体现在以下五个方面：第一，职业教育教师学习动机以情绪、态度和意志等心智特征模式出现，但在来源上，学习动机既来自个体内部，也来自个体外部。第二，职业教育教师学习动机必然表现出明显的成人学习动机特点。第三，职业教育教师工作场学习动机与工作动机密切相关。一定强度的工作动机是学习动机的首要前提。第四，职业教育教师工作场学习动机具有高度的情境性，学习动机伴随情境的变化而变化。第五，职业教育教师工作场学习动机与其职业密切相关，职业本身会影响教师的学习动机。

除了借鉴已有的学习动机理论之外，职业教育教师工作场学习动机理论的建构还必须充分关照职业教育教师专业发展的特点。这种特点主要体现在以下几个方面：

第一，职业教育教师的角色特征。职业教育教师的角色分为社会角色和专业角色。就社会角色而言，与高校教师和中学教师相比，职业教育教师处于相对的劣势地位，这种劣势地位具体表现为较低的社会声誉、社会地位和经济收入。就专业角色而言，职业教育教师面临这样的现实困境，即一方面他们对于促进劳动力技能的发展起着至关重要的作用，另一方面他们却并未因这一角色而获得很高的地位，职业教育教师通常被看作是"半职业化"的工作。职业教育教师的角色特征对于学习动机而言是把"双刃剑"：它既可以驱动职业教育教师的专业发展，但也有可能对其专业发展起到"阻抗"作用。

第二，职业院校发展的特点。当前，我国职业院校发展的形势可谓是机遇与挑战并存。首先，国家、社会层面对于职业教育发展的空前重视和大笔投入使得职业院校发展获得空前的机遇，"国家重点高职院校建设""国家示范中职建设"这些国家级项目使得我国职业院校获得宝贵的高水平发展平台。但与此同时，当前我国职业院校发展同样面临诸如生源危机、吸引力不够、社会认同度不高等严峻挑战。职业院校发展的特点对教师学习动机同样既可能带来正面的驱动效应，也可能带来负面的阻抗效应。

第三，职业教育改革的特点。教育改革在一定程度上能够成为教师学习的动力之一。如钱旭升、靳玉乐（2007）等人认为，教师专业发展动机的发展变化受到其自身的从教经历、学校整体教育环境、国家教育改革和发展要求等多种因素的影响。① 尽管我国职业教育没有发起像基础教育新课程改革这样系统深入的改革活动，但最近十年，国家在职业教育改革上所迈出的步子是相当大的，职业教育内涵发展、"双师型"师资队伍建设、职业教育基础能力建设、职业教育质量保障体系建设，这些都势必影响到职业教育教师的学习动机。

综合对已有学习动机理论的借鉴，结合职业教育教师专业发展以及职业教育改革的特点，本书构建了职业教育教师工作场学习动机的"双驱动"理论模型。（如图2.1所示）

本模型将职业教育教师工作场学习的动机源划分为个体驱动和组织驱动。个体驱动强调内因的作用，组织驱动强调外因的作用。其中，个体驱动又可以分为个体内部动机和个体外部动机。内部动机强调的是与学习直接相关的动机，外部动机强调的是与学习间接相关的动机。内部动机又可以划分为热衷型和服务型两类。其中，热衷型内部动机主张从学习中获得乐趣，相当于鲍西尔所说的"认知兴趣型学习动机"。服务型内部动机主张通过学习提升个人能力，并更好地服务于本职工作，相当于鲍西尔所说的"职业进展型学习动机"和"社会服务型学习动机"。除了内部动机，个体驱动还包含外部动机。外部动机同样可以分为两类，一类是外在型外部动机，关注的是他人的评价和认可；一类是

① 钱旭升、靳玉乐：《教师个体专业发展与教师群体专业发展》，《教育科学》2007年第4期。

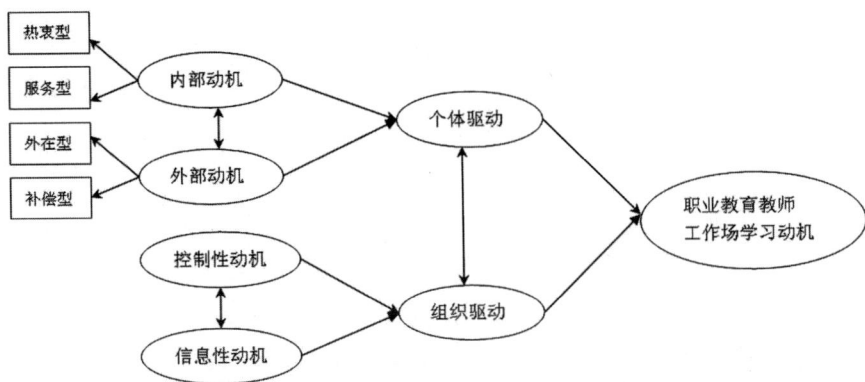

图 2.1 职业教育教师工作场学习动机"双驱动"理论模型

补偿型外部动机，关注的是金钱物质报酬、期望获得晋升等，类似于鲍西尔所说的"外部期望型学习动机"。职业教育教师工作场学习动机中的组织驱动可以包含两类，一类是控制性的动机，一类是信息性的动机。控制性的动机表现的是组织对个体学习行为的控制，如布置学习任务、制定学习规划等。信息性的动机实际上强调的是人文环境对学习的影响，强调组织所散发的学习信号，所构建的学习气氛对教师个体学习行为的驱动。

需要指出的是，将职业教育教师工作场学习动机划分为个体驱动和组织驱动两个维度，并不意味着学习动机源就是"两者择其一"。事实上，学习动机发生在个体驱动与组织驱动的张力之间。个体驱动与组织驱动动态交互，共同影响教师的学习行为。此外，教师学习行为的发生也并非完全是主动的，而是存在一些非自愿的学习行为，因此学习动机同样发生在主动学习与被动学习的张力之间。基于这样的分析，可以将教师工作场学习动机按照"个体—组织""主动—被动"两个维度划分为四个象限（如图 2.2 所示）。

在图 2.2 中，个体驱动——内部动机处于第一象限，个体驱动——外部动机处于第二象限，组织驱动——控制性动机处于第三象限，组织驱动——信息性动机处于第四象限。在研究者的设想中，个体驱动——

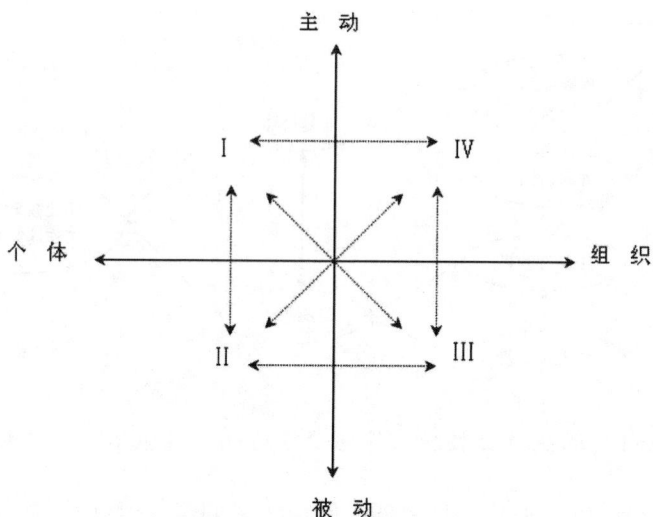

图2.2　教师工作场学习动机的象限图

内部动机、组织驱动——信息性动机是学习动机的最理想状态，研究者将其界定为学习的"事业型"取向，该取向将学习与工作紧密结合，学习工作化、工作学习化，学习在此化身为一项志业。个体驱动——外部动机是学习动机的次理想状态，研究者将其界定为学习的"功利型"取向，该取向将学习视为获取外在肯定、谋求地位提升或物质报酬的一种手段。组织驱动——控制性动机是学习动机的第三重状态，研究者将其界定为学习的"任务型"取向，该取向视学习为外在施加的任务，学习就是完成外界强加任务的过程。除了学习的"事业型"取向、"功利型"取向和"任务型"取向之外，我们还不能疏忽一种状况的客观存在，即教师学习的"无动机"状态。教师工作场学习的"无动机"状态表征为两个方面，一种情形是"学习防御"（或者称之为"被防御的学习"），一种情形是"学习阻抗"。所谓"学习防御"即学习者不情愿进入学习过程，缺乏学习的主观意愿，以一种准备好了的消极心理状态等待人们的布置安排。"学习阻抗"即学习者因为遭遇各种不利的情境因素从而在内心抗拒学习，更有甚者表现出对学习行为的故意干扰和破坏。在这里，将学习的这种"无动机"状态称之为学习的"混世型"取向，这是学习动机的最不理想状态，也是最低层次的状态。基于上述分析，可以构建一个教师工作场学习动机"金字塔"分析模型（如图2.3所示）。

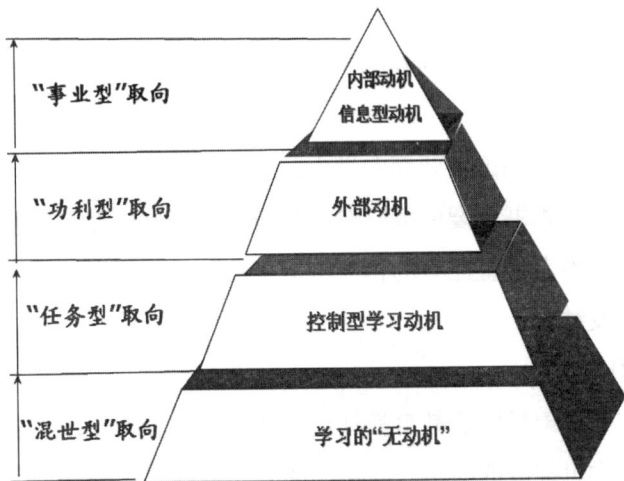

图 2.3　教师学习动机的"金字塔"模型

第二节　问卷编制与测量

一、研究目的和技术路线

鉴于当前国内很少有职业教育教师学习动机的相关研究以及相应的测量工具，本书旨在依据职业教育教师工作场学习动机"双驱动"理论模型，结合职业教育教师工作场学习的访谈研究结果，编制了"职业教育教师工作场学习动机问卷"。

研究分为三个阶段八个步骤：第一阶段为测量项目的收集与编制，第二阶段为问卷项目的预测与筛选，第三阶段为正式施测。其中，第一

一级指标	二级指标	编号	操作性条目
工作场学习动机	外部动机	A207	我在工作中学习是为了取得职业资格
		A208	我在工作中学习是为了评职称而作准备
		A209	我在工作中学习是为了避免被淘汰
		A210	我在工作中学习是为了拿到更多报酬
	控制性动机	A301	我在工作中学习是为了完成学校布置的任务
		A302	我在工作中学习是因为学校的行政压力
		A303	我在工作中学习是为了应付检查
		A304	学校的各种教学改革活动驱使我学习
		A305	学校相关绩效考评制度驱使我学习
		A306	学校对教师的高要求迫使我学习
	信息性动机	A401	我在工作中学习是受到学校振奋人心的发展目标的鼓舞
		A402	我在工作中学习是出于学校对教学创新和工作创新的鼓励
		A403	我在工作中学习是受到学习领导班子上进精神的鼓舞
		A404	我在工作中学习是受到学校高昂工作士气的感染
		A405	我在工作中学习是受到国家对职业教育重视的鼓舞
		A406	我在工作中学习是为了积极适应职业教育改革和发展的形势

问卷采用 Likert 5 点自评量表，从"完全不符合""多数不符合""一半符合""大部分符合""完全符合"依次记为 1 分、2 分、3 分、4 分和 5 分。

三、问卷项目的预测与筛选

在测量项目收集完毕，并编制出初始问卷之后，本阶段工作主要对初始问卷进行预测，并开展项目分析和因素分析两项工作。

1．项目分析

项目分析的主要目的在于检验所编制量表的适切或可靠程度，其结果可以作为个别题项筛选或修改的依据。项目分析检验的方法通常有两种，一种是探究高低分的受试者在每个项目上的差异，一种是进行项目间的同质性检验。[①]

项目分析的样本来自重庆市 4 所中高职院校的 80 名教师，其中中职学校 2 所（一所为国家级示范建设学校，一所为普通中职校），高职学院 2 所（一所为国家重点高职，一所为普通高职）。项目分析采用SPSS20.0 为分析工具。

（1）同质性检验。采用相关分析的方法，考察每个项目与总分的相关。相关系数高则意味着该项目区分度高，反之则低。相关分析显示，A101、A306、A403 等 3 个项目与总分的相关没有达到显著水平。

（2）高低分分组估计。在项目分析的判别指标中，最常用的是临界比值法。该方法的理念与测验编制中的鉴别度的观念类似，是根据测验总分区分出高分组受试者与低分组受试者后，再求高、低两组在每个题项的平均数差异的显著性，其原理与独立样本 t 检验相同。首先求出每个项目的临界比值（即 CR 值）。如果项目的 CR 值没有达到显著水平（本书取 0.05 的显著性水平为判别标准），则意味着该项目不能够鉴别不同受试者的反应程度，则该项目可以考虑删除。根据项目分析结果，A101、A209、A306 等 3 个项目的 CR 值没有达到 0.05 的显著性水平。

综合同质性检验以及高低分分组估计两项结果，初始问卷删除A101、A209、A306、A403 等 4 个项目，保留 26 个项目。

2．因素分析

因素分析建立于项目分析基础之上，其目的在于找出量表潜在的结

---

① 吴明隆：《问卷统计分析实务——SPSS 操作与应用》，重庆大学出版社 2011 年版，第 158 页。

构，进一步减少题项的数目，使之变为一组较少而彼此相关较大的变量。[①]

因素分析的样本取自重庆、四川、江苏三个省（市）14 所中高职院校的 280 名教师，发放问卷 280 份，共回收有效问卷 226 份。因素分析采用 SPSS20.0 为分析工具。

用项目分析后筛选出的包含 26 个项目的预测问卷对研究样本（n = 226）进行测量，并以此测量的结果作为因素分析的数据。因素分析采用极大似然法抽取因素（因素数目先行估计决定），并用方差极大斜交旋转。取样适当性 KMO 度量值为 0.802，表明原始数据样本容量较合适。Bartlett 球形检验值为 3065.151（p = 0.000 < 0.001），表明原始数据适合做因子分析。

对 26 个项目假定 4 个因素的问卷进行因素分析，保留特征值大于 1 的因素。因素分析显示：A203、A405 题的负荷在 0.4 以下，A303 在不同的因素上有相近的负荷值，且负荷值均不高，为此删除 A203、A303、A405 这 3 道题。删除上述 3 道题后的方差贡献率为 64.102%。

结果表明，所提取的因素可以较好地反映各原始变量的信息，说明职业教育教师工作场学习动机问卷的正式调查问卷可以由 4 个相互独立维度、24 个项目构成。正式问卷见附录 1。

四、正式施测

为了确定问卷结构的合理性，并对问卷的信度、效度加以检验，本书选取了第三批样本，在更大范围进行了正式测试。正式测试的数据同时作为正式研究结果使用。第三批样本来自重庆市、四川省、贵州省、广东省、江苏省、河北省、河南省 7 个省市 28 所中高职院校的 980 名职业教育教师，发放问卷 980 份，回收有效问卷 848 份，有效率为

---

① 吴明隆：《问卷统计分析实务——SPSS 操作与应用》，重庆大学出版社 2011 年版，第 194 页。

86.53%。正式测试的样本情况如表 2.2 所示。

表 2.2　正式测量有效样本的基本情况一览（N＝848）

人口统计学变量	类　别	人数	百分比（％）
地　区	重庆	185	21.81
	四川	62	7.3
	贵州	55	6.5
	广东	116	13.68
	江苏	162	19.10
	河北	141	16.63
	河南	128	15.09
学校类型	国家重点高职(含国家示范校和骨干校)	226	26.65
	非国家重点高职	223	26.30
	国家重点中职(含国家示范校和骨干校)	209	24.65
	非国家重点中职	190	22.41
岗位类型	理论课教师	319	37.62
	实践课教师	199	23.47
	双师型教师	332	39.15
教　龄	0—2 年	184	21.70
	3—6 年	141	16.62
	7—15 年	214	25.24
	16—20 年	136	16.04
	21—40 年	173	20.40

　　问卷施测方式分为现场施测和邮寄施测两种。重庆市内样本采取现场施测的方式进行。重庆市外的样本则委托各学校的负责人帮忙组织样本、发放问卷、回收问卷并邮寄给研究者。问卷不记名，所有测量在 1 个月内完成。正式施测的数据资料采用 SPSS20.0 统计软件进行录入、

分析、处理。

1. 信度检验

本问卷测量结果采用 5 值计分法，因此以克伦巴赫内部一致性系数（*Cronbach* a 系数）为信度检验的指标。*Cronbach* a 系数作为测量分数信度之一的数据，在社会科学的研究领域中使用率极高，其既是内部一致性的函数，也是项目间相互关联程度的函数。对正式问卷进行同质信度（*Cronbach* a）分析，结果见表 2.3。

表 2.3　职业教育教师工作场学习动机问卷的内部一致性信度

	维度 1	维度 2	构面 3	构面 4	总问卷
项目数	8	8	4	4	25
Cronbach 系数	0.791	0.835	0.813	0.867	0.897

由表 2.3 可知，问卷中 4 个子维度的 *Cronbach* a 系数在 0.791—0.867 之间，问卷总的 *Cronbach* a 系数为 0.897。一般而言，信度系数达到 0.70 以上表明问卷具有可以接受的信度，信度系数在 0.80 以上则表明问卷具有较高的使用价值。本问卷除了有 1 个维度的信度系数在 0.80 以下之外，其余均在 0.80 以上，总体来看，本问卷具备可以接受的信度。

2. 效度检验

对问卷 24 个项目进行探索性因素分析结果表明，职业教育教师工作场学习动机问卷结构较清晰，项目的因素负荷量均大于 0.55，总方差解释率为 62.319%，且各项目含义清楚，可解释性较强。此外，对问卷 4 个维度之间以及各维度与总分之间的相关分析发现（如表 2.4 所示），各维度与总分之间的相关系数在 0.687—0.819（p<0.01）之间，属于中高度相关，这表明问卷各维度评测的构念与总问卷评测构念较为一致，但又有一定的区别。此外，4 个维度之间的相关系数介于 0.138—0.468（p<0.01）之间，属于低中度相关，表明问卷 4 个维度

之间的鉴别度较为合理，4 个维度所评测的构念在大方向较为一致，但维度之间又有区别。因此，总体来看，本问卷的结构符合测量要求，具有可接受的结构效度。

表 2.4　"职业教育教师工作场学习动机问卷"维度间相关系数

构成维度	维度 1	维度 2	维度 3	维度 4
维度 1	1.000			
维度 2	0.268**	1.000		
维度 3	0.238**	0.533**	1.000	
维度 4	0.553**	0.241**	0.234**	1.000
总问卷	0.687**	0.721**	0.819**	0.768**

**p<0. 01

第三节　特征归结与差异表征

本部分主要是对职业教育教师工作场学习动机各变量进行描述性统计和相关分析，前者从整体上了解职业教育教师工作场学习动机的总体状况，后者讨论学校的脉络特征和教师工作场学习动机的关系，前者是特征分析，后者是差异比较。需要指出的是，对于职业教育教师工作场学习动机而言，本部分重在以学校组织为分析单元，探索不同类别学校、不同区域学校教师工作场学习动机之差异。

一、基本特征描述

表 2.5 列出了样本在"职业教育教师工作场学习动机问卷"两个一阶因子以及四个二阶因子上的平均得分及标准差。从表 2.5 可以得到如下发现：

表2.5　职业教育教师工作场学习动机的描述性统计

	总数（N）	均值（M）	标准差（St）
内部动机高职	449	3.62	0.63
中职	399	3.58	0.52
外部动机高职	449	3.22	0.77
中职	399	3.05	0.98
个体驱动高职	449	3.42	0.58
中职	399	3.31	0.54
控制性动机高职	449	2.98	0.75
中职	399	2.72	1.04
信息性动机高职	449	2.60	0.72
中职	399	2.17	0.45
组织驱动高职	449	2.79	0.59
中职	399	2.44	0.74

　　第一，从两个一阶因子来看，高职教师及中职教师工作场学习动机均为个体驱动 > 组织驱动，表明其参与工作场学习的动机来源主要是自身因素，学校层面对其学习的驱动较小。此外，可以看到，不管是高职还是中职，组织驱动因子的得分均介于"2（较不符合）—3（一半符合）"之间，进一步表明学校层面对职业教育教师参与工作场学习的驱动力是有限的。这个结论与访谈研究的结果是一致的，在问及"您在学校场境中学习的主要动力是什么？学习动力主要是来自自身，还是来自学校？"问题时，受访的中高职教师中，绝大多数将参与工作场学习的动力归于自身因素。这一点值得我国中高职院校引起注意，尽管学习主要发生于个体层面，个体驱动对教师学习影响重大，但我们始终应当坚定这样一个信念，即教师学习绝不是一个个体的问题，而是系统的问题，它既包括个体意义上的教师学习，同样包括整体意义上的教师学习，因此，在学习型社会、学习型组织建设的浪潮下，学校作为组织应

当思考如何在更大意义上促进教师的专业学习。

　　第二，在个体驱动的两个二阶因子当中，高职教师和中职教师工作场学习动机均为内部动机 > 外部动机，表明其参与工作场学习的动机来源主要是内在因素。内部动机由热衷型动机和服务型动机两部分构成，热衷型动机主张从学习中获得乐趣，服务型动机主张通过学习提升个人能力，并更好地服务于本职工作。数据表明，高职教师和中职教师均表现出服务型动机 > 热衷型动机的特点（如图 2.4 所示）。可以看出，我国中高职教师对待工作场学习的态度总体呈现出了"为了工作而学习""为了需要而学习"的特点，大多职业教育教师将工作场学习视为适应职业岗位技能变化、改进教学质量、解决教育教学问题的重要手段，这一点实际上也符合了成人学习的基本特征。

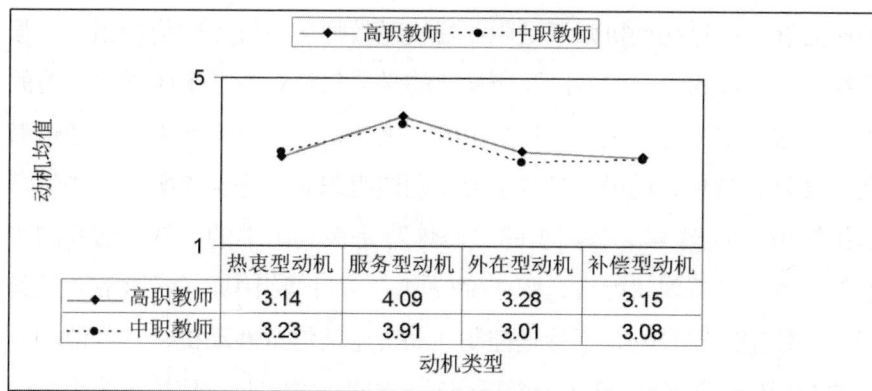

	热衷型动机	服务型动机	外在型动机	补偿型动机
高职教师	3.14	4.09	3.28	3.15
中职教师	3.23	3.91	3.01	3.08

图 2.4　热衷型动机与服务型动机均值比较

　　访谈研究同样证明了这一点，在问及"您认为职业教育教师有无必要在工作场所中学习？为何必要？"问题时，绝大多数访谈对象均给出了正面的回应。是对若干位中高职教师的访谈摘录，言语之间透露出了教师们的学习取向。

　　我在工作场所中学习的动力主要是我真心热爱教师这个职业。

（C－Z－L—24）

　　老师不能教给学生被淘汰的技术，所以需要不断地学习。（C－G－L—6）

　　［我］在工作场所中学习的动力主要是为了提升自己的工作实践经验，从而成为一名合格且优秀的高职教师，为学生能顺利走上社会而尽职尽责。（G－G－S—3）

　　第三，在"组织驱动"的两个二阶因子当中，高职教师和中职教师均表现为控制性动机 ＞ 信息性动机，表明职业院校对教师工作场学习的驱动主要是一种刚性的驱动，即一种控制性的驱动。控制性动机强调的是职业院校对教师学习行为的显性控制，如布置学习任务、施加学习压力等。信息性动机强调是职业院校对教师学习行为的隐性指引，强调组织所散发的学习信号以及所构建的学习气氛对教师个体学习行为的影响。这个结果应该是在意料之中的。因为，一个组织如果能够通过潜在的文化、信号驱动员工参与学习，则该组织必定是圣吉所说的"学习型组织"，而一个学习型组织的"修炼"是极其困难的。就当前我国职业教育改革发展现状而言，职业院校离"学习型组织"依然相距甚远。当然，数据同样表明，不管是控制性动机还是信息性动机，其均值均介于"2（较不符合）—3（一半符合）"之间，说明职业院校作为组织的形象对教师工作场学习动机的驱动是有限的。

二、不同类别中高职院校教师工作场学习动机特征比较

　　进入 21 世纪以来，国家层面对中高职院校改革发展的扶持力度可谓空前。国家对高职院校发展的支持主要体现在"两大计划"上，一是"国家示范性高等职业院校建设计划"，二是"国家骨干高职院校建设计划"。2006 年 11 月，教育部和财政部正式启动了"国家示范性高等职业院校建设计划"，这项计划被誉为我国高水平高等职业院校建设的

"211 工程"。国家在"十一五"期间安排了 20 亿元重点支持了 100 所高水平示范院校建设。2010 年，根据《教育部　财政部关于进一步推进"国家示范性高等职业院校建设计划"实施工作的通知》（教高〔2010〕8 号）要求，国家层面分三批次，又遴选了 100 所高职院校作为骨干高职院校建设。应该说，这两项"国家计划"极大带动了我国高等职业院校的改革发展，极大提升了被建设高职院校的办学质量和水平。国家对中等职业学校发展的支持体现在"国家重点中等职业学校建设计划"上，2003 年起，国家分批次，在各地中等职业学校合格评估工作的基础上，开展了国家级重点中等职业学校调整认定工作，获得认定的中等职业学校就是国家级重点中等职业学校。截至当前，重点中等职业学校、全国示范中职学校在全国已是遍地开花，极大推动了我国中等职业学校的水平提升。除了国家层面对中高职院校的大力支持外，全国各个省市也实施了相应的示范校、骨干校、重点校建设计划，以提升职业院校的办学质量。

为了便于统计分析，也为了透视纳入"国家计划"的中高职院校与未纳入"国家计划"的中高职院校教师在工作场学习动机上的特征差异，将中高职院校分别归为两个类别，将国家示范性高职院校和国家骨干高职院校统一称为"国家级重点高职院校"（此后各章相同），将国家重点中职学校和国家示范中职学校统一称为"国家级重点中职学校"（此后各章相同），除此之外，全部称之为"非国家级重点高职院校"和"非国家级重点中职学校"。表 2.6、2.7 分别列出了国家级重点高职（中职）与非国家级重点高职（中职）教师在"工作场学习动机调查问卷"两个一阶因子以及四个二阶因子上的平均得分、标准差以及独立样本 t 检验之后的结果。

表2.6　国家级重点高职与非国家级重点高职教师工作场学习动机比较

维度	学校类型	N	M	St	t
内部动机	国家级重点高职	226	3.66	0.63	1.375
	非国家级重点高职	223	3.58	0.62	
外部动机	国家级重点高职	226	2.98	0.78	−6.900
	非国家级重点高职	223	3.46	0.69	
个体驱动	国家级重点高职	226	3.28	0.61	−5.222*
	非国家级重点高职	223	3.56	0.52	
控制性动机	国家级重点高职	226	2.82	0.65	−4.782**
	非国家级重点高职	223	3.15	0.79	
信息性动机	国家级重点高职	226	2.75	0.69	4.418
	非国家级重点高职	223	2.45	0.72	
组织驱动	国家级重点高职	226	2.95	0.59	5.785
	非国家级重点高职	223	2.63	0.55	

$^{*}p < 0.05$　　$^{**}p < 0.01$

　　如表2.6所示，国家级重点高职教师与非国家级重点高职教师在工作场学习动机的个体驱动层面存在显著差异，在组织驱动层面不存在显著差异，表明个体因素对国家级重点高职教师与非国家级重点高职教师的影响不一样，而组织因素对两类群体学习动机的影响是一致的，且这种影响属于低水平的影响。两类群体在个体驱动层面存在显著差异的主要原因在于两点：一是国家级重点高职教师工作场学习的内部动机稍高于非国家级重点高职教师；二是非国家级重点高职教师工作场学习的外部动机稍高于国家级重点高职教师。但两类群体在工作场学习的内部动机和外部动机层面均不存在显著差异。此外，国家级重点高职教师与非国家级重点高职教师在工作场学习动机的信息性动机上不存在显著差异，在控制性动机上存在极其显著差异。从数据来看，国家级重点高职教师工作场学习信息性动机的均值大于非国家级重点高职教师工作场学习信息性动机的均值，但均介于"2（较不符合）—3（一半符合）"之间，表明两类学校作为组织形象对教师工作场学习的驱动力均不够，均未建设成为"学习型组织"。

从表2.7可以看到，国家级重点中职教师与非国家级重点中职教师在工作场学习动机的个体驱动与组织驱动层面均不存在显著差异，且组织驱动的均值均介于"2（较不符合）—3（一半符合）"之间，组织层面对教师工作场学习的影响较小。国家级重点中职教师与非国家级重点中职教师在工作场学习动机的控制性动机上存在极其显著差异，在内部动机、外部动机和信息性动机上不存在显著差异。结果表明，国家级重点中职教师与非国家级重点中职教师在工作场学习动机上差异不明显。这一点与访谈研究的结果不谋而合，访谈研究发现，不管是国家级重点中职教师还是非国家级重点中职教师，在内部动机上的回应差异不大，但在外部动机上的回应差异很大，部分教师表现出明显的"功利型"学习取向。同样，在控制性动机上，部分教师表现出明显的"任务型"学习取向，部分教师甚至呈现出"无动机"学习状态。

表2.7 国家级重点中职与非国家级重点中职教师工作场学习动机比较

维度	学校类型	N	M	St	t
内部动机	国家级重点中职	209	3.55	0.51	-1.011
	非国家级重点中职	190	3.60	0.53	
外部动机	国家级重点中职	209	2.87	0.91	-3.731
	非国家级重点中职	190	3.24	1.01	
个体驱动	国家级重点中职	209	3.21	0.55	-3.862
	非国家级重点中职	190	3.41	0.57	

续表

维度	学校类型	N	M	St	t
控制性动机	国家级重点中职	209	2.59	1.11	2.308**
	非国家级重点中职	190	2.82	0.94	
信息性动机	国家级重点中职	209	2.32	0.87	3.505
	非国家级重点中职	190	2.03	0.83	
组织驱动	国家级重点中职	209	2.46	0.71	0.413
	非国家级重点中职	190	2.43	0.77	

*$p < 0.05$ **$p < 0.01$

三、不同区域中高职院校教师工作场学习动机特征比较

改革开放三十余年来，我国经济社会发展经历了翻天覆地的变化，国民生产总值、人均收入水平、发展战略取向、产业结构布局等都发生了从低水平逐步走向高水平、从不合理趋向合理的转变。在经济社会改革发展的宏观背景下，我国职业教育同样走向了稳步发展的道路。在国际职业教育多元稳定发展的态势下，我国职业教育认真借鉴诸如德国的"双元制"职业教育、澳大利亚的继续与技术教育、加拿大和美国的社区学院教育等多种职业教育模式的成果，逐步走出了一条具有中国特色的职业教育发展之路，并摘取了三个"世界第一"，即"发展速度世界第一、发展规模世界第一、发展体系世界第一"。① 尽管我国职业教育发展取得了巨大的成就，但一个事实不容忽视，那就是职业教育发展自身仍然存在发展不均衡的现象。这种不均衡主要体现在两个方面：一是职业教育发展与区域经济社会发展不相适应，职业教育发展不能够很好

---

① 姜大源：《中国职业教育发展与改革：经验与规律》，《职业技术教育》2011年第19期。

适应区域经济社会发展需求。二是职业教育发展存在区域之间的差异，这种差异既表现在中国东部、中部、西部的各个省份之间，也表现在区域内部城乡职业教育发展之间。

造成中国职业教育发展不均衡的原因主要有两点：首先是我国各地经济社会发展水平存在差异。我国地区之间的经济社会发展水平悬殊，地区之间的经济社会发展差异在很大程度上造成了各个地区职业教育的发展差异。其次是我国各个地区职业教育发展与区域经济社会发展的融合程度整体不够。我国职业教育发展的东、中、西部差异主要反映在中高职院校发展的东、中、西部差异上，东、中、西部中高职院校在办学硬件、软件等各个方面均存在显著差异。师资作为职业院校发展的核心资源，也是差异形成的重要构成因素。东、中、西部中高职院校在师资数量、结构、能力等方面均存在显著差异。在这样的背景下，基于工作场所的教师学习成为弥合差异的重要手段。基于此，本书试图着重探索我国东、中、西部中高职院校教师工作场学习的差异。表 2.8、2.9 分别列出了东、中、西部高职、中职教师在"职业教育教师工作场学习动机问卷"两个一阶因子以及四个二阶因子上的平均得分、标准差以及方差分析 F 检验之后的结果。

表 2.8 东部、中部、西部高职院校教师工作场学习动机比较

维 度	学校区域	N	M	St	F	事后比较 Scheffe 法
内部动机	东部地区	146	3.91	0.63	27.599**	A > B, A > C
	中部地区	141	3.54	0.42		
	西部地区	162	3.41	0.63		
外部动机	东部地区	146	3.07	0.52	6.555**	C > A
	中部地区	141	3.17	0.73		
	西部地区	162	3.38	0.84		

续表

维 度	学校区域	N	M	St	F	事后比较 Scheffe 法
个体驱动	东部地区	146	3.50	0.62	1.946	n.s.
	中部地区	141	3.35	0.78		
	西部地区	162	3.39	0.83		
控制性动机	东部地区	146	2.78	0.88	7.920**	B > A, C > A
	中部地区	141	3.06	0.87		
	西部地区	162	3.09	0.66		
信息性动机	东部地区	146	2.84	0.78	14.693**	A > B, A > C
	中部地区	141	2.41	0.81		
	西部地区	162	2.54	0.83		
组织驱动	东部地区	146	2.83	0.61	0.943	n.s.
	中部地区	141	2.74	0.49		
	西部地区	162	2.82	0.57		

n.s. $p > 0.5$　　$*p < 0.05$　　$**p < 0.01$

如表 2.8 所示，东、中、西部高职院校教师在工作场学习的内部动机、外部动机、控制性动机、信息性动机四个二阶因子上均存在极其显著差异，但在个体驱动和组织驱动两个一阶因子上又不存在显著差异。总体来看，东、中、西部高职院校教师工作场学习均以个体因素为主，组织因素对其影响均不大。具体来看，在内部动机上，东部地区大于中、西部地区，中、西部之间不存在显著差异，表明东部地区高职院校教师整体上更呈现出一种"事业型"的学习取向。在外部动机上，西部地区显著高于东部地区，西部与中部、东部与中部之间不存在显著差异，表明西部地区高职院校教师整体上更反映出"功利型"的学习取向。在控制性动机上，中、西部地区大于东部地区，中、西部地区之间不存在显著差异，表明中、西部地区高职院校教师更多反映出"任务型"的学习取向。在信息性动机上，东部地区大于中、西部地区，表明东部地区高职院校放射出更多的学习信号，具有更强的学习引导力。这与当前我国东部地区高职院校教育教学改革走在前列是密不可分的。

从表 2.9 可以看到，东、中、西部中职学校教师在工作场学习的内部动机、控制性动机、信息性动机三个二阶因子上存在极其显著差异，在外部动机上不存在显著差异，在组织驱动一阶因子上存在极其显著差异，而在个体驱动上不存在显著差异。具体来看，在内部动机上，东部地区显著高于中部地区，东、西部和中、西部地区之间不存在显著差异，表明东部地区中职教师整体上拥有更强的内部动机。但整体来看，东、中、西部中职学校教师在个体驱动上不存在显著差异。在组织驱动的两个二阶因子中，东部地区均有较高的得分，在控制性动机中，东部地区显著高于中部地区，在信息性动机中，东部地区显著高于中、西部地区。结果一方面表明东部地区中职学校释放出更多的学习信号和更强的学习引导力，也反映了东部地区中职学校给予了教师更多相关学习的刺激、制度、活动和任务等。

表 2.9 东部、中部、西部中职学校教师工作场学习动机比较

维 度	学校区域	N	M	St	F	事后比较 Scheffe 法
内部动机	东部地区	132	3.65	0.72	4.311*	A > B
	中部地区	128	3.47	0.84		
	西部地区	139	3.60	0.92		
外部动机	东部地区	132	3.06	0.52	0.142	n. s.
	中部地区	128	3.01	0.73		
	西部地区	139	3.07	0.84		

续表

维 度	学校区域	N	M	St	F	事后比较 Scheffe 法
个体驱动	东部地区	132	3.36	0.62	1.683	n.s.
	中部地区	128	3.24	0.78		
	西部地区	139	3.33	0.83		
控制性动机	东部地区	132	2.96	0.88	11.751**	A > B
	中部地区	128	2.37	0.87		
	西部地区	139	2.46	0.66		
信息性动机	东部地区	132	2.44	0.78	16.325**	A > B, A > C
	中部地区	128	2.21	0.81		
	西部地区	139	2.16	0.83		
组织驱动	东部地区	132	2.70	0.61	6.737**	A > B, A > C
	中部地区	128	2.29	0.73		
	西部地区	139	2.31	0.78		

n.s. $p > 0.5$　*$p < 0.05$　**$p < 0.01$

四、结论与讨论

1. 职业教育教师普遍具有较高的服务型学习动机

近年来，我国职业教育改革可谓风起云涌，围绕建设现代职业教育体系、提升职业教育吸引力、提高职业教育质量、加强职业院校内涵建设等主题而展开的改革活动层出不穷。在职业教育改革的浪潮中，人们越来越意识到职业教育教师在改革当中的重要意义，越来越意识到改革成功与否取决于教师如何想和如何做。在这样的认识下，职业教育教师学习和专业发展日渐成为改革的重要策略之一，职业教育教师既成为职业教育改革的主体，也成为职业教育改革的对象。可以说，通过教师学习促进教师专业发展既是学校发展的一个基本途径，也是持续的教育改革和学校改进的关键因素。[①]　然而，不管是作为职业教育改革的主体，还是对象，职业教育教师学习和专业发展的心态都直接影响着改革的深度和质量。

尽管职业教育改革赋予职业教育教师更多的使命和责任，然而当前我国职业教育教师专业发展问题却不容乐观，与中小学教师及高等教育本科院校教师专业发展相比较，职业教育教师专业发展遭遇更多的困境、面对更大的挑战。在访谈研究中，较多受访者均流露出了对自身专业发展问题的困惑及不满。但是，调查结果表明，当前我国职业教育教师普遍具有较高的服务型学习动机，反映出"事业型"的学习取向。应该说，这为当前我国所进行的职业教育改革奠定了良好的动力基础。

2. 职业教育教师工作场学习主要受个体因素驱动，职业院校对教师工作场学习的驱动力较小

职业教育变革赋予了职业教育教师个体更多的意义和责任，但职业教育变革绝非仅仅局限于教师个体对变革的理解和回应。事实上，职业院校作为组织形象对职业教育变革的理解和回应显得更加重要和富有意义。有效的变革必然是一个意义共享的过程，也是一个动态的过程，在这样的一个意义共享的动态变革过程中，教师个体对变革的理解和学校组织对变革的理解倘若能达成一致，必然有助于变革行为的实质性发生。因此，就职业教育教师工作场学习而言，其既是教师自身成长并超越的内在需求，同时也是职业院校发展和职业教育改革的客观要求。职业教育教师基于工作场所学习的这种客观要求和内在需要决定了职业教育教师工作场学习在动力驱动来源上必须既有来自个体的要素，也要有来自组织的要素。倘若教师个体对学习意义的理解与学校组织对学习意义的理解能够达成一致，驱动教师参与学习的个体因素与组织因素能够

---

① 张兆芹等:《学习型学校的创建——教师组织学习新视角》，教育科学出版社 2011 年版，第 86 页。

形成意义共享，则作为一项系统改革，职业教育教师工作场学习必然能够发挥最优效应。

然而遗憾的是，从调查结果来看，职业教育教师工作场学习主要受个体因素驱动，职业院校作为组织对教师工作场学习驱动力较小。职业教育教师在工作中参与学习主要受到个体自觉因素和外在刺激因素的驱动，这种驱动因素主要建立于教师个体对工作场学习的理解和回应，而不是一种基于意义共享的共同行为。职业院校作为组织对教师工作场学习的驱动力与教师个体的驱动力并未形成协同效应。

3. 国家级重点中高职与非国家级重点中高职在教师工作场学习动机上差异不显著，国家级重点中高职需要提升组织驱动力

非均衡发展战略是一项重要的改革策略，其强调发展对于非均衡的依赖性，主张以非均衡突破为手段，最终促成和实现均衡发展目标，它是基于人类在资源稀缺的状态下对如何有效提高资源利用率以促进发展所作的深思熟虑。[①] 因此，可以说，非均衡突破既是改革的爆破点，也是系统演化的逻辑起点。在这个意义下，无论是"国家示范性高职院校建设计划""国家骨干高职院校建设计划"还是"国家重点中职建设计划""国家示范性中职建设计划"，这些计划均是国家在职业教育改革进程中所采取的非均衡发展手段，是国家在总体经费资源有限的条件下对部分中高职院校的优先扶持，以期让部分中高职院校先发展起来，进而带动其他中高职院校发展。因此，被列入"国家计划"的中高职院校在职业教育改革过程中扮演着"排头兵""先行者"的角色，被赋予了更多的变革使命和担当。职业教育教师专业发展作为中高职院校发展的重要基础，理应作为变革的一项重要内容。如此而言，列入"国家计划"的中高职院校理应在教师专业发展改革上有更深入、更有效的推进，而教师工作场学习动机的差异则一定程度上能够管窥两者的水平差距。

---

① 林克松、朱德全：《区域职业教育发展路径选择的悖论及消解》，《中国职业技术教育》2013 年第 18 期。

从调查结果来看，国家级重点中高职院校与非国家级重点中高职院校在教师工作场学习动机上，尽管在内部动机、个体驱动、组织驱动上，前者的均值大于后者，在外部动机上，后者的均值大于前者，但大多不呈现显著性差异，尤其在组织驱动因子上，两者差异甚微，表明最近几年的职业教育改革浪潮并未真正引发国家重点中高职院校的教师学习浪潮，也未在深层次引爆职业教育教师学习革命，国家级重点中高职院校距离学习型组织的目标相距甚远，国家级重点中高职院校在教师学习示范引领上任重而道远。

4. 东部地区中高职与中西部地区中高职在教师工作场学习动机个体驱动上差异显著，在组织驱动上差异不显著

我国职业教育发展的东、中、西部差异已是不争的事实。差异的产生主要有两个方面的原因：一方面，如前所述，归因于我国在职业教育改革进程中所施行的非均衡发展战略。有研究揭示了我国职业教育经费投入水平的地区差异，认为我国东、中、西地区之间差异明显，[①] 东、中、西区域间职业教育生均经费呈现"东高中低"的趋势。[②] 另一方面，归因于地方经济发展水平的差异。职业教育与区域经济发展存在相互作用、相互制约的复杂关联，两者之间的互动是一种双赢互惠的发展战略模式。[③] 因此，区域经济的发展水平必然限制区域职业教育的发展水平。

通过对我国东、中、西部地区中高职院校教师工作场学习动机的比较研究发现，东部地区与中西部地区中高职院校在教师工作场学习个体驱动上差异显著，在组织驱动上差异不显著。东部地区中高职院校教师

---

① 张晨、郭文富：《职业教育经费投入水平的地区差异分析》，《职教论坛》2011年第25期。

② 郭文富：《高等职业教育经费投入及地区差异分析》，《中国职业技术教育》2011年第4期。

③ 林克松、朱德全：《职业教育均衡发展与区域经济协调发展互动的体制机制构建》，《教育研究》2012年第11期。

工作场学习的内部动机显著高于中西部地区中高职院校教师，外部动机则显著低于中西部地区中高职院校教师，表明东部地区中高职院校教师更加表现为"事业型"的学习取向。在组织驱动上，尽管东部地区中高职院校教师感受到更多的学习信号，在信息性动机上显著高于后两者，但总体而言，东、中、西部地区在组织驱动上没有显著差异。这表明尽管东部地区中高职院校长期以来积累了相当的发展优势，但在学习型学校创设上依然后劲不足。未来，东部地区中高职院校需要朝着学习型组织的目标而奋斗。

动机是学习当中的一种重要且不可或缺的要素。学习动机直接影响着教师的专业发展、教学行为乃至工作投入，其理应成为职业教育教师专业发展变革的聚焦点。本章立足于经典学习动机理论、成人学习动机理论以及教师学习动机理论等理论根基，以"个体—组织""主动—被动"两个要素为划分维度，将职业教育教师工作场学习动机划分为一个 2×2 的结构矩阵。其中，个体驱动一阶因子包含内部动机、外部动机两个二阶因子，组织驱动一阶因子包含控制性动机、信息性动机两个二阶因子。学习动机发生在个体驱动与组织驱动的张力之间。个体驱动与组织驱动动态交互，共同影响教师的学习行为。教师工作场学习动机在横向的内容结构上涵括四个要素，在纵向的水平结构上包括四个层次，即表征为"学习无动机"的"混世型"学习取向、表征为控制性动机的"任务型"学习取向、表征为外部动机的"功利型"学习取向以及表征为内部动机和信息性动机整合的"事业型"学习取向。

以所构建的"职业教育教师工作场学习动机'双驱动'理论模型"为测量框架，在文献研究、访谈研究的基础之上，经过项目分析、因素分析等测量手段，最终得出一份包括 4 个维度 24 个项目的"职业教育教师工作场学习动机问卷"。测量数据表明，问卷具备可以接受的信度和效度，能够作为测量职业教育教师工作场学习动机的有效工具，并可以在一定程度上反映我国中高职院校教师工作场学习动机的基本特征和不同背景变量下的差异特征。

　　基于所编制的"职业教育教师工作场学习动机问卷"，以全国 7 个省（市）的 848 名中高职教师为调查样本，结合问卷调查与访谈调查，得到如下主要结论：第一，职业教育教师普遍具有较高的服务型学习动机；第二，职业教育教师工作场学习主要受个体因素驱动，职业院校对教师工作场学习驱动力较小；第三，国家级重点中高职与非国家级重点中高职在教师工作场学习动机上差异不显著，国家级重点中高职需要提升组织驱动力；第四，东部地区中高职与中西部地区中高职在教师工作场学习个体驱动上差异显著，在组织驱动上差异不显著。

　　尽管学习动机是影响教师工作场学习的重要因素，但其终究只是工作场学习系统中的一个组成部分。学习动机并不能孤立地对教师学习和发展发生作用。为此，职业教育教师学习与专业发展变革，除了要聚焦教师愿不愿意学（学习动机）的问题，还必须考量如何学（学习策略）的问题，而这正是本书下一章所要着重探索的问题。

第三章

职业教育教师工作场学习的策略

我们从寻找答案的过程中学到的东西，远比从答案本身中学到的东西多得多。①

——劳埃德·亚历山大（Lloyd Alexander）

职业教育教师工作场学习策略意指教师在工作学习之情境下，为了达到个体、组织学习和发展的目标而进行的各种具体行为操作，回答的是教师在工作场所中"会不会学"的问题。作为学习能力的重要尺度，学习策略是制约学习效果的重要因素之一，直接影响个体以及组织学习的质量。然而，长久以来，教师的专业成长通常被认为是经验丰富而自动发生的过程。人们对职业教育教师专业成长的关注更多聚焦于教育教学行为以及知识能力素养等方面，而较少关注教师是如何获得和发展行之有效的教学行为和知识结构的，职业教育教师如何有效学习的问题更是一个少有人问津的研究领域。在研究者看来，职业教育教师有效学习的概念在职业教育改革、职业教育教师专业化改革话语体系中的遗漏，必然导致改革过程中出现一种过度的乐观主义，即将教师参与专业发展活动等同于教师有效学习，认为只要为教师提供专业发展的机会，则必然带来有效学习的发生。鉴于此，本章将深入探讨职业教育教师工作场学习中的策略问题，通过实证调查的方式还原其真实样态，进而为职业教育教师基于工作场的有效学习提供真实可靠的证据。

---

① 转引自〔美〕朱迪·奥尼尔，维多利亚·J. 马席克：《破解行动学习——行动学习的四大实施路径》，唐长军等译，江苏人民出版社 2012 年版，第 87 页。

第一节　理论探讨

一、学习策略研究的三重取向

学习策略研究的取向问题旨在交代研究者从哪个视角看待职业教育教师工作场学习策略。从已有相关研究来看，主要存在认知信息加工、社会互动和社会生态系统三种取向：

1. 认知信息加工取向

作为一个理论，认知信息加工强调基于问题解决和决策的制定过程中大脑对信息和知识的接收、编码、储存和利用，其主要关涉问题解决和决策的思维和记忆过程，强调学习策略是一个认知的过程。如麦克奇（McKeachie, 1990）将学习策略分为认知策略、元认知策略和资源管理策略三种，即一种典型的认知信息加工取向。基于认知信息加工理论，教师学习策略通常被理解为是教师基于已有的知识经验，主动对外界信息刺激的选择及知识转化，形成教师实践操作反应倾向与准备状态的专业发展活动中，主动在学习过程各个环节采取的有效规则、方法、技巧和调控。[①] 从研究现状来看，学习策略的认知信息加工取向在国内外处于主导地位。

2. 社会互动取向

与认知信息加工理论完全不同，社会互动理论对学习策略的考察从个体转向群体、从心理内部转向社会外部，认为学习策略是人与人之间正式或非正式的集体探索和实践过程，是一种文化现象。学习策略的社会互动取向研究的背后理论根基是社会建构主义。社会建构主义理论主要强调意义的社会建构，学习的社会情境、社会互动以及协作与交流

---

① 彭文波等：《教师学习策略的结构及其问卷编制》，《重庆师范大学学报（自然科学版）》2013 年第 4 期。

等。基于社会建构主义，研究者发展了以社会互动为取向的学习策略，最为典型的代表如温格的"学习共同体"理论。学习共同体作为一种策略，强调学习是进入某一实践共同体，并与他人进行社会互动的行为或过程。

3. 社会生态系统取向

社会互动取向主要强调的是学习的协商、互动过程，社会生态系统理论主要强调学习策略应用中个体或组织与其社会文化环境之间的交互作用，重视社会文化环境的影响和作用。在社会生态系统理论看来，学习策略应该是学习主体努力改变或重新设计自身以适应不断变化的环境的过程，这个过程同时也是一个创新的过程。阿吉里斯和舍恩一直致力于探索的"行动性学习"即体现了这个取向。行动学习要求学习者成为"反映的实践者"，在行动中学习，在行动中改变自我适应环境。

二、工作场学习策略的维度划分

自工作场所学习作为一个独立的学术研究领域以来，有关工作场所中成人学习策略的问题一直是该领域研究的一个热点话题。[①]

人们关于工作场所中成人学习方式的看法仁智互见。有研究者统计了近15年来工作场所学习研究领域专业期刊《工作场所学习期刊》（Journal of Workplace Learning）中出现的工作场学习方式，结果达到20多种。[②] 还有研究者列出了当前流行于英美的工作场所学习指导著作《工作场所学习与发展》中的学习方式：行动学习、学徒制、训练、代表团、讨论板和团体、远程学习、基于戏剧的学习、电子学习、执行训练、顾问指导、联网、在岗培训、外部教育、专业会员、专业监管、项目、资格证书、反思性实践、借调、自我学习、遮蔽、临时晋级、行业

---

① 工作场所中成人学习策略的直接研究相对较少，更多的研究是将学习策略置于学习类型、学习方式的范畴中加以讨论。

② 李茂荣：《工作场所中成人学习研究新进展》，《教育学术月刊》2011年第11期。

展览，等等。① 但是，从相关工作场所学习策略的诸多讨论来看，焦点主要集中在三个维度上面：

1. 正式学习和非正式学习

将工作场学习方式分为正式学习和非正式学习是依据学习的计划程度进行划分的。应该说，这种划分是目前最为普遍的分类方法，也是学者们达成共识最多的分类方法。所谓正式学习，即将工作场学习理解为一种以教室为基础的、有意识的、精心设计的、目标导向的、结构化的、由组织发起的学习，一般包括学习指导者或培训师对学习进行计划、执行和评估。② 非正式学习认为在工作场所中，知识和技能的获得并不仅仅发生在有组织的项目中，也发生在实践工作中所隐藏的关键时刻的需求之中，主要包括经验学习、偶发性学习、自我导向学习、反思性学习和默会知识的领悟等。

将工作场学习方式分为正式学习和非正式学习有助于人们加以区分，并且基本囊括了工作场学习中所有的潜在策略。但是，这种划分并非就是完美无缺的，许多学者均对此进行了批判。批判的焦点在于这种划分不仅加强了工作场学习方式的两个极端化，而且不必要地造成了工作场学习特征的模糊性和混乱性。李茂荣也指出，工作场学习方式实际上很难以结构化或非结构化的、有计划的和无计划的、有目的的和无目的的两个极端进行归类，大多数学习方式都包括两者的特征，其区别在于各个维度的程度不一样。③

2. 个体学习和集体学习

将工作场学习分为个体学习和集体学习是基于学习层次的分类标准。个体学习关心的是学习者个体在工作中产生的学习需求，指向的是"生存—持续发展—自我实现"，注重的是个体与工作相关的能力的提

---

① 孙玫璐：《工作场所学习的知识类型与学习途径》，《职教通讯》2013 年第 4 期。

② 李茂荣：《工作场所中成人学习研究新进展》，《教育学术月刊》2011 年第 11 期。

③ 李茂荣：《工作场所中成人学习研究新进展》，《教育学术月刊》2011 年第 11 期。

升。个体学习的方式通常包括教练、辅导、顾问、自我导向学习、体验式学习、反思性学习、正式培训等。近年来，集体学习越来越被认为是工作场学习的一个重要的因素。集体学习包括两个层次，即团队层次和组织层次。在团队层次的集体学习中，实践共同体作为一种方式受到了较大的重视。温格等学者对实践共同体展开了大量的深入探讨，并将其作为工作场学习的一种重要的方式。在组织层次的集体学习中，组织学习和学习型组织受到了热捧。阿吉里斯、舍恩、圣吉等诸多学者对其展开了探讨。在他们看来，组织学习是组织中许多人共同进行的集体学习现象。

3．脱岗培训和在职培训

一些研究者倾向依据学习场所的不同将工作场学习分为脱岗培训和在职培训。一般而言，发生在工作场所外的学习称为脱岗培训，其代表的是一种为了工作的学习和有目的、有计划的培训。由概念可见，脱岗培训实质上是一种正式学习。反之，发生在工作场所中的学习就是在职培训。近些年，在职培训的价值受到了极大的重视，学者们普遍认为在职培训是提高组织内雇员绩效技能的一种最普遍、最有必要的方式。在学校场域，校本培训、校本学习的兴起证明了这一点。越来越多的研究者认为，那种具备自主性、针对性、灵活性和开放性等特征的校本培训，已经并且在未来成为教师专业发展的一种富有成效的学习和培训方式。

除了依据特定的划分标准对工作场学习方式进行分类外，面对繁杂的学习方式的存在，还有研究者尝试构建有关工作场学习方式的分类框架，试图对工作场学习方式进行系统的整合。如菲尔·霍德金森（Phil Hodkinson）和希瑟·霍德金森（Heather Hodkinson）通过建构一个学习类型的矩阵来研究这个问题（如表 3.1 所示），进而把工作场学习类型分为六类。

表 3.1　工作场所学习类型的分类①

	有意识的/有计划的	无意识的/无计划的
学习别人已经知道的东西	（1）有计划地学习别人所知的东西	（2）社会化，融入到现有的实践共同体中
拓展现有的能力	（4）有计划/有意识地学习来完善现有能力	（3）无计划地完善现在的做法
学习工作场所中的新的东西	（5）有计划/有意识地学习以前没做过的东西	（6）无计划地学习以前没做过的东西

　　显然，他们关于学习类型的矩阵是以学习内容的获得为前提、以有无意识和计划为划分标准的，这种划分尽管囊括了工作场所学习方式的很多内容，但因为其划分标准的单一，必然只能部分地反映复杂的工作场所的现实。除此之外，雅各布斯还以学习的场所、学习的计划程度和培训者/推动者的作用三个变量为维度，展现了工作场学习方式的八种组合（如图 3.1 所示），即工作外/非结构化/被动学习、工作外/非结构化/主动学习、工作外/结构化/被动学习、工作外/结构化/主动学习、工作中/非结构化/被动学习、工作中/非结构化/主动学习、工作中/结构化/被动学习和工作中/结构化/主动学习八种。雅各布斯对工作场学习类型的整合明确了构成工作场学习应该包括的变量以及每个变量是如何变化的，是一个比较清晰的概念框架。但是，正如他本人所说的，将这一建议性概念框架看作工作场学习的新兴力量还为时过早。② 另外，也有研究者指出，因为工作场学习太多样、太复杂，所以根本没有一种

---

① 〔英〕菲尔·霍德金森、希瑟·霍德金森：《工作场所学习的复杂性：尝试测量成果时的问题与危险》，见海伦·瑞恩博德等主编：《情境中的工作场所学习》，匡瑛译，外语教学与研究出版社 2011 年版，第 278－295 页。

② 〔美〕雅各布斯：《一个关于工作场所学习的建议性概念框架：对人力资源开发理论建设与研究的启示》，《中国职业技术教育》2010 年第 6 期。

理论（至少没有一种完备的理论）能够完全概括它的所有方面。[①]

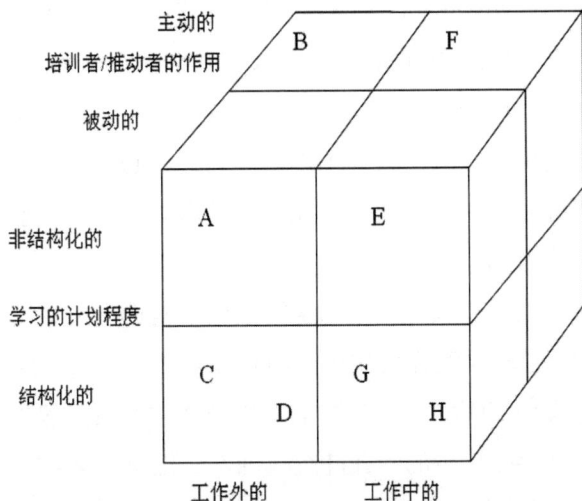

图 3.1　Jacobs 关于工作场学习类型的划分[②]

三、职业教育教师工作场学习策略研究的取向和结构

　　基于工作场学习问题的复杂性和多样性，试图用一种取向或一种结构解释职业教育教师工作场学习的策略显然是不明智的。然而，试图构建一种包囊职业教育教师工作场学习所有可能存在的学习策略的做法同样困难重重。鉴于此，本书既不希望通过单一取向来探讨职业教育教师工作场学习的策略问题，也不希望通过构建一个无所不包的结构模型来探讨职业教育教师工作场学习的策略问题，而是希望通过一种整合的方式，在各种工作场学习取向和学习结构交互的语境中共同探讨研究主题。

---

① 〔英〕菲尔·霍德金森、希瑟·霍德金森：《工作场所学习的复杂性：尝试测量成果时的问题与危险》，见海伦·瑞恩博德等主编：《情境中的工作场所学习》，匡瑛译，外语教学与研究出版社 2011 年版，第 278－295 页。

② 〔美〕雅各布斯：《一个关于工作场所学习的建议性概念框架：对人力资源开发理论建设与研究的启示》，《中国职业技术教育》2010 年第 6 期。

　　首先，在学习策略取向选择上，本书将主要选择社会互动取向和社会生态系统取向这两个取向。社会互动取向将工作场学习策略指向人际互动，社会生态系统取向则将工作场学习策略指向环境，应该说，这两种取向都受到了情境学习理论的深刻影响。而情境学习理论是本书的主导理论，本书关于职业教育教师工作场学习的核心假设之一即学习总是发生在特定情境之中的。因此，将社会互动取向与社会生态系统取向置于同一语境是恰当的。

　　其次，在职业教育教师工作场学习策略结构选择上，本书选择个体学习和集体学习这一维度作为主要分析框架。相对于正式学习和非正式学习、脱岗学习和在职培训，个体学习和集体学习更能包含学习策略的全部内容，而且存在较少的内在冲突。当然，选择个体学习和集体学习作为分析单元，并不意味着否定正式学习和非正式学习的存在。事实上，不管是正式学习还是非正式学习，其学习主体都是教师，而且都必然以个体或集体的形式呈现。因此，从这个意义上说，个体学习和集体学习、正式学习和非正式学习存在内在的一致性。

　　最后，需要指出的是，本书始终坚持这样一个立场，即认为职业教育教师工作场学习策略与学生学习策略存在本质的差异。时下，有关教师学习策略的研究明显存在两种倾向，一种假定教师学习策略与学生学习策略高度一致，一种则认为两者具有根本差异。前一种倾向主要秉承认知主义的学习心理加工机制，认为不管是教师学习策略，还是学生学习策略，都存在鲜明的认知过程，学习都是心理加工的过程，其不同仅仅在于经验积累量的不同。后一种倾向则主要立于情境学习理论的立场，依据学校课堂情境与工作学习情境的根本不同而认为教师学习策略与学生学习策略存在本质差异。毋庸讳言，工作场学习的灵魂即在于学习情境的特殊性，因此，探讨职业教育教师工作场学习策略问题，必然突出工作学习情境的特殊性及这种特殊性对学习策略带来的特殊影响。

第二节　访谈研究

鉴于职业教育教师工作场学习策略的复杂性、多样性和未知性，本部分将运用访谈的方法展开调查。"'访谈'是一种研究性交谈，是研究者通过口头谈话的方式从被研究者那里收集（或者说'建构'）第一手资料的一种研究方法。"[①]

一、访谈研究的目的和技术路线

访谈研究目的在于获得一个对职业教育教师工作场学习策略比较真实、广阔、整体性的视野，进而从多角度对职业教育教师工作场学习的过程展开较为深入、细致的描述。具体而言，访谈研究目的有二：第一，通过访谈研究确定当前职业教育教师工作场学习主要存在哪些策略；第二，通过访谈研究确定当前职业教育教师工作场学习策略的重要程度。

概括而言，访谈研究可以分为三个阶段：第一阶段为访谈前准备阶段，该阶段的核心工作为设计访谈问题、选取访谈样本；第二阶段为访谈过程阶段，该阶段的核心工作是对访谈资料进行编码；第三阶段为访谈后阶段，该阶段的主要任务是分析访谈资料，得出相关结论。

二、访谈问题的设计和样本选取

研究采用半结构访谈的方式进行。所谓半结构访谈，即一种无控制或半控制的访谈，研究者事先并没有统一的问题，而只有一个粗线条的访谈提纲，主要根据研究者自己的设计对受访者提出问题，属于一种非标准化访谈，或者说是自由访谈，但同时也是一种深度访谈。半结构访

---

① 陈向明：《质的研究方法与社会科学研究》，教育科学出版社 2012 年版，第 165 页。

谈的最大特点在于受访者对问题的回答和随之而来的疑问都是研究者无法预知的，但这也是半结构访谈的最大魅力所在。

当然，半结构访谈并不意味着研究者不需要访谈问题。为了保证访谈过程之中访谈对象能够紧紧围绕核心问题进行回答以获得充分的信息进行编码，研究者在准备过程中查阅了大量有关工作场学习策略、教师学习策略、职业教育教师专业发展等相关文献，并根据这些文献资料初步设计了相关问题。此外，研究者还与职业教育专业领域的一些研究者进行了交谈，并充分吸收了他们的建议。产生初步的访谈问题之后，接着是对诸多访谈问题进行组织。访谈问题的组织尽量呈现"沙漏型"的逻辑序列，即先呈现开放式的一般问题，然后呈现较特殊的具体问题，最后又以较宽泛的问题结束。依照这种逻辑，本书设计了逐步深入的访谈提纲。

访谈问题主要围绕访谈研究的三个目的而展开，包括三类问题：第一类是受访者的基本信息，包括教龄、职称、任教课程、担任角色等；第二类是询问教师涉及工作场学习的事例或情境，并依据所陈述事例或情境进一步探究是以什么策略展开学习的，以及该学习策略的运用频率；第三类是考察教师对自身所采取的工作场学习策略的评价或认识，探讨激励或阻碍工作场学习的因素。

职业教育教师工作场学习策略访谈研究选取重庆市、贵州省、四川省、江苏省4个省（直辖市）的71名教师为访谈对象。访谈对象中，高等职业学院35名，中等职业学校36名。71名教师共来自28所中高职院校，其中中职学校15所（国家级重点中职6所，非国家级重点中职9所），高等职业学院13所（国家级重点中职5所，非国家级重点中职8所）。访谈对象教龄分布从1年到36年；所教学科涉及职业院校13类学科；教师角色既有专业理论课教师，也有专业实践课教师，也有双师型教师。其中，理论课教师26名，实践课教师18名，双师型教师27名。

三、访谈资料的编码

正式访谈由直接访谈和间接访谈组成。对于重庆市的所有访谈样本以及四川、江苏的部分访谈样本，研究者采用面对面的访谈方式，访谈过程中经得访谈对象的同意，研究者对整个访谈过程进行录音。对于贵州的全部样本、江苏的部分访谈样本，研究者采用间接访谈的方式。间接访谈具体分为电话访谈和网络访谈。网络访谈主要借助两种手段，即腾讯 QQ 和电子邮件。间接访谈过程中，研究者同样对所有谈话内容进行录音以及记录。不管是直接访谈还是间接访谈，访谈时间长短不一，访谈次数亦不统一，但整个访谈在两个月之内完成。

正式访谈结束之后，对访谈资料的分析采用内容分析的方法。内容分析法是一种对传播所显示出来的内容进行客观的、系统的、定量的描述的研究方法，对于定量、系统的分析文献内容十分有效。一般而言，内容分析法在操作技术上可以分为六个步骤：（1）选定研究的分析单位；（2）界定目标总体的范围；（3）抽取样本；（4）确定编码体系；（5）阅读文献样本并按编码体系进行数据统计；（6）对数据统计进行分析并得出结果。① 在这 6 个步骤中，确定编码体系是最核心也是最关键的环节。

职业教育教师工作场学习策略访谈研究采用两级编码体系。其中，一级编码体系以主题词为最小的分析单元，二级编码体系以短句为最小的分析单元。编码体系的确立以已有的理论构思与对获取的访谈资料的全面分析归纳的结合为标准。一般而言，编码系统确立的分类标准有三：一是建立在已有成熟的理论基础之上，二是建立在全面分析访谈资料的基础之上，三是建立在已有理论构思和对所获取的访谈资料进行全面阅读和分析归纳的基础之上。就本书而言，工作场学习策略以及教师

① 王妍莉等：《基于内容分析法的非正式学习国内研究综述》，《远程教育杂志》2011 年第 4 期。

工作场所学习策略等问题在已有的相关研究中已经有一定的基础，但职业教育教师的工作场学习策略问题却属于探索性的研究内容，因此，本书在确立编码系统时将已有的理论构思和对所获取的访谈资料的全面阅读和分析归纳相结合，并尝试构建出了职业教育教师工作场学习策略的内容分析编码系统（如表3.2所示）。

表3.2　职业教育教师工作场学习策略的内容分析编码体系（n = 71）

职业教育教师工作场学习策略的编码分类		代　　码	
一级编码	二级编码		
阅读浏览	研读教学参考书和专业书籍	有（1）	无（0）
	阅读报刊上的教研文章	有（1）	无（0）
	浏览网络学习资源	有（1）	无（0）
目标规划	制定自我专业发展目标和规划	有（1）	无（0）
	制定学习或研究计划	有（1）	无（0）
	基于获取资格证书的学习	有（1）	无（0）
记录反思	反思自己的课堂实践和教学行为	有（1）	无（0）
	记录对教学事件的感悟和建议	有（1）	无（0）
	理解教学活动隐含的理论或原理	有（1）	无（0）
	撰写教学日志	有（1）	无（0）
	记录反映学生学业情况的各种资料	有（1）	无（0）
自主行动	挑战自己的教学惯习	有（1）	无（0）
	不断在课堂实践中探索新方法	有（1）	无（0）
	进行课程革新方面的尝试	有（1）	无（0）
	去企业行业学习	有（1）	无（0）

续表

职业教育教师工作场学习策略的编码分类		代　码
一级编码	二级编码	
观摩借鉴	观摩学校（区县）组织的教学公开课	有（1）　无（0）
	观摩学校（区县）组织的教学研讨会	有（1）　无（0）
	经常观摩不同专业其他教师的课	有（1）　无（0）
	经常观摩同一专业其他教师的课	有（1）　无（0）
	参加校本培训活动	有（1）　无（0）
对话交流	与同事就各自的课堂情况互通信息	有（1）　无（0）
	与同事一起分析自己存在的教学困惑、难题	有（1）　无（0）
	与同事交流岗位的新知识或新技术	有（1）　无（0）
经验分享	拜有经验的同事为师	有（1）　无（0）
	指导年轻教师	有（1）　无（0）
	指导学生参加技能大赛	有（1）　无（0）
	将自己的课堂研究成果与他人分享	有（1）　无（0）
	与同事分享教学经验以及教案	有（1）　无（0）
合作实践	与同事集体备课	有（1）　无（0）
	与同事合作做课题	有（1）　无（0）
	与同事共同推进专业课程、教学改革	有（1）　无（0）
	与同事合作解决专业技术难题	有（1）　无（0）
	与企业行业人员合作攻关	有（1）　无（0）

由表3.2可以看到，职业教育教师工作场学习策略的内容分析编码系统由8个一级编码、33个二级编码构成。8个一级编码分别命名为"阅读浏览""目标规划""记录反思""自主行动""观摩借鉴""对话

交流""经验分享"和"合作实践"。

1. 阅读浏览

在学校工作情境中，教师通过研读教学参考书、专业书籍、教研文章等途径尝试解决教育教学中遇到的困惑及难题。阅读浏览有两种媒介，一种是纸质媒介，一种是网络媒介。阅读浏览是教师工作场学习策略的最基本形式。

2. 目标规划

教师面对不断变化和富有挑战的工作情境能自主、有效地制定与工作紧密相关的个人发展目标或学习目标，定位于新的学习需求并试图采取合理的行动，并能够根据工作情境变化情况及时有效地调整计划、目标。此外，能够预见工作要求的变化，并为应对新的工作要求做准备，如通过考取相应资格证书的形式。

3. 记录反思

面对复杂却又重复琐碎的学校工作情境，教师主动记录自己、他人或学生的教育教学行为，以批判性的眼光反思自己的工作，为自己的教育教学行为寻找背后的理论依据。

4. 自主行动

在学校工作情境中，教师基于个人所积累的已知已会的教育教学经验，在工作实践中敢于不断挑战自己的教育教学惯习，在课堂教学、课程调整等方面积极探索新方法，寻求新思路，以不断改善自己的工作实践。

5. 观摩借鉴

教师通过观摩不同层面的教学活动，如区县组织的教学观摩活动、学校组织的教学观摩活动和教师个体自发的教学观摩，通过参加不同层面的教研活动，从而获得有益于自己教学的观点或方法。

6. 对话交流

在学校工作情境中，教师就教育教学活动所涉及的各个方面，或经验或难题，与同事们进行交流、切磋研讨，对诸如岗位的新知识或新技术进行相互探讨理解。

7．经验分享

在学校工作情境中，教师之间彼此相互信任、相互尊重，相互分享个体已知已会的教育教学经验。

8．合作实践

在学校工作情境中，教师之间或教师与企业行业人员之间围绕共同的目标，相互信任，通过组建"实践共同体"①的形式共同工作，从而共同解决工作难题。

需要进一步指出的是，以上8个一级编码按照从个体学习到集体学习的学习社会性参与程度由低到高排列，其中，"阅读浏览""目标规划""记录反思""行动实践"主要是职业教育教师的自我导向性学习，前三者侧重静态式的自我导向学习，后者倾向动态性的自我导向学习。"观摩借鉴""对话交流"介于个体学习和集体学习之间。"经验分享"和"合作实践"属于集体学习范畴，其中"合作实践"是集体学习的最高层次。最后，需要指出的是，个体学习和集体学习之间并非是割裂的两种学习形式，实际上，两者存在复杂的互动关系。

四、访谈研究的结果与分析

1．职业教育教师工作场学习策略访谈内容分析的信度、效度检验

在史密斯（C. P. Smith）看来，为了保证编码的科学性和准确性，在编码过程中，编码可以由一个研究者和一个独立的编码者进行，也可

---

① "实践共同体"概念最早由莱夫和温格在《情境学习：合法的边缘性参与》（Situated Learning: Legitimate Peripheral Participation）一书中提出，用以分析"学徒制"这一特殊的非正式学习形式。在温格看来，一个实践共同体包括了一系列个体共享的、相互理解的实践和信念以及长时间追求共同利益的理解。在这里，实践共同体作为一种学习方式意指学习主体在学习过程中提供意义协商和交互学习，得到身份确认以及参与实践的机会，并获得包括知识和识知在内的个体性体验。

以由两个相互独立的编码者进行。① 本书邀请一位职业技术教育学博士生与研究者一道共同对访谈资料进行编码，从而根据编码者一致性系数来判定编码的信度和效度。② 从访谈资料编码者一致性系数表（如表3.3所示）来看，85%以上项目的编码者一致性系数在可以接受水平的0.80以上。对于编码者一致性系数较低的项目，经过两位编码者的共同协商讨论，从而确定最终的有效编码。

表3.3　两位编码者一致性系数表

职业教育教师工作场学习策略访谈内容的分析类别		编码者一致性系数
阅读浏览	研读教学参考书和专业书籍	0.942
	阅读报刊上的教研文章	1.000
	浏览网络学习资源	0.965
目标规划	制定自我专业发展目标和规划	0.916
	制定学习或研究计划	1.000
	基于获取资格证书的学习	0.896
记录反思	反思自己的课堂实践和教学行为	0.864
	记录对教学事件的感悟和建议	0.902
	理解教学活动隐含的理论或原理	0.786
	撰写教学日志	0.916
	记录反映学生学业情况的各种资料	0.942

---

① C. P. Smith, "Content Analysis and Narrative Analysis", In *Handbook of Research Methods in Social and Personality Psychology*, H. Reis & C. M. Judd, London: Cambridge University Press, 2000, pp. 313 – 335.

② 不同编码者对相同文本独立编码的一致性是检验编码者信度的重要指标。因本书采用的是分类编码系统，因此采用百分比一致性系数来表示。百分比一致性系数计算公式为：$PA_0 = A / n$。其中，PA_0表示所求的百分比一致性系数，A表示不同编码者在某个类别上所达到的一致性的条目，n表示不同编码者在某个类别上所要分析的资料单元的总量。一般而言，内容分析中的编码一致性程度在0.80以上视为可接受水平，在0.90以上为较好水平。

续表

职业教育教师工作场学习策略访谈内容的分析类别		编码者一致性系数
自主行动	挑战自己的教学惯习	0.764
	不断在课堂实践中探索新方法	0.913
	进行课程革新方面的尝试	0.863
	去企业行业学习	0.902
观摩借鉴	观摩学校(区县)组织的教学公开课	1.000
	观摩学校(区县)组织的教学研讨会	0.942
	经常观摩不同专业其他教师的课	1.000
	经常观摩同一专业其他教师的课	0.964
	参加校本培训活动	0.732
对话交流	与同事就各自的课堂情况互通信息	0.964
	与同事一起分析自己存在的教学困惑、难题	0.902
	与同事交流岗位的新知识或新技术	0.852
经验分享	拜有经验的同事为师	1.000
	指导年轻教师	1.000
	指导学生参加技能大赛	1.000
	将自己的课堂研究成果与他人分享	0.863
	与同事分享教学经验以及教案	0.902
合作实践	与同事集体备课	0.964
	与同事合作做课题	0.775
	与同事共同推进专业课程、教学改革	0.864
	与同事合作解决专业技术难题	0.696
	与企业行业人员合作攻关	0.857

对于访谈内容分析的效度而言，通常采用内容效度法。即检查由概念到指标的经验推演是否符合逻辑、是否有效。就本书而言，职业教育教师工作场学习策略类别的建立基于以往教师校本学习策略、成人学习策略的相关研究结果，且编码结果也显示职业教育教师工作场学习策略

类别能够较全面、完整地反映相应策略类别，因此，认为访谈内容分析具有可以接受的效度。

2. 职业教育教师工作场学习策略访谈内容编码结果的描述性统计分析

研究采用 SPSS20.0 对访谈内容编码数据进行分析。因为编码结果主要以频数以及百分比的形式呈现，因此对编码结果采取描述性统计分析方法。职业教育教师工作场学习策略访谈内容编码结果的描述性统计分析结果如表 3.4 所示。

表 3.4　职业教育教师工作场学习策略访谈内容分析的
编码频次分析（N = 71）

访谈内容分析类别		频次	占总频次的百分（%）
阅读浏览	研读教学参考书和专业书籍	51	71.83
	阅读报刊上的教研文章	54	76.06
	浏览网络学习资源	57	80.28
目标规划	制定自我专业发展目标和规划	31	43.66
	制定学习或研究计划	23	32.39
	基于获取资格证书的学习	27	38.03
记录反思	反思自己的课堂实践和教学行为	46	64.79
	记录对教学事件的感悟和建议	18	25.35
	理解教学活动隐含的理论或原理	11	15.49
	撰写教学日志	9	12.67
	记录反映学生学业情况的各种资料	11	15.49
自主行动	不断在课堂实践中探索新方法	41	57.75
	进行课程革新方面的尝试	34	47.88
	不断改进学生管理手段	47	66.20
	结合工作实际独立开展课题研究	21	29.58

续表

访谈内容分析类别		频次	占总频次的百分(%)
观摩借鉴	观摩学校(区县)组织的教学公开课	39	54.93
	观摩学校(区县)组织的教学研讨会	32	45.07
	经常观摩同一工作岗位其他教师的课	27	38.02
	经常观摩不同工作岗位其他教师的课	8	11.26
	经常参加校本培训活动	26	36.62
对话交流	与同事就各自的课堂情况互通信息	28	39.44
	与同事一起分析自己存在的教学困惑、难题	23	32.40
	与同事交流岗位的新知识或新技术	12	12.90
经验分享	拜有经验的同事为师	34	47.89
	指导年轻教师	28	39.44
	指导学生参加技能大赛	34	47.88
	将自己的课堂研究成果与他人分享	16	22.54
	与同事分享教学经验以及教案	13	18.31
合作实践	与同事集体备课	26	36.62
	与同事合作做课题	14	19.72
	与同事共同摸索专业课堂教学改革	18	25.35
	与同事共同摸索专业课程改革	16	22.54
	与同事合作解决专业技术难题	12	16.90
	与企业行业人员合作完成项目	9	12.68

通过编码可以得到职业教育教师工作场学习策略的两点特征：

第一，在一级编码之中，总体频数均值从高到低依次为阅读浏览、自主行动、观摩借鉴、目标规划、经验分享、对话交流、记录反思、合作实践。依据之前的分析，以上所提出的八种教师工作场学习策略主要可以分为三个类别，即教师个体的实践探究学习、教师之间的交互合作学习和教师元认知的反思学习。其中，阅读浏览、自主行动、观摩借鉴属于教师个体的实践探究学习；对话交流、经验分享、合作实践属于教师之间的交互合作学习；目标规划、记录反思属于教师元认知的反思学习。基于这种分类，职业教育教师工作场学习策略主要以教师个体的实践探究学习为主，教师反思学习次之，教师之间的交互合作学习最末。可以看出，当前我国职业教育教师工作场学习策略以基于教师个体的学习为主。

第二，在二级编码之中，"研读教学参考书和专业书籍""阅读报刊上的教研文章""浏览网络学习资源""反思自己的课堂实践和教学行为""不断在课堂实践中探索新方法""不断改进学生管理手段""观摩学校（区县）组织的教学公开课"等 7 个类别的频数百分比均在50%以上，说明这些类别属于职业教育教师工作场学习策略中较为常见的策略。"理解教学活动隐含的理论或原理""撰写教学日志""记录反映学生学业情况的各种资料""经常观摩不同工作岗位其他教师的课""与同事交流岗位的新知识或新技术""与同事分享教学经验以及教案""与同事合作做课题""与同事合作解决专业技术难题""与企业行业人员合作完成项目"等 9 个类别的频数百分比均在 20%以下，说明这些类别的学习策略在职业教育教师工作场学习当中较少。其余类别的频数百分比均介于 20%—50% 之间。从上述分析可以得出，当前我国职业教育教师工作场学习策略总体呈现出单一化的特征。

3. 职业教育教师工作场学习策略访谈研究的结论

职业教育教师工作场学习策略访谈研究获得了如下三个有意义的结论：第一，职业教育教师工作场学习策略具有八类外显特征行为，即阅读浏览、目标规划、记录反思、自主行动、观摩借鉴、交流对话、经验分享、合作实践。这八类外显特征行为可以归纳为三类学习策略行为，即教师个体的实践探究学习、教师之间的交互合作学习、教师元认知的反思学习。第二，职业教育教师工作场学习策略主要以教师个体的实践探究学习为主，教师元认知的反思学习次之，教师之间的交互合作学习最末。可见，个体性的学习是学习策略的主要形式。第三，当前我国职业教育教师工作场学习策略在形式上较为单一，在层次上较为低级。当然，需要指出的是，该部分研究的结果仅仅是在小样本访谈研究基础上形成的，所依赖的访谈内容编码分析技术也不可避免地带有主观性，因此研究结果仍有待于进一步实证研究的检验。

第三节　结构模型探索

本部分研究目的有三：一是编制"职业教育教师工作场学习策略问卷"；二是对职业教育教师工作场学习策略结构展开探索性因子分析（Exploratory Factor Analysis，EFA）；三是基于探索性研究结果，进一步对职业教育教师工作场学习策略结构展开验证性因子分析（Confirmatory Factor Analysis，CFA）。本部分研究的最终目的是获得一个兼具科学性和优越性的职业教育教师工作场学习策略结构模型。

一、问卷编制与测量

根据文献研究以及访谈研究所获得的职业教育教师工作场学习策略行为条目（如表3.2所示），并邀请相关专家对每个项目的可读性、内容相关性、意义明确性等展开评估和修订，最后形成了包括36个行为描述语句的"职业教育教师工作场学习策略问卷"。问卷采用Likert 5点自评量表，从"完全不符合""多数不符合""一半符合""大部分符合""完全符合"依次记为1分、2分、3分、4分和5分。

问卷初步完成之后，对其进行了两次预测。第一次预测在于考察问卷项目的鉴别力（预测样本数为187份），第二次预测在于采用因素分析法确定项目对不同因子的解释力（预测样本数为162份）。由于项目分析与因素分析的过程步骤与第二章中"职业教育教师工作场学习动机问卷"编制过程一致，在此则不再赘述。两次预测之后，删去了鉴别力和解释力较低的4道题目，并对其中的6道题目进行了表述上的修改，最终保留了 32 道题目作为正式问卷。

正式问卷的测量样本与本书第三章表 2.1 完全相同，测试过程、资料搜集以及数据处理均与前章相同，在此不一一赘述。正式问卷数据录入之后，采用 SPSS20.0 进行统计分析，统计发现，"职业教育教师工作场学习策略问卷"具有较高的信度系数（*Cronbach* a 系数为0.904）。

为了确保后续探索性因子分析和验证性因子分析的独立性和科学性，研究者将经 SPSS20.0 录入后的 848 条有效数据随机分为两半，其中一半用于探索性因素分析（N = 424），另一半用于验证性因素分析（N = 424）。随后进一步的差异检验显示，所划分的两部分样本在学校类型、学校区域、教师工作角色、教龄的分布上均没有显著差异。

二、结构的探索性分析

因素分析时，最重要的是抽取的因素不多但解释的变异量要最大，在共同因素层面内的题项内容差异不要太大，以便因素命名，且其涵括的题项也适切。① 由此，有必要对问卷展开探索性研究，以确定最合适的因子结构。探索性研究的工具为 SPSS20.0。

1. 职业教育教师工作场学习策略的 Bartlett 球形和 KMO 检验

Bartlett 球形和 KMO 检验用于度量问卷中的所有项目是否适合进行探索性因子分析。分析结果如表 3.5 所示。

表 3.5　职业教育教师工作场学习策略问卷 KMO 与 Bartlett 检验

Kaiser – Meyer – Olkin	取样适切性量数	.838
Bartlett　球形检验	近似卡方	16817.531
	自由度	496
	显著性	.000

---

① 吴明隆：《问卷统计分析实务——SPSS 操作与应用》，重庆大学出版社 2011 年版，第 165 页。

在问卷是否适合进行因素分析的判别上，表3.5中KMO值等于0.838，即达到良好的指标，表示问卷适合进行因素分析;[①] Bartlett 球形检验的显著性概率值 p = 0.000 < 0.001，达到极其显著水平，拒绝相关矩阵不是单元矩阵的假设，表明问卷数据文件适合进行因素分析。

2. 职业教育教师工作场学习策略结构的因素提取与命名

使用因素分析极大似然法抽取职业教育教师工作场学习策略问卷特征值大于1的因子，并对因子进行最大方差斜交旋转，得到职业教育教师工作场学习策略的六因子结构。原预测问卷中的"阅读浏览""目标规划"与"经验分享"三个因子的特征值没有大于1，因此没有条件构成一个独立的因子。最终的职业教育教师工作场学习问卷由5个因子、32个项目构成，因素结构如表3.6所示。

表3.6 职业教育教师工作场学习策略问卷的旋转成分矩阵

项 目	因素1	因素2	因素3	因素4	因素5
B21	.785	.194	.161	−.053	−.120
B20	.737	.170	.206	.055	−.048
B19	.734	.272	.172	−.020	.059
B22	.683	.333	.026	.110	−.021
B28	.677	.052	.188	.067	.217
B25	.676	.119	−.062	.255	.242
B23	.592	.053	.075	.204	.346
B24	.521	.174	.265	.423	−.078
B08	.174	.745	.265	.423	−.078
B03	.028	.693	.068	.033	.338

[①] 依据 Kaiser (1974) 的观点，KMO值小于0.5时，较不适宜进行因素分析，进行因素分析的普通准则至少在0.6以上。若指标统计量大于0.80，呈现的性质为"良好"标准，表明变量间具有共同因素存在，变量适合进行因素分析。

续表

项　　目	因素 1	因素 2	因素 3	因素 4	因素 5
B09	.373	.691	.096	.065	−230
B12	.084	.671	−.008	.078	−.120
B01	.084	.670	.181	.216	.238
B07	.307	.590	.258	.068	.004
B02	.100	.520	.016	.024	−.036
B13	.108	.064	.819	.086	.207
B14	.227	.020	.807	.205	−.173
B16	.083	.234	.740	.074	−.040
B17	.129	.126	.665	.225	.296
B15	.091	.246	.642	.387	.252
B18	.061	.325	.454	.270	.391
B10	.332	.202	.172	.563	−.230
B27	.293	−.039	.209	.570	.264
B26	.070	−.119	.040	.563	.019
B11	.315	.362	.229	.495	.062
B06	−.076	−.005	.087	.462	−.069
B05	.160	.334	−.314	.437	.056
B04	−.013	.098	−.007	.420	.140
B30	−.001	.010	.254	.072	.762
B32	.248	.374	.116	.227	.686
B31	.320	.242	.169	−.140	.573
B29	.329	.341	.218	−.168	.545
特征值	10.201	2.660	2.112	1.701	1.546
解释率%	32.979	8.913	7.899	6.887	4.893
总解释率%	61.571				

从"旋转成分矩阵"表 3.6 可以发现，职业教育教师工作场学习策略是一个五因素的结构。其中，因素 1 包含 B19、B20、B21、B22、

B23、B24、B25、B28 八题，因素 2 包含 B01、B02、B03、B07、B08、B09、B12 七题，因素三包含 B13、B14、B15、B16、B17、B18 六题，因素四包含 B04、B05、B06、B10、B11、B26、B27 七题，因素五包含 B31、B32、B33、B34 四题。因素 1 的方差解释率为 32.979%，因素 2 的方差解释率为 8.913%，因素 3 的方差解释率为 7.899%，因素 4 的方差解释率为 6.887%，因素 5 的方差解释率为 4.893%，五个因素的总方差解释率为 61.571%，已经达到了 60% 的标准，这表明所保留的五个因素是适切的。

总体来看，五个因素构念与原先编制的问卷构念及题项基本符合，所改变的是，原先的"阅读浏览"三个题项纳入"记录反思"维度之中；原先的"目标规划"维度中的三个题项全部纳入"自主行动"维度之中，原先"经验分享"维度中的三个题项纳入"对话交流"维度之中，另两个题项纳入"自主行动"题项之中。结合探索性因子分析之后的结构分布以及原先的假设结构，对职业教育教师工作场学习策略结构各因素命名如下：

因素1：交流共享，指职业教育教师之间在学校场境中围绕教育教学工作展开专业对话、知识分享的行为过程。

因素2：研读反思，指职业教育教师个体在学校场境中针对教育教学工作中遇到的困惑、难题而通过阅读浏览、反思批判寻求解决问题的行为过程。

因素3：观摩借鉴，指职业教育教师在学校工作场境中通过观摩不同层面的教学活动，通过参加不同层面的教研活动，从而获得有益于自己教学的观点或方法的行为过程。

因素4：规划行动，指职业教育教师在学校场境中围绕自身教育教学工作实际进行自我专业发展规划和设计，并投入学习实践的行为过程。

因素5：合作实践，指职业教育教师之间、职业教育教师与企业行业人员之间围绕教育教学工作而达成共识、合作解决问题的行为过程。

3. 职业教育教师工作场学习策略问卷的信度分析

根据上述分析，职业教育教师工作场学习策略问卷由 5 个维度、32 个项目构成。在此，进一步对问卷进行同质信度分析，结果见表 3.7。

表 3.7　职业教育教师工作场学习策略问卷的内部一致性信度（N = 424）

	维度 1 交流共享	维度 2 研读反思	维度 3 观摩借鉴	维度 4 规划行动	维度 5 合作实践	总问卷
项目数	8	7	6	7	4	32
Cronbach 系数	0.832	0.763	0.786	0.791	0.802	0.825

由表 3.7 所示，问卷 5 个维度的 Cronbach 系数在 0.763 – 0.832 之间，问卷总的 Cronbach 系数为 0.825，可以说，职业教育教师工作场学习策略问卷 5 个要素结构较合理，问卷信度比较理想。

4. 小结

根据探索性因子分析的结果，职业教育教师工作场学习策略可以由五个因子构成，即交流共享、研读反思、观摩借鉴、规划行动和合作实践。探索性研究的结果与基于访谈研究结果所做出的结构假设基本符合，但更为精简。

三、结构的验证性分析

如前所述，探索性因子分析结果表明，职业教育教师工作场学习策略主要由五个维度构成，即交流共享、研读反思、观摩借鉴、规划行动和合作实践。然而，该结构模型由探索性研究初步而得，若要进一步探索该结构模型的合理性和优越性，则需借助验证性因子分析来完成。验证性因子分析的目的有二：一是进一步检验五因子结构是否得到另外样本数据的支持；二是进一步探索五因子之间的关系。

1. 职业教育教师工作场学习策略五因子结构模型验证

对职业教育教师工作场学习策略五因子结构模型的验证性因子分析的样本为 424 名中高职教师。根据 AMOS 的基本理论,对模型进行检验主要依据拟合指数来评判。为了直观判断职业教育教师工作场学习策略五因子结构模型的优越性,对职业教育教师工作场学习策略的八因子模型同样进行验证性因子分析,从而进行对比。两种模型的拟合指数如表3.8 所示。

表 3.8 　五因子模型与八因子模型的拟合指数 （ N = 424 ）

模　型	X^2 / df	RMSEA	GFI	AGFI	NFI	CFI	TLI
五因子模型	1.786	0.042	0.841	0.812	0.845	0.873	0.886
八因子模型	2.320	0.087	0.768	0.736	0.802	0.814	0.835

从表 3.8 可以看出,在上述拟合度适配指标上,职业教育教师工作场学习策略五因子模型各项指标均优于八因子模型,故可以倾向于认为,职业教育教师工作场学习策略结构由五个因子构成。

2. 职业教育教师工作场学习策略五因子的关系分析

在前面的分析中,研究者曾经根据相关文献研究的结论提出了职业教育教师工作场学习策略八因子结构的三个一阶因子,即教师个体的实践探究学习、教师之间的交互合作学习和教师元认知的反思学习。那么,职业教育教师工作场学习策略五因子结构是否存在更高一阶的因子? 五因子之间存在什么样的关系?

验证性因子分析结果显示,在职业教育教师工作场学习策略五因子结构中,交流共享与合作实践两个因子之间存在较高的相关度,而研读反思与规划行动两个因子之间有较高的相关,观摩借鉴与其他四个因子的相关均不高,是一个相对独立的因子。基于此,根据验证性因子分析结果以及文献研究的结果,可以认为职业教育教师工作场学习策略八因子结构的三个一阶因子,即教师个体的实践探究学习、教师之间的交互

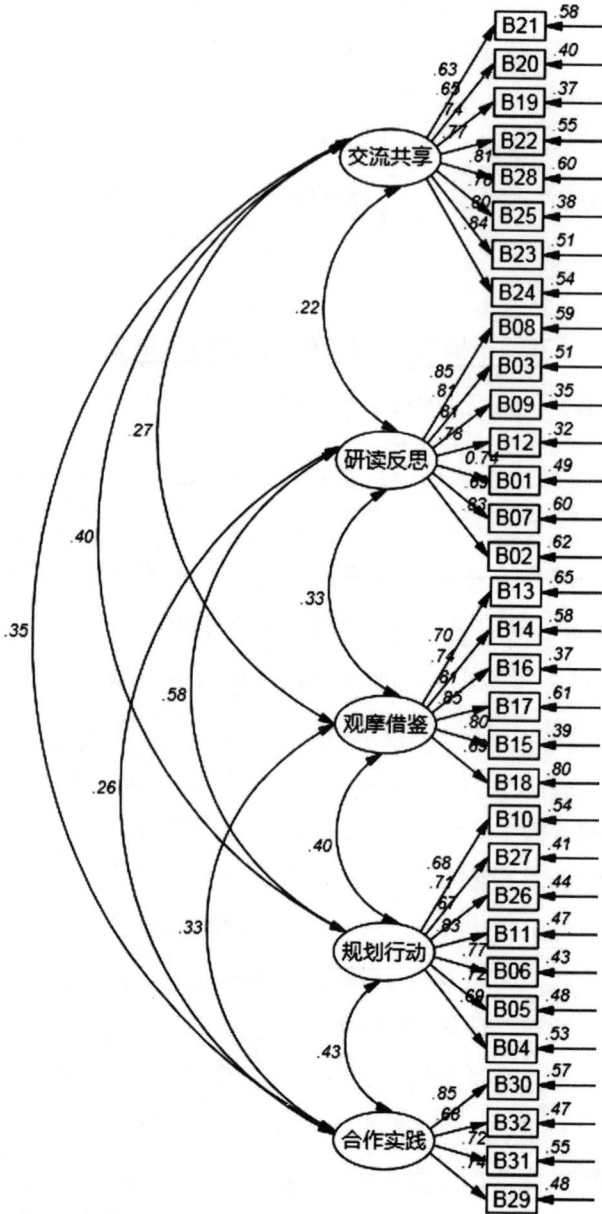

图 3.2 职业教育教师工作场学习策略的五因子结构模型

合作学习和教师元认知的反思学习。其中，交流共享、合作实践两个二阶因子可以归到教师间交互合作学习一阶因子当中，观摩借鉴、规划行动可以归到教师个体实践探究学习一阶因子当中，研读反思可以归到基于教师元认知的反思学习一阶因子当中。

基于上述分析，职业教育教师工作场学习策略的五因子模型标准化路径见图 3.2。

3. 小结

根据验证性因子分析的结果，职业教育教师工作场学习策略由五个因子构成是一个较有竞争力的结构模型。另外，五因子结构又存在一个潜在的二阶三维结构，其中，交流共享、合作实践两个二阶因子可以归到教师间交互合作学习一阶因子当中，观摩借鉴、规划行动可以归到教师个体实践探究学习一阶因子当中，研读反思可以归到基于教师元认知的反思学习一阶因子当中。

第四节　特征归结与差异表征

以探索性研究所得到的职业教育教师工作场学习策略五因子结构模型为基础，本部分旨在基于正式问卷测量的结果，对职业教育教师工作场学习策略各变量进行描述性统计、相关分析。描述性统计在于描绘职业教育教师工作场学习策略的总体状况，相关分析在于探讨职业院校的脉络特征和教师学习策略的相互关系。同第二章一样，本部分研究旨在以学校组织为分析单元，探索不同类别、不同区域学校教师工作场学习策略之差异。

一、基本特征描述

表 3.9 列出了中高职教师在工作场学习策略五个因子上的平均得分及标准差，得到如下发现：

表 3.9　职业教育教师工作场学习策略的描述性统计

	总数（N）	均值（M）	标准差（St）
研读反思高职	449	3.58	0.52
中职	399	3.39	0.71
规划行动高职	449	3.34	0.63
中职	399	3.29	0.66
观摩借鉴高职	449	3.03	0.70
中职	399	3.46	0.93
交流共享高职	449	2.76	0.58
中职	399	3.07	0.69
合作实践高职	449	2.60	0.60
中职	399	2.45	0.78

第一，从高职教师群体来看，工作场学习策略使用频率从高到低依次为研读反思、规划行动、观摩借鉴、交流共享和合作实践。其中，只有研读反思的均值高于 3.50，其余四个因子的均值均介于 2.5—3.5 之间，交流共享和合作实践两个因子的均值更是在 3.0 之下。研读反思是高职教师工作场学习的最重要策略，在研读反思因子中，"时常反思课堂事件和自己的教学行为"（M＝4.12）、"浏览网络学习资源"（M＝3.96）、"研读教学参考书和专业书籍"（M＝3.85）位列前三条，表明此三种行为是高职教师工作场学习最频繁使用的策略。合作实践是高职教师工作场学习最少运用的学习策略，可见团队学习之风在高职院校尚未兴起。对比来看，问卷研究的结果与访谈研究的结果在大体上一致，一是说明高职教师工作场学习策略较为单一，二是学习策略主要以教师个体的实践探索学习为主。

第二，从中职教师群体来看，学习策略使用频率从高到低依次为观摩借鉴、研读反思、规划行动、交流共享和合作实践。观摩借鉴是中职教师工作场学习的主要策略，其中，"经常观摩学校（区县）组织的教学公开课"（M = 3.91）、"经常观摩学校同一专业其他教师的课"（M = 3.78）、"时常参加学校组织的各类培训"（M = 3.69）名列前三。合作实践同样是中职教师工作场学习最少运用的学习策略。"时常与企业行业人员共同完成项目"（M = 1.82）、"经常与同事开展课题研究"（M = 2.17）分数最低，是中职教师工作场学习运用最少的学习策略。总的来看，中职教师工作场学习策略同样表现出策略单一、以教师个体的实践探索为主等特点。

二、不同类别中高职院校教师工作场学习策略特征比较

如第二章所述，近些年来，国家对职业院校的投入力度可谓空前，尤其对被纳入"国家计划"的中高职院校而言，更是获得了长足的投入保证。在教师专业发展方面，被纳入"国家计划"的中高职院校与未被纳入"国家计划"的中高职院校同样差异明显。纳入"国家计划"的中高职院校在师资补充、师资层次、师资结构、教师学习机会、教师专业发展条件等方面均明显优于未被纳入"国家计划"的中高职院校。基于这样的背景，同时基于情境学习关于学习具有情境性的理论假定，研究假设被纳入"国家计划"的中高职院校与未被纳入"国家计划"的中高职院校在教师工作场学习策略上应当有所差别，且被纳入"国家计划"的中高职院校在教师工作场学习策略的多元性、层次性上应当有更好的表现。基于这样的假设，本部分研究旨在探索不同发展层次中高职院校在教师工作场学习策略上的差异情况。表 3.10、3.11 分别列出了国家级重点高职（中职）与非国家级重点高职（中职）教师在"职业教育教师工作场学习策略问卷"五个二阶因子上的平均得分、标准差以及独立样本 t 检验之后的结果。

表 3.10　国家级重点高职与非国家级重点高职教师工作场学习策略比较

维度	学校类型	N	M	St	t
研读反思	国家级重点高职	226	3.69	0.47	0.22
	非国家级重点高职	223	3.47	0.55	
规划行动	国家级重点高职	226	3.35	0.65	0.35
	非国家级重点高职	223	3.32	0.61	
观摩借鉴	国家级重点高职	226	3.16	0.62	3.709**
	非国家级重点高职	223	2.90	0.74	
交流共享	国家级重点高职	226	2.80	0.65	1.162**
	非国家级重点高职	223	2.73	0.51	
合作实践	国家级重点高职	226	2.61	0.55	0.308**
	非国家级重点高职	223	2.59	0.66	

*p<0.05　　**p<0.01

如表 3.10 所示，从 M 值结果来看，国家级重点高职院校在教师工作场学习策略五个因子上的分值均高于非国家级重点高职院校，表明国家级重点高职院校教师采用了相对多样、有层次的学习策略，表现了相对的优势。但是需要指出的是，在交流共享和合作实践两个策略上，不管是国家级重点高职院校还是非国家级重点高职院校，均值均低于 3.0（一半符合），说明两种教师群体均较少采取交流共享与合作实践的学习策略。从 T 值结果来看，国家级重点高职院校与非国家级重点高职院校在教师工作场学习策略的研读反思、规划行动两个因子上不存在显著差异，在观摩借鉴、交流共享、合作实践三个因子存在极其显著差异。可见，两种教师群体均倾向于使用基于教师个体的探究实践学习方式和基于教师元认知的反思学习方式，教师之间的交互合作学习方式使用较少，但总体来看，国家级重点高职院校教师在工作场学习策略使用的多元性、层次性上有相对较好的表现。

在表 3.11 中，从 M 值结果来看，国家级重点中职学校在教师工作场学习五项策略上的得分均高于非国家级重点中职学校，两类教师群体在研读反思、规划行动、观摩借鉴、交流共享四项学习策略上的均值介于"3.0（一半符合）—4.0（较符合）"之间，在合作实践一项学习策略上的均值介于"2.0（较不符合）—3.0（一半符合）"之间。从 T 值结果来看，两类教师群体在研读反思、合作实践两项策略上不存在显著差异，在规划行动、交流共享两项策略上存在极其显著差异，在观摩借鉴一项策略上存在显著差异。结果表明：第一，国家级重点中职学校在教师工作场学习策略使用的多元性、层次性上有相对较好的表现，其中，在规划行动、观摩借鉴、交流共享三项学习策略使用情况上，国家级重点中职学校显著优于非国家级重点中职学校。第二，不管是国家级重点中职学校还是非国家级重点中职学校，教师工作场学习策略均以个体教师的探究实践学习和反思学习为主导，教师之间的交互合作学习式微。

表 3.11　国家级重点中职与非国家级重点中职教师工作场学习策略比较

维度	学校类型	N	M	St	t
研读反思	国家级重点中职	209	3.61	0.63	6.149
	非国家级重点中职	190	3.19	0.72	
规划行动	国家级重点中职	209	3.37	0.56	2.264**
	非国家级重点中职	190	3.22	0.73	
观摩借鉴	国家级重点中职	209	3.53	0.81	1.874*
	非国家级重点中职	190	3.39	0.66	
交流共享	国家级重点中职	209	3.10	0.81	1.008**
	非国家级重点中职	190	3.04	0.66	
合作实践	国家级重点中职	209	2.50	0.83	6.550
	非国家级重点中职	190	2.41	0.63	

*p < 0.05　　**p < 0.01

三、不同区域中高职院校教师工作场学习策略特征比较

从本质上看，不同区域职业院校教师工作场学习策略的特征比较在逻辑假设上与不同类别职业院校教师工作场学习策略的特征比较是一致的，即均假设各方面投入力度大的职业院校在工作场学习策略上更表现出多元性、层次性等特征。因此，基于这样的假设，本部分研究旨在探索不同区域（东部、中部、西部）中高职院校在教师工作场学习策略上的差异情况。表 3.12、3.13 分别列出了东部、中部、西部中高职院校教师在"工作场学习策略问卷"五个二阶因子上的平均得分、标准差以及方差分析 F 检验之后的结果。

表 3.12　东部、中部、西部高职院校教师工作场学习策略比较

维　度	学校区域	N	M	St	F	事后比较 Scheffe 法
研读反思	东部地区	146	3.62	0.52	0.635	n. s.
	中部地区	141	3.55	0.45		
	西部地区	162	3.58	0.58		
规划行动	东部地区	146	3.43	0.66	3.687*	A > B
	中部地区	141	3.23	0.56		
	西部地区	162	3.34	0.63		
观摩借鉴	东部地区	146	3.15	0.72	3.801*	A > B
	中部地区	141	2.93	0.76		
	西部地区	162	3.01	0.59		
交流共享	东部地区	146	2.81	0.57	1.313	n. s.
	中部地区	141	2.79	0.60		
	西部地区	162	2.70	0.57		

续表

维　度	学校区域	N	M	St	F	事后比较 Scheffe 法
合作实践	东部地区	146	2.67	0.63	3.332*	A > C
	中部地区	141	2.64	0.53		
	西部地区	162	2.50	0.62		

n. s. $p > 0.5$　　$^{*}p < 0.05$　　$^{**}p < 0.01$

从表 3.12 可以看出，东部高职院校在教师工作场学习五项策略中，其均值均要高于中、西部高职院校，总体来看，东部高职院校在教师工作场学习策略上有更好的表现，中西部高职院校之间差异不大。从 F 值来看，东、中、西部高职院校教师在工作场学习策略的研读反思、交流共享两项策略上没有显著差异，研读反思策略中，三类教师群体的均值均高于 3.50，表明研读反思是三类教师群体共同倾向运用的一项学习策略。值得注意的是，三类教师群体在交流共享因子上，均值均低于 3.0，表明三类教师群体均不经常运用该策略。在规划行动、观摩借鉴和合作实践三项策略中，东、中、西部高职院校存在显著差异，事后比较结果显示，在规划行动和观摩借鉴两个因子上，东部均高于中部高职院校，东、西和中、西部高职院校之间不存在显著差异。在合作实践因子上，东部高职院校高于西部高职院校，东、中和中、西之间不存在显著差异。总体来看，我国东部高职学院在教师工作场学习策略上相对表现出多元、层次的特点，但不管是东部、中部还是西部高职学院，教师工作场学习均以教师个体的探索实践以及教师个体元认知的反思学习为主，教师之间的交互合作学习均未成气候。

在表 3.13 中，东部中职学校在教师工作场学习策略五项因子中，其均值均要高于中、西部中职学校，总体来看，东部中职学校在教师工作场学习策略上有更好的表现，中西部中职学校之间差异不大。从 M 值来看，东、中、西部中职学校在研读反思、规划行动、观摩借鉴、交流共享四项策略上，虽然均值均大于 3.0，但大多介于 3.0—3.5 之间，水平并不高。在合作实践因子上，三类群体的均值大多低于 2.5，水平非常低，表明合作实践并非中职教师经常使用的学习策略类型。从 F 值来看，东、中、西部中职学校在研读反思、规划行动、交流共享、合作实践四个因子上均不存在显著差异，只在观摩借鉴一项因子上存在显著差异，事后比较结果显示，东部高于西部中职学校，这可能与东部中职学校教师拥有更多的外出培训、专家指导、校本培训、深入企业学习等学习机会有关，访谈研究的结果同样反映了这一点。

表3.13 东部、中部、西部中职院校教师工作场学习策略比较

维 度	学校区域	N	M	St	F	事后比较 Scheffe 法
研读反思	东部地区	132	3.45	0.72	2.144	n.s.
	中部地区	128	3.28	0.68		
	西部地区	139	3.42	0.72		
规划行动	东部地区	132	3.31	0.67	0.041	n.s.
	中部地区	128	3.29	0.68		
	西部地区	139	3.28	0.63		
观摩借鉴	东部地区	132	3.57	0.79	3.712*	A > C
	中部地区	128	3.49	0.77		
	西部地区	139	3.33	0.67		
交流共享	东部地区	132	3.14	0.63	1.966	n.s.
	中部地区	128	3.08	0.49		
	西部地区	139	3.00	0.67		
合作实践	东部地区	132	2.54	0.81	1.440	n.s.
	中部地区	128	2.38	0.69		
	西部地区	139	2.45	0.83		

n.s. $p > 0.5$ *$p < 0.05$ **$p < 0.01$

四、结论与讨论

1. 职业教育教师工作场学习以个体学习为主，组织学习未成气候

有学者将职业院校成长主要归因于组织学习。其认为，职业技术院校的成长路径不可能是预先规划好的，而是一个动态的组织学习过程，通过不断地反思和学习，职业技术院校在前进中学会适应环境、积累经验，并逐渐清晰发展目标，并最终把学校引导到一条快速而又可持续发展的道路上来。[①] 尽管个体学习对组织的发展同样有价值意义，但是个体学习关注的是新、旧知识之间的融通，解决的是个体内化的认知过程。虽说个体学习是组织学习的基础，但个体学习未必能带动组织的发展，而组织学习则能够实现个体发展与组织发展的双赢效应。组织学习是具有共同思维模式的个体行为的结果，其并不等同于将组织内部每个个体集中起来进行学习，而是指透过组织内部个体间的交流与互动、共同解决组织面临的复杂问题等所形成的组织学习氛围，它将组织个体的学习行为集聚为组织的群体经验并内嵌于组织之中，形成组织记忆。[②] 因此，组织学习能够更好地推动个体学习，进而产生大于组织中个体学习总和的整体学习效果。从个体学习和组织学习的特征分析来看，当前我国中高职院校教师工作场学习在学习策略上主要采用的是个体学习的形式，以教师之间的互动、分享、合作为表征的组织学习并未成气候。

2. 与非国家级重点中高职院校相比，国家级重点中高职院校教师工作场学习运用相对多元化、层次性的策略，但两者总体差异不显著

自新世纪我国职业教育逐渐复兴以来，国家对职业教育发展的扶持力度可谓空前，并呈逐年增大趋势。但是，我国对职业教育发展的扶持并非平均使力，非均衡战略模式体现得非常明显。其中，纳入"国家计划"的中高职院校显然在这个过程中获得更大的支持力度，得到更多的

---

① 庄西真：《行动、组织学习与职业技术院校的成长》，《职教论坛》2011 年第 21 期。
② 庄西真：《行动、组织学习与职业技术院校的成长》，《职教论坛》2011 年第 21 期。

资金资源。纳入"国家计划"的中高职院校在办学规模、办学条件等各个方面优异于没有纳入"国家计划"的中高职院校已经是不争的事实。但是，外部条件只是影响办学水平的重要因素，并非决定因素，行动和组织学习才是决定职业院校发展的更重要因素。从调查结果来看，国家级重点中高职院校在教师工作场学习策略上普遍优于非国家级重点中高职院校，尤其在观摩借鉴、规划行动几项策略上，国家级重点中高职院校教师有更好的行为表现，但是总体来看，两个群体差异并不显著，特别是在涉及组织学习的行动上，两者不存在显著差异，而这也印证了第一点结论。

3. 与中西部高职院校相比，东部高职院校教师工作场学习运用相对多元化、层次性的策略，与中西部高职院校有显著差异

通过对我国东、中、西部地区高职院校教师工作场学习策略的比较研究发现，东部地区高职院校在教师工作场学习策略上普遍优于中、西部地区高职院校，具体表现为东部地区高职院校教师能够运用更多样化的学习策略，而且学习策略之间显现出层次性的特点。东部地区高职院校在教师工作场学习策略的规划行动、观摩借鉴、合作实践上与中、西部地区高职院校比较，有显著差异。但是，总体来看，这种差异是低水平的差异，即东、中、西地区高职院校在教师工作场学习策略上总体表现不佳，尤其是组织学习层面，更是表现较差。因此，未来不管是东部地区，还是中、西部地区高职院校，都有必要在改善教师工作场学习策略，提升教师工作场学习能力，尤其是组织学习力上下功夫。

4. 与中西部中职学校相比，东部中职学校教师工作场学习运用相对多元化、层次性的策略，但与中西部中职学校没有显著差异

通过对我国东、中、西部地区中职学校教师工作场学习策略的比较研究发现，我国东部地区中职学校在教师工作场学习策略上同样普遍优于中、西部地区中职学校，同样表现为东部地区中职学校教师能够运用更多样化、更富有层次性的学习策略。但是总体来看，东部地区中职学

校与中西部地区中职学校之间没有显著差异，不管是东部地区，还是中、西部地区中职学校，教师工作场学习能力均不甚理想，未来都有必要解决教师在工作场所如何有效学习的问题。

学习策略（"如何学"）是判断教师"会不会学"的重要指标，同样关涉教师学习的质量。长期以来，人们对学生学习策略以及教师学习结果的聚焦性关注使得教师学习策略问题一直难以获得持续有效的探讨。为了深入、完整地探讨职业教育教师这一特殊教师群体在工作场所这一特殊情境中的学习策略问题，研究采取了一种整合式的工作场学习策略研究的取向和结构。在职业教育教师工作场学习策略取向上，主张社会互动取向和社会生态系统取向的整合。在职业教育教师工作场学习策略结构上，采用个体学习与集体学习结合的分析框架。

鉴于职业教育教师工作场学习策略的复杂性、多样性和未知性，首先采用访谈研究法对其展开初步探索。访谈研究主要获得了两项研究结果：一是初步性地获得了职业教育教师工作场学习策略的一个八因子结构，即将职业教育教师工作场学习策略具体外化为 8 类外显特征行为——阅读浏览、目标规划、记录反思、自主行动、观摩借鉴、交流对话、经验分享、合作实践；二是初步获得了对职业教育教师工作场学习策略特征的定性认识。

结合访谈研究以及文献研究的结果，进一步对职业教育教师工作场学习策略结构展开探索性的研究，基于自主编制的"职业教育教师工作场学习策略问卷"及大样本测量数据，探索性因子分析结果表明，职业教育教师工作场学习策略结构存在一个五因子的竞争模型，五因子可以命名为：研读反思、规划行动、观摩借鉴、交流共享、合作实践。验证性因子分析结果支持了五因子结构的合理性及优越性，并进一步提炼出了职业教育教师工作场学习策略结构的三个一阶因子，即包含规划行动和观摩借鉴两个二阶因子的基于教师个体的探索实践学习、包含交流共享和合作实践两个二阶因子的基于教师之间的交互合作学习、包含研读反思一个二阶因子的基于教师元认识的反思学习。

在探索性研究结果的基础之上，对职业教育教师工作场学习策略的特征以及不同学校类型、不同区域两个背景变量下职业教育教师工作场学习策略的差异进行了统计分析，并得出了三个主要结论：第一，职业教育教师工作场学习以个体学习为主，集体学习未成气候；第二，与非国家级重点中高职院校相比，国家级重点中高职院校教师工作场学习运用相对多元化、层次性的策略，但两者总体差异不显著；第三，与中西部高职院校相比，东部高职院校教师工作场学习运用相对多元化、层次性的策略，与中西部高职院校有显著差异；第四，与中西部中职学校相比，东部中职学校教师工作场学习运用相对多元化、层次性的策略，但与中西部中职学校没有显著差异。

同学习动机一样，学习策略同样只是职业教育教师工作场学习系统中的一个构成要素。职业教育教师不可能脱离工作场境而孤立自如地运用任何一种学习策略。为此，我们必须高度重视工作场学习策略的情境性特征。由此，职业教育教师工作场学习动机与学习策略的高度情境性特征共同引发了本书下一章的主题——职业教育教师工作场学习的环境。

第四章

职业教育教师工作场学习的环境

将环境纳入学习中的一个要素是必要的，这种必要性是扎根于这样一个事实——所有学习都是"情境性的"，即学习情境不仅仅影响学习，而且也是学习的一部分。[①]

——克努兹·伊列雷斯（Knud Illeris）

行文至此，研究者仍然要重申这样一个事实，即工作场学习是情境性的，它在某个具有社会和人际交往特性的情境中发生，通过与学习者（们）的互动，成为工作场学习不可或缺的一部分。同时，我们也要承认这样一个现实，即任何学习的互动情境实质上关注的是个体与环境在最广泛含义上的互动。事实上，情境是人与环境相互作用而形成的一种"生活空间"。由此，探查工作场学习的情境问题，学习环境应当成为一个分析框架。[②] 基于此，本章主要聚焦四个问题：

（1）工作场所作为学习环境的理论逻辑问题，旨在论证工作场所

---

① 〔丹麦〕克努兹·伊列雷斯：《我们如何学习：全视角学习理论》，孙玫璐译，教育科学出版社 2010 年版，第 102 页。

② 鉴于人们对"学习情境"与"学习环境"两个术语的混乱解读，这里有必要对两个术语展开语词差异上的分析。在研究者看来，"学习环境"指的是人们进行学习时所面临的周围境况，通常包括学习的物质条件和学习气氛两个方面。"学习情境"指某时某地某学习者（或者某些学习者）具有某性质（或某关系）这样的事实构成一个学习情境，例如，"此刻他们正在办公室里讨论问题"即构成一个情境。学习情境的基本组成部分包括学习者、关系（性质）和时空单位。通过语义分析可以得到，"学习环境"指的是一种客观境地，指的是一种学习条件、要素，不包含学习者这一因素在内，而"学习情境"则直接包含学习者这一要素，指的是一种学习状态，是学习者与学习环境交互后产生的一种"在学习"的动态过程。

作为学习环境的合法性。

（2）职业教育教师工作场学习环境的结构问题，旨在构建职业教育教师工作场学习环境的理论模型。

（3）职业教育教师工作场学习环境的现状问题，旨在还原我国职业教育教师工作场学习的生态情境。

（4）职业教育教师工作场学习环境的差异问题，旨在揭示不同背景变量下职业教育教师工作场学习环境的感知差异。

第一节　"工作场为学习场"① 隐喻的逻辑：三重视角

将工作场视为学习场并非一个新话题。事实上，自工作场学习实践以来，有关"工作场为学习场"（The Workplace as a Learning Environment）的论断一直延续着。在研究者看来，将工作场视为学习场暗含这样的事实：一方面，工作场与学习场是两个不同的情境，工作场指向工作的情境，影响的是工作场所内员工的工作，而学习场指向的是学习的情境，影响的是工作场所内员工的学习。在一个特定的工作场所内，工作场必然存在，但学习场则不一定存在。另一方面，工作场与学习场在一定条件下可以相互转换，工作场可以成为学习场。尽管"工作场为学习场"的论断早已为学者们达成共识，但是有关该隐喻的合理性却少有系统专门的论证。这里将从管理学视角、心理学视角和人类学视角等三

———————————

① "工作场为学习场"是研究者有意而为之的术语转换。在西方文献中，原本表达为"The Workplace as a Learning Environment"，即"工作场所作为学习环境"或"作为学习环境的工作场所"。在研究者看来，将"工作场所"视为"学习环境"尽管在学术思想理解上行得通，但在语义逻辑上是存在矛盾的，因为"工作场所"与"学习环境"并非同一逻辑层次之物，因此难以直接进行转换。鉴于此，本书借用"场"的理论，将"工作场所"视为情境意义上的"工作场"，而将学习环境表达为"学习场"。如此，一方面将工作场与学习场置于同一逻辑层次，另一方面也更突出了情境学习理论在本书中的应用。

重视角出发，审视"工作场为学习场"隐喻的内在逻辑。

一、管理学视角：工作场所是人力资源开发的绝佳场域

工作场作为学习环境的口号最先由人力资源开发领域提出。近二十年来，世界范围内的商业活动变得纷繁复杂，这种复杂性的出现使得组织不能仅仅依靠一个诸如盖茨那样的人去学习而其他人只需要听从"战略大师"的指挥就够了，商业活动越来越达成这样的共识，即"真正能在未来获得成功的组织，将是那些发现有效途径去激励人们真心投入，并开发各级人员的学习能力的组织。"[①] 在这种趋势下，组织的工作观发生转变，大多组织逐渐从一种丹尼尔·扬克洛维奇（Daniel Yankelovich）所说的"工具主义"工作观转向一种"神圣的"工作观，即寻找工作的内在利益，这种内在利益主要又表现为工作场所学习的内在价值。由此，与工作密切相关的学习问题成为研究者和实践者关注的核心问题，基于工作场所的学习成为组织和员工改进工作绩效的一种重要干预手段。工作场所学习的提出使得组织管理者必须思考这样一个问题，即什么样的工作环境最有利于员工开展学习，最能刺激雇员在工作场所知道自己需要什么以及知道如何去获取。

在人力资源开发领域，工作场所作为学习环境主要聚焦于诸多的情境因素、组织的特征和劳动力开发的各种方式上。如有研究者主要从工作的组织方式、工作的设计方式、技能的对待方式以及三者与学习中存在的机会和障碍的相关性，进行正式和非正式学习及职业资格的配置等因素来理解工作场所中的学习环境问题。[②] 还有研究者将社会结构中普

---

① 〔美〕彼得·圣吉：《第五项修炼——学习型组织的艺术与实践》，中信出版社
　2009 年版，第 4 页。
② 〔英〕艾莉森·富勒、罗纳·昂温：《扩展的学习环境：整合组织与个人的发
　展》，见海伦·瑞恩博德等主编：《情境中的工作场所学习》，匡瑛译，外语教
　学与研究出版社 2011 年版，第 143 页。

遍存在的权力与关系的冲突投射到工作场所之中，认为工作场所中的学习必须考虑权力与关系。如阿吉里斯和舍恩两人就明确指出，组织学习不仅仅关涉知识的分享，也并非缺乏成员间合作的各种努力，但根本上是组织中的等级和权力阻碍了合作学习的发生。① 比尔曼（L. L. Bierema）更是鲜明旗帜地指出，工作场所是一个控制机构，它被权力与利益所结构化，这种结构化控制着学习机会的分布和组织成员的社会化进程。② 此外，还有研究者基于社会性别这一视角看待工作场所中权力与关系的问题。

二、心理学视角：工作场所为学习提供"文化制品"

应该来说，基于心理学的视角对学习环境所做的讨论是最为丰富的。1936 年，勒温（Lewin）将物理学中"场"的概念植入到了心理学领域，第一次从心理学的角度对人的行为与环境的关系进行了深入的研究，揭开了学习环境研究的序幕。勒温提出了人的行为的函数公示，即 $B = F (P, E)$，其中 B 代表人的行为，P 代表个体，E 代表环境。在他看来，要研究人的行为就要重视那些在人的生活中起重要作用的全部动力因素，并且生活空间是动态的、变态的。③

以维果斯基为代表的建构主义学家倾向于从社会文化理论的视角探究学习的境脉问题，并将工作场所学习视为人际互动的过程。正如维果斯基本人所强调的那样，学习不仅需要通过个体的主观努力而且需要不断地参与到物质环境和社会环境当中，这些也是工作场所学习的构成要素。

维果斯基在其所构建的三角模型中（如图 4.1 所示）彰显了环境

---

① 转引自黄健：《工作—学习研究：教育的新疆域——西方工作—学习领域理论成果评述》，《开放教育研究》2011 年第 2 期。
② 转引自黄健：《工作—学习研究：教育的新疆域——西方工作—学习领域理论成果评述》，《开放教育研究》2011 年第 2 期。
③ 〔美〕韦恩·瓦伊尼、布雷特·金：《心理学史——观念与背景》，郭本禹译，世界图书出版公司 2009 年版，第 395 – 398 页。

的中介作用。该模型的革命性
意义在于将"文化制品"置入
到了人类行动之中，由此使人
类对自身行为的理解突破了
"身—心""刺激—反应"层
面的二元结构，从而将视角拓
展到了"文化"这一情境层
面。在维果斯基看来，人并不
只是被动地接受外界的刺激和

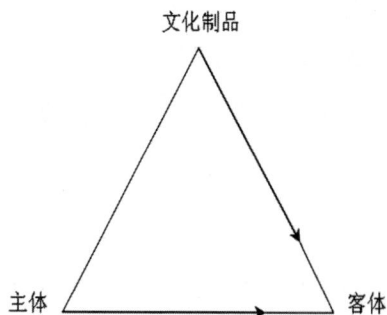

图 4.1 维果斯基的学习三角模型

影响，而是主动地参与文化活动，通过调节和使用"文化制品"来促
进自己发展。维果斯基这一被称为"社会文化理论"的观点对于工作
场学习的重要启示在于，学习的过程并非受制于直接的刺激—反应，而
是以文化工具为中介的学习过程。而文化工具实则上表征为学习的情
境。由此，我们看到，有效的工作场学习不可能通过直接灌输来达成，
而应该通过创设符合学习者特点和需要的社会文化环境来促进。

　　维果斯基的社会文化理论的分析框架对于学习的影响是创新性的，
但其主要是集中在个体学习的层面。基于维果斯基的社会文化理论，列
昂节夫又从活动的角度入
手，认为人的发展应该是
个体与集体（共同体）互
动的过程。根据他的这一
思想，恩格斯乔姆给出了
一个直观的模型图（如图
4.2所示）。

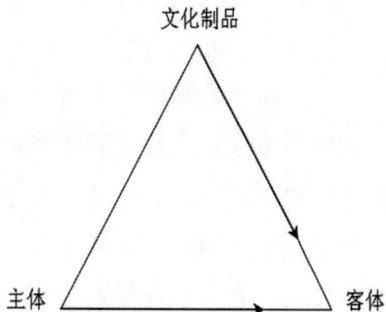

图 4.2 基于社会活动理论的学习模型

　　与维果斯基的社会文
化理论相区别的是，列昂
节夫强调了活动以及共同体在学习当中的重要意义。在恩格斯乔姆看来，

"个体在集体实践、共同体和制度中行动",因此,学习不仅仅只能涉及个体层面,还应该关涉组织层面的学习,要将组织作为一个复杂的环境来看待。由此,我们看到,以列昂节夫为代表的活动理论强调将学习作为一种内在于社会和集体现象的活动,进而分析学习时应该将参与、交互和活动作为分析单元。

三、人类学视角:工作场所提供人们参与或共同参与的机会

在将工作场所概念化为学习环境的过程中,以莱夫和温格为代表的人类学家主要将目光聚焦于"参与""学习机会"和"实践共同体"等要素中。在人类学家看来,工作场所之所以能够被概念化为人们可以学习的环境,是因为它可以提供人们在活动和实践中参与或共同参与的各种机会。

"实践共同体"暗含着深刻的情境表征。法国社会学家菲迪南·滕尼斯(Ferdinand Tönnies)最早对"共同体"的概念进行了阐释。在他看来,共同体旨在强调人与人之间所形成的亲密关系和共同的精神意识以及对所谓"社区"的归属感和认同感。事实上,这实质上暗含着共同体作为学习环境的深层内涵。正如马克斯·韦伯(Max Weber)所言,"只有在个人与环境之间,在双方的相互行动中互为取向,他们之间出现了社会关系。而只有当这一社会关系打上了同属于某一整体的感觉印记时,才产生了共同体。"① 莱夫和温格最早提出了"实践共同体"的概念,在他们看来,实践共同体意味着在一个活动系统中的参与,参与者共享他们对于该活动的理解,而这种理解又与他们所进行的行动以及该行动在他们生活中的意义和对所在共同体的意义有关。温格在《实践共同体:学习、意义和身份》一书中进一步将实践共同体概念细化,认为所有的实践共同体都包含三个基本要素,即知识的领域、共同关注

---

① 〔德〕马克斯·韦伯:《社会学的基本概念》,胡景北译,上海人民出版社 2005年版,第 28 页。

该领域的人的共同体以及这些人们为有效获得该领域知识而发展的共同实践。①

　　人类学家从实践共同体、参与和学习机会的视角阐释工作场学习的境脉问题，其深刻的理论和行动启示在于：第一，职业教育教师工作场学习是社会生活的重要内容，其知识学习、意义建构和身份认同都必然处于一定的实践共同体之中，处于实践共同体的境脉当中。正如莱夫和温格所言，"学习者不可避免地参与到实践共同体中，而且知识和技能的掌握也要求新手充分参与到共同体的社会文化实践中，通过逐渐达到对社会文化实践的充分参与，一个人的学习意图被调动起来，学习的意义也在形成。"② 第二，基于实践共同体、参与等要素的工作场学习既有个体的不断走向充分、中心的过程，也有教师群体之间的交流和分享过程。对于个体而言，职业教育教师在不断介入到共同体的过程之中，其在实践共同体中的位置和所参与的活动能够为学习提供个人化的机会，主要表征为学习参与、意义理解、身份认同和行动反思四个层面。对于群体而言，则表征为共同的事业、相互介入和共享的技艺库三个层面。第三，培育支持学习、关注实践的实践共同体能够为职业教育教师工作场学习提供理想的学习环境，能够更好地激发学习、促进学习。

　　由上观之，管理学家、心理学家和人类学家分别从管理学、心理学和人类学的不同视角揭示了"工作场为学习场"这一隐喻。尽管视角不一、观点不一，但都指出了核心的问题，即工作场所作为一种学习情境对于学习的影响和作用。对于本书而言，将主要基于心理学的社会文化活动理论（主要是社会活动理论）的视角和人类学的实践参与、实践共同体等概念去分析工作场学习的情境要素。另外，需要特别指出的

---

① 转引自王海燕：《实践共同体视野下的教师发展》，重庆大学出版社 2011 年版，第 29 页。

② 〔美〕J. 莱夫，E. 温格：《情景学习：合法的边缘性参与》，王文静译，华东师范大学出版社 2004 年版，第 1 页。

是，基于社会文化活动理论对于共同体的重视以及莱夫和温格等人类学家对实践共同体的聚焦，本书将以个体实践参与和群体实践互动为分析框架，并在此分析框架之上考察工作场学习的环境要素。

第二节　学习环境的理论视阈

一、学习环境意涵的多重解读

作为一个极其复杂的研究话题，学者们对"学习环境"内涵的解读可谓仁智互见。归结来看，研究者们对学习环境的解读可以分为六种类别：第一种类别是学习环境的"场所说"，即把学习的场所看作是学习环境；第二种类别是学习环境的"条件说"，即认为学习环境是学习者学习过程中的各种支撑性条件；第三种类别是学习环境的"时空说"，即把学习环境看成是学习者学习活动所处的完整的时空；第四种类别是学习环境的"氛围说"，即认为学习环境是学习过程中信息交流过程中所形成的氛围，包括抽象的观念理论，还包括具体的因素；第五种类别是学习环境的"要素说"，即认为学习环境是与学习相关的一切因素；第六种类别可以概括为"整合说"，即有机整合以上五种类别的观点。应该说，以上六种相关学习环境的理解均有其合理之处，但就本书而言，就职业教育教师工作场学习环境而言，仅仅将学习环境局限于场所、时空、条件以及氛围等方面的理解显然是不够的，因为这容易破坏工作场学习的连续性，使工作场学习环境无法成为日常生活中的一个完整环境。本书倾向于从一个整合的视角出发界定学习环境，从而保证其连续性和完整性。

二、学习环境研究的三重取向

从已有研究来看，对学习环境的研究主要集中在两个层面，即微观的班级环境与较为宏观的学校环境。在班级环境研究中，教学环境研究异军突起，尤其在 20 世纪 80 年代以后，对教学环境的研究可谓空前活跃。在教学环境研究内容上，研究者们着力最大的莫过于对"班级氛围"与"课堂环境"的关注；就学校环境研究而言，通常可以划分为认知环境、社会环境和自然环境，因此有三种研究取向：一种是从社会心理学视角来看待学校环境，侧重用心理学的测量方法来测量学校环境，惯常用"学校气氛""校风"等来表述，如塔格伊里（R. Taguiri）就将学校氛围视为一种士气，包括生态环境、社交系统和文化系统等不同维度。① 一种侧重从人类学的、质的研究方法的视角来描述学校环境，偏爱用"学校文化"这样的术语，如哈格里夫斯（A. Hargreaves）注重学校单位内的教师合作，主张建立教师学习的合作共同体，他认为教师学习共同体对于教师的成长和学校变革都有积极的作用，可以提高教师共享的学习和进步。② 一种用生态学的视角和方法来研究学校环境，重点考察影响学校效能的各种要素，如巴克（R. G. Barker）等人认为一个行为环境就是一个生态环境，它由物理环境（空间范围、器械设备等）和行为程序（行为的标准模式、行为方式和行为过程等）组成，③ 古德莱德（J. I. Goodlad, 1975）则提出了学校是一个文化生态系统的观点。④

① R. Taguiri, "The Concept of Organizational Climate", In *Organizational Climate: Explorations of A Concept*, R. aguiri & G. H. Litwin, (Eds.), Boston MA: Harward Business School, 1968, pp. 11 – 35.

② 〔美〕安迪·哈格里夫斯：《知识社会中的教学》，华东师范大学出版社 2007 年版，第 152 页。

③ R. G. Barker, P. V. Gump, *Big School, Small School: High School Size and Student Behavior*, Stanford, CA: Stanford University Press, 1964.

④ J. I. Goodlad *The Dynamics of Educational Change: Toward Responsive Schools*, NY: McGraw – Hill, 1975.

三、学习环境的已有测量工具

在对学习环境进行概念化和操作化处理时，国外学者更多关注的是对学习环境的结构和测量工具进行开发。关于学习环境调查有影响力的测量工具主要有"我的班级调查问卷"（My Class Inventory，MCI）、"学习环境调查问卷"（Learning Environment Inventory，LEI），"课堂环境量表"（Classroom Environment Scale，CES），"建构主义课堂调查问卷"（Constructivist Learning Environment Survey，CLES），"大学环境调查问卷"（University – level Environment Questionnaire，ULEQ）等等。课堂环境、校园环境并非本书关注的重点。因此，这里主要介绍"工作环境问卷"（Work Environment Scale，WES）和"学校环境问卷"（School – level Environment Questionnaire，SLEQ）。工作环境问卷由九个维度构成：参与、同行凝聚力、员工支持、自主、任务取向、工作压力、明确、创新、物理环境，它虽并非专门为学校环境而设计，但同样适用于描述学校环境中的教师特征。[①] 学校环境问卷改编自工作环境问卷，同样通过教师的感知来测量学校环境，其维度有八个：学生支持、员工自由、决策参与、创新、资源充足、工作压力、联系、专业利益。

第三节　问卷编制与测量

一、研究目的和遵循原则

学习环境问题在教育社会学、教育心理学和课程与教学等领域都是一个引人注目的研究领域。然而，就已有研究状况而言，对学习环境的考察，多从关注学生学习和发展的角度出发，主要探讨怎样的环境可以

---

① 转引自陆根书等：《大学课堂学习环境论》，西安交通大学出版社 2010 年版，第 25 页。

最有效地促进学生的学习。而就教师工作场所学习环境的探究少之又少，直接针对职业教育教师工作场学习环境的探索更是少有人问津。[①]基于此，本章旨在以环境感知为中介，通过量的研究方法与质的研究方法的有机结合，探索我国职业教育教师工作场学习环境的结构，并考察所编制问卷的测量特征。

　　职业教育教师工作场学习环境测评指标的编订旨在了解在工作的环境中有哪些因素会影响职业教育教师的学习，确定职业教育教师工作场学习环境的结构模型。其编订遵循如下原则：第一，以心理学和人类学为研究视角，尤其是社会文化活动理论的视角和人类学的实践参与、实践共同体的视角。第二，以个体实践参与和群体实践互动为分析框架，并在此分析框架之上考察工作场学习的环境要素。第三，以教师对工作场学习环境的切身感知为中介，通过职业教育教师的感知来描述工作场学习的环境。第四，关照职业教育教师工作的实际特点和职业院校发展的实际状况。第五，对学习环境进行整合性的定义，从整体的视野理解工作场学习的环境。

二、问卷项目的收集

　　职业教育教师工作场学习环境测评指标的初步构建主要借鉴并改编自由研究者本人开发的"教师职场学习环境问卷"。[②] 该问卷采用理论分析与实证检验相结合的方法，将教师工作场学习环境分为"物质环境""制度环境""心理环境"和"社会环境"四个因子。

　　其一，物质环境凸显的是教师工作场学习的条件支撑情境。学习需

[①]　林克松、朱德全：《教师职场学习环境：结构与测量》，《教育学术月刊》2013年第4期。

[②]　林克松、朱德全：《教师职场学习环境：结构与测量》，《教育学术月刊》2013年第4期；林克松、朱德全：《中小学教师职场学习环境满意度现状调查与调控策略》，《现代教育管理》2013年第6期。

要相应的条件作为支撑，而学习条件本身又作为一种学习情境而存在，进而在无形当中影响着学习。影响职业教育教师工作场学习的条件支撑情境既有图书报刊、学习场所等有形的条件，也有学习时间等无形的条件。

其二，制度环境凸显的是教师工作场学习的任务情境和问题情境。工作场学习是一种实践性的学习，任务完成与问题解决在其中发挥重要作用。在职业院校工作场境中，职业教育教师通过完成任务和解决问题联结工作与学习，实现有效的工作场学习。但是，有效的任务情境和问题情境必须体现常规、时效性，且需要丰富、均匀的学习机会，而这就需要相应的制度作保障。因此，以制度环境为命名考量工作场学习中的任务情境和问题情境，一方面能够突出学习任务以及学习问题本身的情境意义，同时也表达了任务情境和问题情境所需要的诸如时效、丰富等形式价值表征。

其三，心理环境凸显的是教师工作场学习的刺激情境。如前所述，不管是教师个体层面的工作场学习还是组织层面的工作场学习，均受一些因素的驱动，这些无形的驱动要素构成了教师工作场学习的刺激情境。以心理环境命名考量工作场学习中的刺激环境，旨在突出工作与学习的心理氛围对于工作场学习的重要意义。

其四，社会环境凸显的是教师工作场学习的互动情境，强调的是多主体之间的互动交流。如前所述，学习发生在一个介于个体和社会之间的张力领域中，在某个具有社会和人际交往特性的情境中发生。"社会学习""集体学习""组织学习""合作学习"等概念无不影射着人际互动在学习之中的重要性。以社会环境命名考量工作场学习中的互动情境，出于两个方面的考虑：一是社会环境与工作场学习社会属性的契合；二是社会环境暗示了这样一个事实，即职业教育教师工作场学习多重互动主体处于一个共同的情境之中（学校工作情境）。

应该说，将教师工作场学习环境分为物质环境、制度环境、心理环境和社会环境四个因子是合理的。首先，其从整体的视野解读了学习环境的内涵，克服了学习环境的非连续性和断裂性。其次，其涵盖了工作场学习环境的大部分因素。比较来看，不管是"工作环境问卷"提出的九因素，还是"学校环境问卷"提出的八因素，其均可归入四个因子之中。最后，四个因子之间相互独立，具有较高的鉴别力，问卷具有良好的结构效度。

但是，"教师职场学习环境问卷"主要测量的是中小学教师对学习环境的感知情况，其中许多题项并不适用于职业教育教师工作场学习情境，因此有必要对其进行改编。改编的原则是保留物质环境、制度环境、心理环境和社会环境这样的结构划分，进而借鉴"工作环境问卷"以及访谈研究结果，对部分题项进行改编。按照对四个因子的内涵与外延的界定，将其因子成分进一步细化，根据成分——题项匹配性原则，每个因子分别编制6—10个项目，4个因子共编制39个项目，构成"职业教育教师工作场学习环境问卷"，根据3位职业教育学教授、7位职业教育学博士以及5位职业教育教师的评议及建议，合并了若干道意义相近或重复的项目，删除或修订了一些不易理解或有歧义的项目，经反复讨论，最后确定35个项目组成初始问卷（如表4.1）。

表4.1　职业教育教师工作场学习环境预测问卷条目

一级指标	二级指标	编号	操作性条目
工作场学习环境	物质环境	C101	学校的图书报刊资源能够满足我的需求
		C102	我可以在学校获得学习所需的网络资源
		C103	学校为教师提供了完善的教研条件
		C104	我在学校有较多可供自主调配的学习时间
		C105	我在学校有适宜办公学习的空间
		C106	我校有较多可供教师讨论交流的场所

续表

一级指标	二级指标	编号	操作性条目
工作场学习环境	制度环境	C201	我校有关于教师继续学习、深造的规范和制度
		C202	我校制定的相关教师学习制度是明确而有效的
		C203	我校经常向教师布置专业学习任务
		C204	我校经常举办观摩课、评课及教学比赛、技能比赛或演示
		C205	我校提供诱因以刺激教师继续学习发展
		C206	我校定期对教师的学习成果进行考核与评价
		C207	我校能为教师提供最新的教师专业发展信息
		C208	在学校，我经常有参与课题、项目的机会
		C209	在学校，我经常聆听专家讲座或接受专家指导
		C210	在学校，我经常有接受专业培训的机会
		C211	在学校，我经常有和企业行业合作的机会
	心理环境	C301	我校积极求进，有明确、一致的发展目标
		C302	我校非常关心教师的专业成长
		C303	我校崇尚自由开放和创新变革
		C304	我校鼓励教师反思和质疑
		C305	我校教师可以专业自主进行教学、课程改革
		C306	我校鼓励教师不仅能从成功经验中学习，也能从尝试和错误中学习
		C307	我校领导班子锐意进取、带头学习
		C308	我校教师工作士气高昂
		C309	我校工作压力促进教师学习
		C310	我校教师有一致的发展目标

续表

一级指标	二级指标	编号	操作性条目
工作场学习环境	社会环境	C401	我校教师之间能够相互支持和协助
		C402	我校教师之间经常讨论工作上的问题并且经常分享工作经验
		C403	我校教师之间有互相尊重和信任的专业对话
		C404	我校老、中、青教师之间"传、帮、带"
		C405	我校教师之间合作完成课题或项目
		C406	我校通过各种方式鼓励小组和团队学习
		C407	我校有不同的教师学习小组或项目组活动
		C408	我校教师之间经常跨学科、跨部门交流

　　需要特别指出的是，为了同时获取职业教育教师对工作场学习环境现实状况及其影响自身学习状况的双重感知情况，问卷每个题型均包含"符合程度"知觉和"影响程度"知觉，即包含两份量表。如此设计的意图在于，不仅能够探查当前我国职业教育教师工作场学习环境的客观状况，而且能够得到教师对工作场学习环境的主观感受，从而通过客观与主观的双重响应，全面透视职业教育教师工作场学习环境的生态面目。所有项目均采用 Likert 自评五点记分，其中，符合程度选项从"完全不符合"到"完全符合"依次记为 1—5 分，得分越高表示题型描述与现实状况越符合。影响程度选项从"完全没影响"到"影响非常大"依次记为 1—5 分，得分越高表示样本认为该环境因素对其工作场学习的影响程度越大。所有题项均采用正向计分。

三、问卷项目预测与筛选

　　同"职业教育教师工作场学习动机问卷""职业教育教师工作场学习策略问卷"一样，"职业教育教师工作场学习环境问卷"同样对预测问卷进行项目分析和因素分析。项目分析、因素分析的样本均一致，在过程方法上所不同的是，由于问卷预设了明确清晰的结构维度，各个维度所包括的题项界定较清楚，且问卷经过专家效度及修改，因此在探索性因素分析过程之中，研究者根据所预设的维度，以四个维度包括的题项变量分别进行因素分析，并据此决定各个维度所要保留的题项数。依据项目分析以及探索性因子分析结果，"职业教育教师工作场学习环境问卷"删去了 C103、C201、C206、C207、C304、C305、C310、C401 八个题项，最终，"职业教育教师工作场学习环境问卷"由 4 个维度 27 个题项构成，正式问卷参见附录 1。

四、正式施测

形成"职业教育教师工作场学习环境问卷"正式问卷之后，研究进行了更大样本数量的正式施测。同"职业教育教师工作场学习动机问卷""职业教育教师工作场学习策略问卷"一样，正式施测样本来自重庆市、四川省、贵州省、广东省、江苏省、河南省、河北省 7 个省市 28 所中高职院校的 980 名职业教育教师，发放问卷 980 份，回收有效问卷 848 份。正式施测的数据资料同样采用 SPSS20.0 统计软件进行录入、分析、处理。以下是正式施测之后问卷的信度、效度分析结果。

1. 信度检验

信度是测量量表可靠性和稳定性的指标。分别计算"职业教育教师工作场学习环境问卷"八个分问卷与总问卷的内部一致性信度（*Cronbach* a），结果见表 4.2。

表 4.2 职业教育教师工作场学习环境问卷的内部一致性信度

项目	数量	Cronbach
物质环境（符合程度）	5	0.755
制度环境(符合程度)	8	0.829
心理环境(符合程度)	7	0.756

续表

项目	数量	Cronbach
社会环境(符合程度)	7	0.833
符合程度问卷	27	0.917
物质环境(影响程度)	5	0.834
制度环境(影响程度)	8	0.725
心理环境(影响程度)	7	0.794
社会环境(影响程度)	7	0.807
影响程度问卷	27	0.905

从表4.2可以看到，"职业教育教师工作场学习环境问卷"两份分问卷共8个子维度的 *Cronbach* a 系数在0.725—0.834之间，两份子问卷总的 *Cronbach* a 系数分别为0.917和0.905，总体来看，问卷具有可以接受的信度。因此可以说，整个测验作为职业教育教师工作场学习环境的测量工具是可靠的。

2. 效度检验

结构效度用以考量问卷是否测量了预设的理论构思，评估问卷的解释力。对问卷正式测量的数据进行探索性因子分析（限定抽取四个共同因素），结果表明，四个因素总方差解释率为65.937%，大部分题项落在所预设的成分之中，表明正式问卷具备良好的结构效度。此外，对问卷四个维度之间以及各维度与总分之间的相关分析发现（如表4.3所示），各维度与总分之间的相关系数在0.712—0.781（p<0.01）之间，属于中高度相关，这表明问卷各维度评测的构念与总问卷评测构念较为一致，但又有一定的区别。此外，四个维度之间的相关系数介于0.165—0.476（p<0.01）之间，属于低中度相关，表明问卷四个维度之间的鉴别度较为合理，四个维度所评测的构念在大方向在较为一致，但维度之间又有区别。因此，总的来看，本问卷的结构符合测量要求，

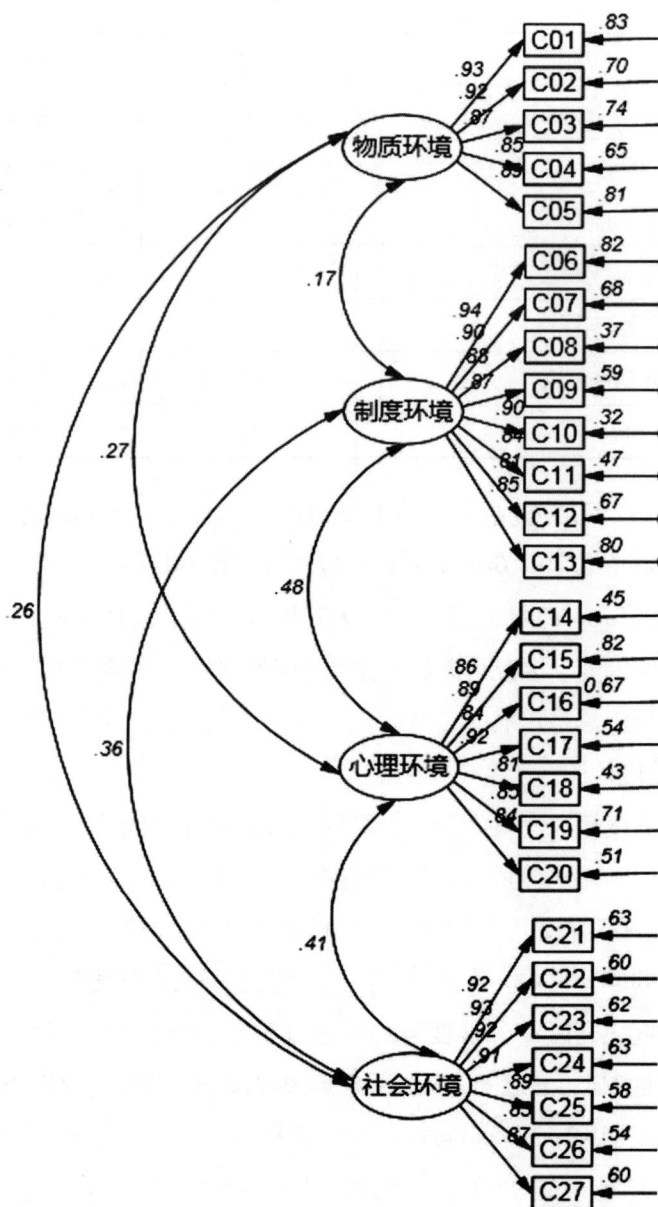

图 4.3　职业教育教师工作场学习环境四因子结构模型图

具有可接受的结构效度。

表4.3 职业教育教师工作场学习环境问卷四因素的 Pearson 相关系数矩阵

	物质环境	制度环境	心理环境	社会环境
物质环境	1.000			
制度环境	0.165**	1.000		
心理环境	0.271**	0.476**	1.000	
社会环境	0.263**	0.358**	0.407**	1.000
总问卷	0.712**	0.776**	0.763**	0.781**

**p < 0.01

综上，职业教育教师工作场学习环境的四因子模型标准化路径见上页图4.3。

第四节　特征归结与差异表征

基于"职业教育教师工作场学习环境问卷"及其正式测量结果，本部分研究将着重探讨职业教育教师工作场学习环境的基本特征以及不同背景变量下职业教育教师工作场学习环境的特征差异。需要指出的是，尽管"职业教育教师工作场学习环境问卷"包含了"符合程度"知觉和"影响程度"知觉两份量表，但本部分研究将以探讨"符合程度"知觉为主，"影响程度"知觉作为辅助分析。

一、基本特征描述

表4.4 列出了中高职教师在工作场学习环境四个指标维度上的平均得分及标准差。从表4.4 中可以得到如下发现：

表4.4　职业教育教师工作场学习环境的描述性统计

	总数（N）	均值（M）	标准差（St）
物质环境高职	449	2.68	0.73
中职	399	2.78	0.80
制度环境高职	449	2.97	0.78
中职	399	2.85	0.77
心理环境高职	449	3.18	0.71
中职	399	3.16	0.68
社会环境高职	449	2.99	0.64
中职	399	2.82	0.84

　　第一，对高职院校而言，教师工作场学习环境四项指标均值从高到低依次为心理环境、社会环境、制度环境和物质环境。四项指标中，唯有心理环境均值大于3.00（一半符合），物质环境、制度环境、社会环境三项指标均值均低于3.00，介于"大部分不符合——一半符合"之间，符合度较低。总体来看，高职院校教师工作场学习环境不理想。具体而言，物质环境中，高职教师对"有较多可供自主支配的学习时间"（M = 2.24）、"有适宜学习的工作空间"（M = 2.38）、"有较多可供教师交流谈论的场所"（M = 2.43）三项学习环境的符合度知觉低，表明高职院校教师工作场学习的时空间情境不理想。制度环境中，教师主要对学习机会的符合度知觉低，如"参加课题项目机会"（M = 2.46）、"与企业行业专业合作机会"（M = 2.23），另外，高职教师普遍对学习评价制度不甚满意，这点在访谈研究中也充分体现了出来。在心理环境中，高职教师普遍认为学校积极求进（M = 3.92）并且比较重视教师学习发展（M = 3.89），但对"学校崇尚自由开放和创新变革"（M = 2.78）、"鼓励教师从尝试和错误中学习"（M = 2.91）的符合度知觉较

低；社会环境中，高职教师认为"同行之间有相互尊重和信任的专业对话"（M＝3.97）、"师带徒制"（M＝3.91），但是对"教师共同完成课题项目"（M＝2.57）、"小组学习和团队学习"（M＝2.44）、"同行跨学科、跨部门交流"（M＝2.12）的符合度知觉偏低。

　　第二，对中职学校而言，教师工作场学习环境四项指标均值从高到低依次为心理环境、制度环境、社会环境和物质环境。四项指标当中，同样只有心理环境指标均值大于3.00（一半符合），其余三项指标均值均低于3.00，总体反映中职学校教师对工作场学习环境符合度主观知觉偏低，客观反映中职学校教师工作场学习环境不理想。具体到每项指标当中，物质环境指标均值最低同样跟教师们对支撑学习的时间、空间要素知觉偏低相关，教师普遍反映在工作场境缺乏有效的、可供自主支配的学习时间（M＝2.44）；反映缺乏适宜的自主学习（M＝2.85）、交流合作的学习场所（M＝2.71）。在制度环境指标上，教师承认学校制定了相关教师学习的制度（M＝3.82）、学校经常向教师布置学习任务（M＝3.77），也经常举办诸如观摩课以及教学比赛等活动（M＝3.74），但是教师对学习评价方式（M＝2.65）、参与课题项目机会（M＝2.62）、接受专业培训机会（M＝2.78）、同企业行业合作机会（M＝2.49）不满意。心理环境指标均值是四项指标中最高的，但事实上其本身均值也不高，中职教师对学校关心教师成长（M＝2.83）、学校工作压力促进学习（M＝2.64）、学校教师群体工作士气高昂（M＝2.72）等因素符合度知觉偏低。最后，在社会环境上，中职教师对工作场学习互动情境的知觉同样偏低，尽管中职教师认为在学校工作场境中，同事之间具有相互尊重和信任的专业对话（M＝3.67）、学校形成师带徒制（M＝3.77），但对于诸如教师团队学习（M＝2.81）、跨学科跨部门学习（M＝2.59）的符合度知觉偏低。

　　如前所述，"职业教育教师工作场学习环境问卷"既包含了对学习环境符合度的知觉，还包含了对学习环境影响度的知觉，为了探查符合度知觉与影响度知觉的关系，研究对两者做了检验统计，表4.5是职业教育教师工作场学习环境符合度知觉与影响度知觉的配对样本T检验（也叫作相依样本T检验）结果。

表4.5为高职教师在四个配对维度平均数差异的T检验结果。从此表中得知，四个维度在教师符合程度知觉和影响程度知觉间均存在极其显著差异，教师对工作场学习环境的影响程度知觉显著高于符合程度知觉。四个配对维度均值差异从高到低依次为物质环境、社会环境、心理环境和制度环境，侧面表明高职教师对影响工作场学习的物质环境期待最高，制度环境期待相对最低。总体而言，数据结果表明，高职院校学习环境现状不能满足教师对工作场学习环境的期待，实然与应然之间存在极其显著差异。

表4.5 高职教师对工作场学习环境的符合度知觉与影响度知觉间差异比较的相依样本检验

	N	M	St	t
配对1 物质环境_ 符合程度	449	2.68	0.73	-17.478**
物质环境_ 影响程度	449	3.56	0.72	
配对2 制度环境_ 符合程度	449	2.97	0.78	-3.649**
制度环境_ 影响程度	449	3.38	0.67	
配对3 心理环境_ 符合程度	449	3.18	0.71	-7.729**
心理环境_ 影响程度	449	3.49	0.68	
配对4 社会环境_ 符合程度	449	2.99	0.64	-15.593**
社会环境_ 影响程度	449	3.71	0.74	

**p<0.01

表4.6为中职教师在四个配对维度平均数差异的T检验结果。同高职院校一样，四个维度在教师符合程度知觉和影响程度知觉间均存在极其显著差异，中职教师对工作场学习环境的影响程度知觉显著高于符合

程度知觉。四个配对维度均值差异从高到低依次为制度环境、物质环境、社会环境和心理环境，侧面表明中职教师对影响工作场学习的制度环境期待最高，心理环境期待最低。总体而言，数据结果表明，中职学校学习环境实然状况与教师对工作场学习环境的理想期待存在显著差异，前者有待改善。

表 4.6 中职教师对工作场学习环境的符合度知觉与影响度知觉间差异比较的相依样本检验

	N	M	St	t
配对 1 物质环境_ 符合程度	399	2.78	0.79	−11.684**
物质环境_ 影响程度	399	3.49	0.67	
配对 2 制度环境_ 符合程度	399	2.85	0.77	−13.395**
制度环境_ 影响程度	399	3.71	0.65	
配对 3 心理环境_ 符合程度	399	3.16	0.71	−5.771**
心理环境_ 影响程度	399	3.42	0.72	
配对 4 社会环境_ 符合程度	399	2.82	0.84	−9.478**
社会环境_ 影响程度	399	3.19	0.66	

** $p < 0.01$

二、不同类别中高职院校教师工作场学习绩效特征比较

表 4.7、4.8 分别列出了国家级重点中高与非国家级重点中高职教师在"职业教育教师工作场学习环境问卷"四项指标上的平均得分、标准差以及独立样本 t 检验之后的结果。

在表 4.7 中，从 M 值结果来看，国家级重点高职学院在教师工作场学习环境四个指标上的均值均高于非国家级重点高职学院，总体反映出国家级重点高职学院为教师提供相对优良的学习环境。四项指标均值差异从高到低依次为制度环境、物质环境、社会环境和心理环境，表明

两者在制度环境上差异最大。从 T 值结果来看，国家级重点高职学院与非国家级重点高职学院在制度环境、心理环境上存在极其显著差异，前者大于后者；在物质环境、社会环境两项指标上不存在显著差异。从结果来看，国家级重点高职学院教师对工作场学习环境现实状况的感知优于非国家级重点高职学院。但是，必须正视的问题是，不管是国家级重点高职学院还是非国家级重点高职学院，教师工作场学习环境均处于较低水平。

表 4.7　国家级重点高职与非国家级重点高职教师工作场学习环境比较

维　度	学校类型	N	M	St	t
物质环境	国家级重点高职	226	2.84	0.69	4.767
	非国家级重点高职	223	2.52	0.74	
制度环境	国家级重点高职	226	3.15	0.86	5.125**
	非国家级重点高职	223	2.78	0.64	
心理环境	国家级重点高职	226	3.22	0.77	1.362**
	非国家级重点高职	223	3.13	0.64	
社会环境	国家级重点高职	226	3.04	0.59	1.784
	非国家级重点高职	223	2.93	0.69	

**p < 0.01

在表 4.8 中，从 M 值结果来看，国家级重点中职学校在制度环境、心理环境、社会环境三项指标上高于非国家级重点中职学校，在物质环境指标上低于非国家级重点中职学校。总体来看，国家级重点中职学校为教师提供相对优越的学习环境。具体分析，物质环境之所以较低，主要反映在国家级重点中职学校教师对学校图书报刊资源满足学习需求（M = 2.41）、有可供自主调配的学习时间（M = 1.87）两项具体环境感知度较低，后者两项均值分别为 3.25 和 3.06。从 T 值结果来看，国家级重点中职学校与非国家级重点中职学校在制度环境、社会环境上存在极其显著差异，前者大于后者；在物质环境、心理环境两项指标上不存在显著差异。从统计结果看，国家级重点中职学校为教师工作场学习提供了更为有效的任务情境、问题情境及互动环境，尽管这些差异均属于"低水平差异"。

表4.8 国家级重点中职与非国家级重点中职教师工作场学习环境比较

维 度	学校类型	N	M	St	t
物质环境	国家级重点中职	209	2.60	0.78	−4.504
	非国家级重点中职	190	2.95	0.76	
制度环境	国家级重点中职	209	2.90	0.88	1.419**
	非国家级重点中职	190	2.79	0.63	
心理环境	国家级重点中职	209	3.19	0.75	1.003
	非国家级重点中职	190	3.12	0.67	
社会环境	国家级重点中职	209	2.91	0.56	2.016**
	非国家级重点中职	190	2.74	0.78	

**$p < 0.01$

三、不同区域中高职院校教师工作场学习绩效特征比较

表4.9、4.10分别呈现了东、中、西部高职、中职教师在"职业教育教师工作场学习环境问卷"四项指标上的平均得分、标准差以及方差分析F检验之后的结果。

如表4.9所示，东部地区高职学院在教师工作场学习环境四项指标上的均值均高于中西部高职学院，总体反映出东部地区高职学院为教师提供相对优越的工作场学习环境。从F值结果来看，东、中、西部高职学院在制度环境、社会环境两项环境指标上存在极其显著差异，东部地区高职学院教师对工作场学习环境的现实感知显著高于中、西部高职学院；在心理环境上，东、中、西部高职学院存在显著差异，表现为东部

地区高职学院优于中部地区高职学院；东、中、西部高职学院在物质环境上不存在显著差异。

表 4.9 东部、中部、西部高职院校教师工作场学习环境比较

维 度	学校区域	N	M	St	F	事后比较 Scheffe 法
物质环境	东部地区	146	2.74	0.76	1.305	n.s.
	中部地区	141	2.71	0.65		
	西部地区	162	2.61	0.76		
制度环境	东部地区	146	3.35	0.70	43.457**	A > B; A > C
	中部地区	141	2.84	0.72		
	西部地区	162	2.75	0.72		
心理环境	东部地区	146	3.34	0.58	6.610*	A > B
	中部地区	141	3.15	0.54		
	西部地区	162	3.26	0.88		
社会环境	东部地区	146	3.40	0.54	60.462**	A > B; A > C; B > C
	中部地区	141	2.87	0.41		
	西部地区	162	2.71	0.69		

n.s. $p > 0.5$　　*$p < 0.05$　　**$p < 0.01$

在表 4.10 中，从 M 值结果来看，东部地区中职学校在物质环境、制度环境、心理环境、社会环境四项指标上的均值均大于中西部中职学校，总体反映东部地区中职学校在教师工作场学习环境上表现得更为优越，东部地区创设的学习情境更有利于教师开展工作场学习。从方差分析结果看，东、中、西部中职学校在制度环境、心理环境两项指标上存在极其显著差异，表明东部地区中职学校教师拥有更有利于学习的任务情境、问题情境和刺激情境；东、中、西部中职学校在物质环境上存在显著差异，东部地区中职学校显著大于中部地区中职学校，这种差异主

要体现在图书资源量和学习空间两项环境指标上，前者表现得更为优越。东、中、西部中职学校在社会环境指标上不存在显著差异，数据表明就工作场学习的互动情境而言，三者均体现出较低的水平。

表 4.10　东部、中部、西部中职学校教师工作场学习环境比较

维　度	学校区域	N	M	St	F	事后比较 Scheffe 法
物质环境	东部地区	132	2.99	0.81	7.854*	A > B
	中部地区	128	2.72	0.71		
	西部地区	139	2.64	0.78		
制度环境	东部地区	132	3.05	0.73	10.158**	A > B; A > C
	中部地区	128	2.80	0.75		
	西部地区	139	2.72	0.78		
心理环境	东部地区	132	3.33	0.58	22.473**	A > B; A > C
	中部地区	128	3.18	0.82		
	西部地区	139	2.98	0.61		
社会环境	东部地区	146	2.90	0.91	1.120	n. s.
	中部地区	141	2.83	0.83		
	西部地区	162	2.75	0.77		

n. s. $p > 0.5$　*$p < 0.05$　**$p < 0.01$

四、结论与讨论

1. 作为学习场，职业院校未能提供理想的教师工作场学习环境

工作场所被概念化为学习场所以来，研究者们对工作场所的环境属性展开了不同视角的阐述。如比利特从参与性实践的方面来了解工作场所学习，侧重于工作场所对学习的可用性、示范性，工作结构及其控制对这种示能性或"被邀请性"的程度和性质的影响的方式，他认为工

作场所学习中的参与取决于个人能够参与活动的程度和与同事之间交流的程度，以及个人选择、参与机会的程度；①富勒、昂温侧重于工作场所的组织和教育学特征，提出了"限制性的学习环境"和"拓展的学习环境，并强调拓展性的学习环境之于工作场所学习的重要意义；② 安吉斯通强调工作性质的变化，以及这些变化对专业知识的发展和配置的启示。③ 此外，以莱夫和温格为代表的人类学家则认为工作场所被概念化为人们可以学习的环境，是因为它可以提供人们在活动和实践中参与或共同参与的种种机会。无论哪种观点、何种解读，以上观点共同揭示了这样一个事实，即工作场所学习开展所依托的基础不是松散而无结构的、不可能脱离于环境的作用影响，而是受工作实践的活动、制度、文化所指引和建构。

毋庸置疑，职业院校既是教师置身其中的工作场所，同时也是教师参与其中的学习场所，职业院校理应为教师基于工作场所的学习提供比利特所言的"示能性的学习环境"，富勒所言的"拓展性的学习环境"以及莱夫和温格所说的"学习共同体""实践共同体"学习环境。然而，遗憾的是，从实证研究来看，当下我国中高职院校大多只是作为工作场所而并不具备学习场所的特质，并未能给教师基于工作场所的学习提供理想的学习环境，不管是物质环境、制度环境，还是心理环境、社会环境。未来广大中高职院校有必要进一步将自身打造为适应教师工作、学习的"工作学习场"。

---

① 〔澳〕斯蒂芬·比利特：《通过工作学习：工作场所的参与式实践》，见海伦·瑞恩博德等主编：《情境中的工作场所学习》，匡瑛译，外语教学与研究出版社2011年版，第121页。

② 〔英〕艾莉森·富勒、罗纳·昂温：《扩展的学习环境：整合组织与个人的发展》，见海伦·瑞恩博德等主编：《情境中的工作场所学习》，匡瑛译，外语教学与研究出版社2011年版，第140–155页。

③ 〔芬兰〕于尔约·安吉斯通：《新一代的专业知识：七个主题》，见海伦·瑞恩博德等主编：《情境中的工作场所学习》，匡瑛译，外语教学与研究出版社2011年版，第159–180页。

2. 职业院校学习环境的实然状况不能满足教师对工作场学习环境的应然期待

一方面，职业院校作为学习场所并没有充分反映学习环境的理想特征，归结而言，当下中高职院校学习环境的实然状况表现出的突出弊病有四点：一是职业教育教师工作场学习的时空环境问题，职业院校在学习时间上未给教师"松绑"，在学习空间上不够舒适、自主；二是职业教育教师工作场学习的机会问题，职业院校未能给教师提供较多在活动和实践中参与或共同参与的种种机会；三是职业教育教师工作场学习的安全变革氛围，职业院校未能充分给教师赋权，使其能够在民主、安全的心理氛围中通过尝试、试错而自主开展微观层面的课堂教学改革活动；四是职业教育教师工作场学习的动态有效交互问题，尽管静态的友好人际关系能够为教师工作场学习创造良好的社会交往氛围，但是表征为学习、实践共同体的动态有效的人际互动更能够引发学习的实质发生和深化。

另一方面，广大职业教育教师对适宜的工作场学习环境充满着期待，理想的期待与实然的状况形成鲜明的反差。反差的存在既反映职业院校学习环境创设的滞后，也表明职业教育教师工作场学习的较强烈动机。反差的存在大致有三个方面的原因：一是我国职业院校长期以来对教师工作场学习有意识或者无意识的漠视。这种漠视既可能是因为对教师学习发展问题本身的不关心，也可能是对工作场学习这一特殊学习形式的认识不到位，而这种认识不到位必然直接导致对学习环境的漠视。二是职业院校学习实践的不成熟。不管是职业院校组织，还是职业教育教师个体，学习实践都不可能是一项随随意意的活动，而是一项专业的实践活动。作为专业的实践活动，学习实践不仅要求专业的学习理念、学习策略，还必然诉诸专业的学习环境。而长期以来职业院校学习实践的不成熟则势必带来学习环境创设的不专业、不成熟。三是我国职业院校组织学习的落后。尽管"组织学习"自20世纪90年代中期起已然成为一个颇为流行的概念,① 但是职业院校的组织学习实践显然是落后的,组织学习实践的落后在一定程度带来了职业院校在教师工作场学习任务情境、互动情境等学习情境创设上的或缺失、或生疏。

3. 与非国家级重点中高职院校相比,国家级重点中高职院校在教师工作场学习环境上各具有显著优势,但这种差异属于"低水平差异"

毋庸置疑,工作场学习环境是教师工作场学习的重要影响变量。但是值得进一步思考的问题是,影响职业院校教师工作场学习环境的变量有哪些,即哪些因素塑造着职业院校教师工作场学习环境形态及其差异性。显而易见,影响工作场学习环境形成并导致差异的要素是纷繁复杂的,而且这些要素的作用发挥在时间上是相对持久的。大体来看,影响职业院校教师工作场学习环境的要素可以划分为外在因素、内在因素,显性要素、隐性要素,客观因素、主观因素,长期因素、短期因素,不同类型影响因素之间相互交织、共同塑造学习环境。在这些因素类型中,学校类型(即被纳入"国家计划"的中高职院校与未被纳入"国家计划"的中高职院校)得以成为一个重要影响变量,原因在于其不仅决定着对环境的物质条件投入,还作为一种使命召唤、效能满足、任务驱动影响着环境的内在、精神层次。从这个层面来看,国家在中高职院校实施"国家计划"的近十年中,国家级重点中高职院校理应在学习环境上与非国家级重点中高职院校有所差异。

研究结果表明,与非国家级重点中高职院校相比,国家级重点中高职院校在教师工作场学习环境上具有显著优势,这种优势是全方位的,在物质环境、制度环境、心理环境以及社会环境各个层面均有所体现。对高职学院而言,国家级重点高职学院在制度环境、心理环境上显著优于非国家级重点高职学院;对中职学校而言,国家级重点中职学校在制度环境、社会环境上显著优于非国家级重点中职学校。尽管研究结果部

---

① 〔美〕克里斯·阿吉里斯、唐纳德·舍恩:《组织学习Ⅱ——理论、方法与实践》,姜文波译,中国人民大学出版社 2011 年版,第 3 页。

分表明了职业教育"国家计划"在学习环境塑造中的影响作用，但必须正视的问题是，尽管与非国家级重点中高职院校相比，国家级重点中高职院校在教师工作场学习环境上具有显著优势，但两者的差异是"低水平差异"，前者的显著优势属于"低水平优势"。因此，未来不管是被纳入"国家计划"的中高职院校，还是未被纳入"国家计划"的中高职院校，都有必要在教师工作场学习环境创设上下足功夫。

4. 与中西部地区中高职院校相比，东部地区中高职院校在教师工作场学习环境上各有显著优势，但这种差异同样属于"低水平差异"

在影响职业教育教师工作场学习环境的诸多因素中，学校地域（即东、中、西部中高职院校）同样可以成为一项重要影响变量，原因在于我国东、中、西部经济社会发展水平差异导致职业院校在现实发展水平上的差异，而学校发展水平的客观差异必然影响学习环境的千差万别。由此，基于我国东部地区与中西部地区经济社会发展水平差异状况以及东部地区与中西部地区中高职院校发展水平差异状况，可以假设，我国东部地区中高职院校理应在学习环境上与中西部地区中高职院校有所差异。

数据揭示，与中西部地区中高职院校相比，东部地区中高职院校在教师工作场学习物质环境、制度环境、心理环境、社会环境上均有优势。具体而言，就高职来说，东部地区高职院校与中西部地区高职学院在制度环境、心理环境、社会环境三项环境指标上存在显著优势以及极其显著优势；对于中西部地区中职学校，东部地区中职学校与在物质环境、制度环境、心理环境三项指标上具有显著优势或者极其显著优势。然而，同样需要指出的是，横向比较体现出来的优势并不意味着东部地区中高职院校在教师工作场学习环境上已是十全十美。事实上，数据表明东部地区中高职院校存在的优势同样属于低水平的优势，未来东中西部地区中高职院校均需要对教师工作场学习环境做持续而有效的调控。

无论是从人力资源开发的视角进行解读，还是从心理学的视角或者人类学的视角，"工作场为学习场"的隐喻都暗含着对学习环境重要性的强调。事实上，学习环境本身就是学习过程不可分割的一部分，其暗含着工作场学习的情境性意义。从多重理论视角解读学习环境的意涵、学习环境研究的取向以及学习环境的测量工具，为深入探讨职业教育教师工作场学习环境问题奠定了相应的理论视角，即：第一，以心理学和人类学为研究视角，尤其是社会文化活动理论的视角和人类学的实践参与、实践共同体的视角；第二，以个体实践参与和群体实践互动为分析框架；第三，以教师对工作场学习环境的切身感知为中介；第四，关照职业教育教师工作的实际特点和职业院校发展的实际状况；第五，对学习环境进行整合性的定义，从整体的视野理解工作场学习的环境。

基于已有的研究基础以及访谈研究结果，提出了工作场学习环境的四因素结构，即物质环境、制度环境、心理环境、社会环境，四个环境维度共同揭示了职业教育教师工作场学习的条件支撑情境、任务情境、问题情境、刺激情境、互动情境等多元复杂学习情境。基于工作场学习环境四因素结构，编制了"职业教育教师工作场学习环境问卷"。问卷经过项目分析、因素分析，最终由 4 个维度、27 条项目构成。进一步的测量数据表明，所编制的"职业教育教师工作场学习环境问卷"具备可以接受的信度和效度，问卷能够作为测量职业教育教师工作场学习环境的有效工具。

以"职业教育教师工作场学习环境问卷"及其正式测量数据为基础，实证研究得到如下主要结论：第一，作为学习场，职业院校未能提供理想的教师工作场学习环境；第二，职业院校学习环境的实然状况不能满足教师对工作场学习环境的应然期待；第三，与非国家级重点中高职院校相比，国家级重点中高职院校在教师工作场学习环境上具有显著优势，但这种差异属于"低水平差异"；第四，与中西部地区中高职院校相比，东部地区中高职院校在教师工作场学习环境上各有显著优势，但这种差异同样属于"低水平差异"。

　　至此，基于"职业教育教师工作场学习'双层双翼'模型"的研究已经分别探讨了职业教育教师工作场学习三角形的底层要素，即学习动机、学习策略以及学习环境，这三个要素共同指向的是学习三角形的顶点要素——学习绩效，即学习动机、学习策略以及学习环境究竟带来了什么样的工作场学习效果，而这正是下一章研究所要探讨的话题。

第五章

职业教育教师工作场学习的绩效

社会的再生产不仅仅是物质的再生产，对于人来说，它始终是文化的再生产，也就是知识的再生产。[①]

——尼科·斯特尔（Nico Stehr）

职业教育教师工作场学习绩效回答的是职业教育教师工作场学习"学到了什么""学的怎么样"的问题，作为职业教育教师工作场学习系统中的结果变量，学习绩效直接反映着工作场学习的质量和生命。然而，长期以来，人们习惯用一种孤立性的视角看待学习绩效，将学习过程与学习绩效主观割裂开来。此外，从已有研究文献来看，有关学习绩效的研究主要聚焦于学生学习层面，直接相关教师学习绩效尤其是职业教育教师学习绩效的研究可谓寥寥无几。鉴于此，本章着眼于职业教育教师工作场学习绩效模型的构建，并试图在模型的基础上实证考察职业教育教师工作场学习"学到了什么""学的怎么样"等问题，进而呈现职业教育教师工作场学习的整体面貌。

第一节　理论探讨

一、内涵演绎

对学习绩效内涵的进一步解读有助于深入把握职业教育教师工作场

_____

① 〔加〕尼科·斯特尔：《知识社会》，殷晓蓉译，上海译文出版社 1998 年版，第 13 页。

学习绩效的内涵。而学习绩效是"学习"和"绩效"的合成词，要了解学习绩效的内涵则有必要对"学习"与"绩效"分别进行解读。

1. 学习与绩效的内在逻辑

关于"学习"的认识大体经历了行为主义、认知主义和情境主义三个阶段。行为主义主要强调学习者外在行为的变化，认知主义主要强调学习者内在认识、思维过程的改变，情境主义则将学习的关注焦点从学习者个体转移到社会文化情境的活动中，并认为学习是介于认知、行为与环境之间的一种持续的交互作用。尽管不同的学习理论强调了学习的不同侧面，但学习在本质上表现为认知或行为的相对持久变化，这点已经成为学者们的普遍共识。正如德里斯科尔（M. P. Driscoll）所言，各种关于学习的理论在一些基本的、确定性的假设上是达成共识的，即学习是人的绩效或绩效潜能的持久改变，而且这种改变来自于学习者的经验体与外在世界的交互作用。[①] 克罗森（M. Crossan, 1995）同样指出，如果一个学习过程，认知和行为均未产生相应的持久变化，就不存在学习，即"无学习"（no learning），而只有认知和行为都发生相应的持久的变化，才能称之为"完整的学习"（integrated learning）。[②] 可见，一个"完整的学习"势必有学习结果的影子。事实上，学习本身是一项难以观察的活动，人们很难从学习过程本身来判断学习发生的范式，而唯一能做的就是依据学习的结果来判断学习发生的范式。而学习结果通常以人的知识、能力、态度变化的形式得以表征，可以在绩效（行为表现）中得以观察。可见，绩效是学习的一个不可分割的要素，学习与绩效暗含内在的逻辑关系。

2. 绩效、个体绩效与组织绩效

---

① M. P. Driscoll, *Psychology of Learning for Instruction(2nd ed)*, Boston: Allyn and Bacon, 2000.

② M. Crossan, H. Lane, R. White, "Organizational Learning Dimensions for a Theory", *The International Journal of Organizational Analysis*, Vol. 3, No. 4, 1995, pp. 337 –360.

绩效是一个意义较为广泛的语词，通常可以解释为成绩和效益，亦引申为性能、成绩、成果等。从绩效一词的词面意义来看，其强调的不是行为本身，而是行为的结果，即行为所产生的有价值的"输入"。"绩效更关心人的行为对系统环境所带来的变化以及这些对于目的的贡献价值。"① 除了对绩效本身的解读之外，学者们还明确提出了个体绩效（personal performance）与组织绩效（organizational performance）的概念。关于个体绩效，存在两种不同的认识，一种认识将绩效与行为后果相联系，认为个体绩效是在特定时间范围内、在特定工作职能、活动或行为上生产出的结果记录。另一种认识将绩效与行为相联系，这种认识得到了更多人的认同。如莫夫（M. Morf）认为个人绩效是一种个人与其工作环境之间相互作用的函数，即"绩效＝胜任×工作环境"；② 于文浩（2003）认为个体绩效是一个人有目的的行为或活动所产生结果的有效性。③ 组织绩效一词在管理学当中较为常见，主要表征为人们对于组织活动过程和成果的一种有目的的主观评价。

3．学习绩效与工作场所学习绩效

学习绩效是绩效的一种类型，与工作绩效属于同一逻辑层次的范畴。有关学习绩效的内涵认识相对较少，且集中于学生学校学习情境的学习绩效。更多的研究是从企业学校情境组织学习绩效的层面进行认识。组织学习绩效（performance of organizational learning）是组织学习研究的一个重要变量，又与组织绩效紧密联系。结合诸多管理学领域研究者对组织学习绩效的定义，可以认为组织学习绩效是组织学习活动过程和结果的积累，以及相应的对组织学习活动效率和效果的评价。

---

① 于文浩：《辩证中的学习与绩效：个人发展与组织发展的双翼》，《远程教育杂志》2011 年第 1 期。

② M. Morf, *Optimizing Work Performance: A Look Beyond the Bottom Line*, New York : Quorum, 1986.

③ 于文浩：《辩证中的学习与绩效：个人发展与组织发展的双翼》，《远程教育杂志》2011 年第 1 期。

工作场学习绩效并非新鲜名词。事实上，有关工作场学习绩效的研究在国外已经有几年光景。最初，工作场所学习绩效由美国培训与发展协会（ASTD）提出，自 2004 年起，ASTD 开始大面积倡导"工作场所学习与绩效（Workplace Learning and Performance, WLP），以期作为企业培训与发展的专业人员的职能模式。在 ASTD 看来，工作场所界定了学习与绩效的情境，工作场所学习则成为在组织环境下增长工作绩效的一个工具。纵观人力资源管理领域对工作场所学习绩效概念的不同解读，可以抽离出几个关键点：一是 WLP 的目的是改进员工绩效，并且满足个人和组织的需求；二是强调对学习和管理干预措施的综合运用；三是强调 WLP 是基于组织内部以及企业情境；四是强调创造积极而进步的变革，WLP 既关注企业生产力的提高，同时强调帮助员工在工作中取得并保持成功。

综合以上对学习和绩效、个体绩效和组织绩效、学习绩效和工作场所学习绩效的认识，可以认为：职业教育教师工作场学习绩效是指职业教育教师针对教师个体绩效和院校组织绩效提升的目的，基于学校工作情境，综合运用一系列有目的的学习策略后所获得的有价值的学习结果，以及针对所取得的学习效果的相应评价。

二、研究视角

研究视角回答的是用一种什么样的立场看待、分析职业教育教师工作场学习绩效的问题。基于已有研究对学习与绩效、工作场学习与绩效的相关讨论，结合本书对个体学习与组织学习一以贯之的重视，在此构建职业教育教师工作场学习绩效的"扇型"整合模型，如图 5.1 所示。

之所以将图 5.1 称之为一个整合模型，原因在于两点，这两点同时也是该模型的创新之处：

第一，将学习与绩效辩证整合。学者们对于学习即认知或行为的相对持久变化的共识使得我们可以得出这样的重要结论，即任何学习都应

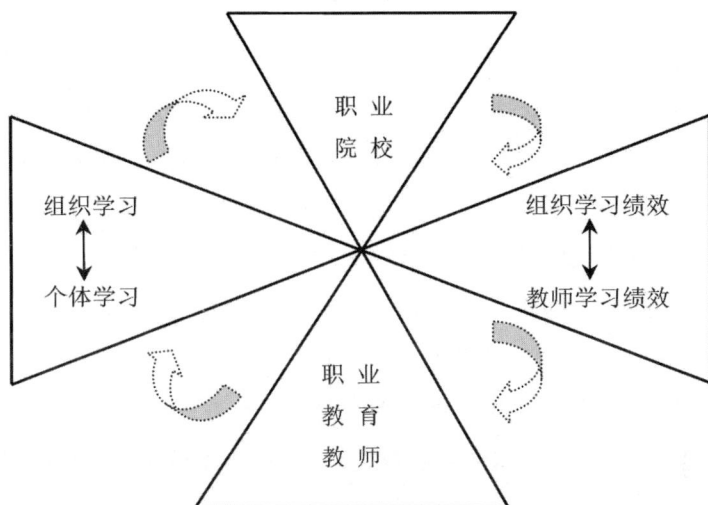

图 5.1　职业教育教师工作场学习绩效的"扇式"整合模型

该是基于绩效的学习，学习本身包含着绩效。事实上，绩效之于学习的意义是不言而喻的，绩效既是学习的前因，也是学习的结果，学习与绩效不断迭代、螺旋上升、共同推进。对于工作场学习而言，更应该重视绩效与学习的辩证关系，因为基于工作情境的工作场学习在本质上更表达着对绩效的追求，如博耶特（J. H. Boyett，1999）所说的，"真正的有效的学习应作为工作的一部分，而不是在无效的培训环境或孤立的环境之中。"① 此外，改进绩效本身实质上也是一个学习活动的过程，改进绩效过程中包含着学习。由此，工作场学习一方面是为了追求绩效的提升，而另一方面，工作场所情境中绩效提升的过程又不可避免地伴随着学习的发生。

　　第二，将个体学习绩效观与组织学习绩效观有机整合。关于学习绩效的研究主要基于管理学的视角，且"绩效"一词主要与组织联用，

————————

① 转引自于文浩：《辩证中的学习与绩效：个人发展与组织发展的双翼》，《远程教育杂志》2011 年第 1 期。

并表述为"组织绩效"。组织绩效的引入使人们对组织学习引发了极大的兴趣，从已有的研究讨论来看，几乎所有相关组织学习与组织绩效的研究都明示或暗含了这样一个重要假定，即组织学习可以提高组织绩效。但是，倘若仅仅是从组织绩效的层面看待职业教育教师工作场学习绩效，势必容易忽视教师个体的主动性和创造性。而且，个体学习与组织学习本身具有天然的联系，个体学习是组织学习的基础，个体的学习活动又可以通过组织学习系统的多因素生态系统得到促进。单独的组织绩效观不利于对个体学习的认识和促进，单独的个体绩效观同样容易忽视组织的发展需求，因此，研究所构建的职业教育教师工作场学习绩效"扇式"模型力求将个体学习绩效观与组织学习绩效观有机整合起来。

三、模型建构："宏观知识论"的视点①

建构学习绩效的模型意在解决究竟用什么样的内容或指标考量职业教育教师工作场学习结果的问题。尽管已有研究提出了若干相对成熟的学习绩效操作性模型，但这些模型主要针对企业员工学习以及学生学校情境学习，前者关注的核心是企业的生产绩效和竞争绩效，后者关注的核心是学生的成绩绩效，因此这些模型均不适用于职业教育教师工作场学习绩效评价。然而，要构建一个关照多元差异的职业教育教师工作场学习绩效操作性模型同样是非常困难的，因为这样一个模型一要关照学习、绩效、学习绩效的复杂性，二要考虑工作场所的情境特殊性以及工作场学习的特殊性，三要考量个体绩效与组织绩效的双重发展性。基于一种综合的考量，本书尝试以"宏观知识论"为切入点建构一个整合性的、可操作性的职业教育教师工作场学习绩效模型，这种考量主要有两重依据：

---

① "宏观知识论"是指从宏观、整体、广义的视角看待知识的理论。在这里，知识是一个大范畴，既包括微观层面表征为信息的知识，也包括能力、情感、态度、意义、身份认知等。既包括显性层面的知识，也包括隐性层面的知识。

　　第一重依据源于工作场学习折射出的知识影子。倘若不考虑知识的具体语境，任何一种学习类型都包含着知识学习。温格就断言：我们有很多不同种类的学习理论。每种理论强调的都是学习的不同侧面……在某种程度上，这些不同的着力点反映了研究者们有意地聚焦于学习多维问题的某一部分，而且在某种程度上它们反映了研究者们在这些方面相关观点的基础差异，即知识、认知和知者的本质，以及相应地，学习中什么是重要的。[①] 可见，不管是行为主义学习观、认知主义学习观还是情境主义学习观，知识都是题中之义。

　　工作场学习与知识同样存在天然的紧密联系。20 世纪 80 年代以后，学习的建构主义研究路线逐渐摒弃早期将知识作为一种可存储和转移的东西的观点，逐渐提出了知识对工作实践的依赖、知识嵌入在情境脉络中的观点。[②] 事实上，知识与实践自古存在着紧密联系。一方面，人类的实践以知识为基础，实践是知识参与下的实践，实践的程度和范围受着人类知识状况制约；[③] 另一方面，实践当中蕴含着丰富的知识。"实践出真知"即隐喻着实践创造知识的本质。工作场学习作为一种依托工作实践和工作情境的学习，既内含着大量的知识学习，同时也是知识的理想存在载体。工作场学习本质上表现为一种参与性的实践学习，而参与实践本身即是获取、创造、转化和重构"实践中的知识"以及维持实践、变革实践的方式。

　　第二重依据源于知识所具备的个体属性与群体属性。从认识论层面看，知识可以划分为波兰尼所说的显性知识和默会知识，而从本体论层面看，知识又可以划分为个体知识和集体知识。个体向度的知识是指存

---

① E. Wenger, *Communities of Practice: Learning, Meaning and Identity*, Cambridge, MA: Cambridge University Press, 1998, pp. 3 – 4.

② 赵健：《学习共同体——关于学习的社会文化分析》，华东师范大学出版社 2006 年版，第 35 页。

③ 石中英：《知识转型与教育改革》，教育科学出版社 2001 年版，第 5 页。

在于个体的头脑和身体机能中的一个知识库，是个体在实践中产生的知识混合体。个体知识的获得行径有两条：一是个体将静态客观的外在知识结构转换为内在主观的逻辑结构和心理结构；二是个体通过实践活动达成动作向思维的转换，从而发生学习，构建知识。个体知识的获得路径意味着个体知识的形态既有理论性的、文本化的知识，也应该有实践性的、情景性的知识。集体向度的知识是指被集体成员所共享的知识，其形态既包括由个体成员所存储或掌握的知识和技能，也包括存储于组织所创造的人工制品（如规则、产品、程序、惯例、共同规范等）以及社会关系网络中的知识。① 个体知识与集体知识存在着相互依存、相互影响又互为补充的复杂关联，一方面，个体知识的形成带有明显的社会性特质，个体知识的形成需要特定的组织环境；另一方面，组织知识既来源于个体知识的有效转化，又超越于个体知识，组织知识不是个体知识的简单积累，而是取决于组织成员对共享实践的参与和达成共享的程度。②

知识在学习中的分量以及知识的个体属性与群体属性为构建职业教育教师工作场学习绩效操作性模型带来的启发性意义在于：第一，明确了工作场学习的结果属性。工作场学习作为一种有目的的、有策略的、基于工作实践情境的学习，其获得的有价值的"输出"成果即知识，因此知识可以成为考量工作场学习绩效的重要维度。第二，深化了对个体学习和组织学习的认识。知识的个体属性和集体属性为人们进一步深入认识个体学习、组织学习以及两者之间的关系提供了不一样的视角。第三，区分了个体学习绩效和组织学习绩效。个体知识得以成为考量个体学习绩效的指标，而组织知识同样可以成为考量组织学习绩效的指

---

① A. Lam, "Tacit Knowledge, Organizational Learning and Societal Institutions: an Integrated Framework", *Organization Studies*, Vol. 21, No. 3, 2000, 21(3), pp. 487 – 513.

② 赵健：《学习共同体——关于学习的社会文化分析》，华东师范大学出版社 2006 年版，第 53 页。

标，由此，以知识为切入点构建职业教育教师工作场学习绩效模型能够同时关照教师个体绩效和院校组织绩效。

然而，知识仅仅只能作为构建职业教育教师工作场学习绩效操作性模型的一个切入点，知识本身并不是工作场学习绩效所要考察的全部内容。前面论述已经提到，学习的结果主要表征为人能力变化的形式，而人的能力变化的形式又主要可以在行为表现中得以观察。福特等人（J. D. Ford & D. A. Schellengerg）提出了四种测量绩效的方法：一是目标途径，即由目标的达成来定义绩效；二是系统资源途径，即由组织取得稀有资源的能力来定义绩效；三是程序途径，即由组织成员之行为来定义绩效；四是组成单位途径，认为不同组织、不同单位应使用不同的绩效衡量方式。[①] 可见，要使职业教育教师工作场学习绩效评价具备可操作性，则不能依赖于作为学习结果的知识本身，应当体现在学习主体对知识（作为学习结果）的操作行为上。基于这样的思考，本书构建了职业教育教师工作场学习绩效操作性模型（如图5.2所示）。

如图5.2，职业教育教师工作场学习绩效螺旋式整合模型由四个具有逻辑层次的行为指标构成：

1. 知识获取

知识获取意指职业教育教师基于学校工作实践情境，运用相应的学习策略获得了与工作相关并能够促进工作的信息及知识，这些信息和知识的获得既能够丰富职业教育教师个体的知识经验，同时也能够丰富职业院校组织的知识经验。知识获取的具体评价标准在于个体以及组织获取知识的质量和数量。

2. 知识内化

知识内化实际上是职业教育教师将获得的理论性知识转化为实践性

---

① J. D. Ford, D. A. Schellenberg, " Conceptual Issue of Linkage in the Assessment of Organizational Performance", *Academy of Management Review*, Vol. 7, No. 1, 1982, pp. 49 – 58.

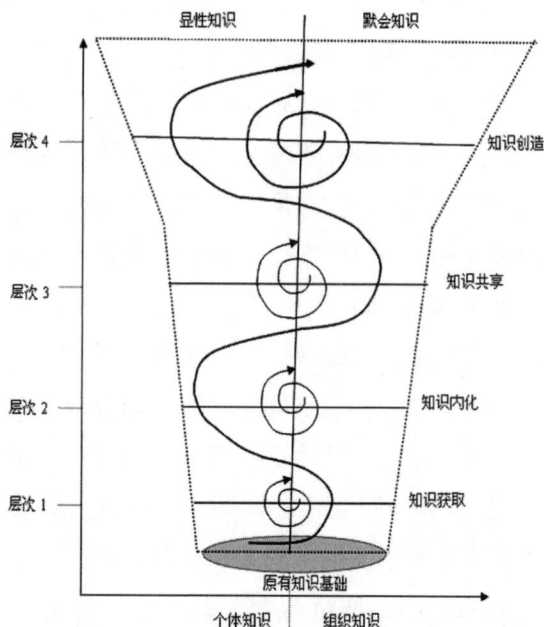

图 5.2　职业教育教师工作场学习绩效螺旋式整合模型

知识的过程，其一方面指职业教育教师个体能够将基于工作场学习所获得的知识自觉运用于改善自身工作实践当中的行为，另一方面指职业院校作为组织能够将获取的组织知识运用于改善组织实践的行为。知识内化的评价标准在于个体或组织吸收、运用知识的主动性、时效性和灵活性。

3. 知识共享

知识共享意指在职业院校工作实践情境中，知识所有者（个体以及组织）与他者（个体以及组织）通过诸如交流、文字、网络等形式分享与工作相关的知识或信息，从而使知识或信息从个体拥有向群体拥有转变的行为过程。知识共享的评价标准在于对个体分享知识的主动性、组织分享知识的形式多样性。

4. 知识创造

知识创造意指职业院校教师对工作场学习所获取的知识进行外化、组合、内化升华的行为过程。在这个过程中，职业教育教师个体以及职业院校组织依据已有的知识经验对工作进行创新，并形成具有一定特色的行动模式。知识创造的评价标准在于个体和组织工作的个性化和有效性。

在图 5.2 中，除了纵向层面四个构成逻辑层次的行为指标之外，在横向层面还具有两对划分维度，即显性知识——默会知识、个体知识——组织知识，两对划分维度的存在意味着不管是知识获取、知识内化，还是知识共享、知识创造，都同时含有显性知识、默会知识以及个体知识、组织知识的成分。最后，需要指出的是，图 5.2 所构建的职业教育教师工作场学习绩效螺旋式整合模型只是为此后学习绩效的定量分析提供一个可操作模型，该模型并非也不可能完美，知识获取、知识内化、知识共享和知识创造四种行为并非完全由职业教育教师工作场学习所引发，且这四种行为指标也并非完全囊括了职业教育教师工作场学习绩效的全部内容。

第二节　问卷编制与测量

一、研究目的和技术路线

以所构建的职业教育教师工作场学习"扇型"分析框架以及职业教育教师工作场学习绩效螺旋式整合模型为基础，结合调查研究，编制职业教育教师工作场学习绩效问卷，揭示职业教育教师工作场学习绩效的结构和特点。问卷的编制程序分为"测量项目的收集与编制""问卷项目的预测与筛选"和"正式施测"三个阶段。

二、问卷项目的收集

依据前面研究对工作场学习绩效的界定，以及所构建的四要素结构维度，确定了访谈提纲以及开放式问卷，并在此基础上深入 2 所高职学院、2 所中职学校与近 60 位专业课教师进行访谈，形式以个别访谈和小组访谈为主。对访谈所得到的条目进行归类和整理，初步得到职业教育教师工作场学习绩效内容条目的频次和重要性排序，所得到的内容条目与所预设的四要素大体吻合。将整理之后的条目进行进一步评定，在考量内容效度、语言表述的基础上删去或修订一些题项，最后得到了包括四个维度、35 个条目的预测问卷（如表 5.1）。问卷要求被试在 Likert 五点量表上评价对项目描述的认同程度，"1"代表"完全不认同"，"2"代表"大部分不认同"，"3"代表"一半认同"，"4"代表"大部分认同"，"5"代表"完全认同"，所有条目均采取正向计分。

表 5.1　职业教育教师工作场学习绩效预测问卷条目

一级指标	二级指标	编号	操作性条目
工作场学习绩效	知识获取	D101	在学校，我积累了较多有关教育教学的知识和经验
		D102	在学校，我能及时掌握本专业的新知识及变化信息
		D103	在学校，我搜集了较多有关学生发展的知识
		D104	在学校，我了解了较多有关自身专业发展的信息
		D105	我校能及时了解搜集职业教育政策制度最新动态
		D106	我校能及时了解搜集职业教育课程教学改革信息
		D107	我校能及时了解搜集专业市场需求信息
		D108	我校能及时了解搜集教师专业发展需求
	知识内化	D201	我能及时发现自己教育教学过程中存在的问题
		D202	我能及时完善自身缺乏的工作知识
		D203	我能用学到的新知识解决工作中遇到的难题
		D204	我能灵活有效运用不同的教学方法和手段
		D205	我能灵活有效运用不同的教育教学评价方法和手段
		D206	我能灵活有效培养和激发学生学习动机
		D207	我校解决问题能力强
		D208	我校各项工作充满活力
		D209	我校能综合多方需求推动专业改革
		D210	我校能依据专业知识推动课程教学改革

续表

一级指标	二级指标	编号	操作性条目
工作场学习绩效	知识共享	D301	我主动将自己的教学和专业实践中的经验与其他教师共享
		D302	我主动将学习到的专业最新知识传授给同事
		D303	我在学校的教学工作研讨会上尽己所能提出自己的观点和建议
		D304	我将自己的教学工作经验撰写成文章供其他教师参考
		D305	我校对教师教学研究成果进行整理保存
		D306	我校图书馆或网站提供学校各专业教师的优秀示范课或相关的教学研究资料
		D307	我校组织各种学习交流活动
		D308	我校教师达成普遍一致的工作目标
		D309	我校与企业行业就岗位、人才培养信息互通有无
	知识创造	D401	我能对工作提出许多新见解和新思路
		D402	我形成有个人风格的课堂教学模式
		D403	我根据工作实际对专业课程做有效调整
		D404	我对本行业生产工艺做出更新
		D405	我校获得较多的专利发明
		D406	我校提炼有符合实际且行之有效的教学模式
		D407	我校开发有行之有效的校本教材
		D408	我校培育有专业学习共同体文化

三、问卷项目预测与筛选

　　"职业教育教师工作场学习绩效问卷"的项目预测与筛选的程序与步骤总体上与"职业教育教师工作场学习动机问卷""职业教育教师工作场学习策略问卷""职业教育教师工作场学习环境问卷"类似，在此不对预测样本和预测过程进行赘述。需要指出的是，由于"职业教育教师工作场学习绩效问卷"预设了明确清晰的结构维度，各个维度所包括的题项界定较清楚，且问卷经过专家效度及修改，因此，在预测过程之中，研究者根据所预设的维度，以各个维度包括的题项变量分别进行因素分析，并据此决定各个维度所要保留的题项数（各个维度的探索性因子分析结果在此不一一呈列）。依据项目分析以及探索性因子分析结果，"职业教育教师工作场学习绩效问卷" 删去了 D104、D107、D202、D205、D208、D303、D308、D401 等 8 个不合适的项目，最后保留 27 个条目作为正式问卷。

四、正式施测

研究选取了第三批样本，在更大范围进行了正式测试。正式测试的数据同时作为正式研究结果使用。与前面几章一致，第三批样本来自重庆市、四川省、贵州省、广东省、江苏省、河南省、河北省 7 个省市 28 所中高职院校的 980 名职业教育教师，发放问卷 980 份，回收有效问卷 848 份，有效率为 86.53%。正式施测的数据资料采用 SPSS20.0 统计软件进行录入、分析、处理。以下是正式施测之后问卷的信度、效度检验以及验证性因子分析结果。

1. 信度检验

"职业教育教师工作场学习绩效问卷" 测量结果均采用 5 值计分法，因此以克伦巴赫内部一致性系数（Cronbach a 系数）为信度检验的指标。正式问卷同质信度（Cronbach a）分析结果如表 5.2 所示。

表 5.2   职业教育教师工作场学习绩效问卷的内部一致性信度

	知识获取	知识内化	知识共享	知识创造	总量表
项目数	6	7	7	7	27
Cronbach 系数	0.804	0.847	0.824	0.862	0.903

由表 5.2 可知，"职业教育教师工作场学习绩效问卷" 中 4 个子维

度的 *Cronbach* a 系数在 0.804—0.862 之间，问卷总的 *Cronbach* a 系数为 0.903。总体来看，问卷具有较高的信度。

2. 效度检验

除了测量专家效度之外，研究还通过检验问卷的结构效度的方式考察问卷四个因素之间的内部相关，以及四个因素与总问卷之间的相关性。表5.3 给出了"职业教育教师工作场学习绩效问卷"因素之间、因素与总问卷之间的 Pearson 相关系数矩阵表。

表5.3　职业教育教师工作场学习绩效问卷四因素的 Pearson 相关系数矩阵

	知识获取	知识内化	知识共享	知识创造
知识获取	1.000			
知识内化	0.357**	1.000		
知识共享	0.268**	0.462**	1.000	
知识创造	0.365**	0.414**	0.307**	1.000
总问卷	0.702**	0.756**	0.781**	0.815**

**p < 0.01

表5.3 的统计结果显示，"职业教育教师工作场学习绩效问卷"四个因素之间的相关系数在 0.307—0.462（p < 0.01）之间，三个因素与总问卷之间的相关系数在 0.702—0.815（p < 0.01）之间，表明问卷内容既有一定程度的相对独立性，又有一定程度的相关，各维度所测内容与问卷总体所测内容一致，数据证明问卷具有良好的结构效度。

3. 验证性因子分析

验证性因子分析的目的在于探索将其中一些因子合并，进而观察模型拟合的改善状况，以确定职业教育教师工作场学习绩效的最佳结构。研究提出了三个竞争模型：第一个竞争模型称为"单因子模型"，即将 27 个题目合并为一个因子形成单维假设模型；第二个竞争模型称为"二因子模型"，即将知识获取、知识内化合并为一个因子，将知识共

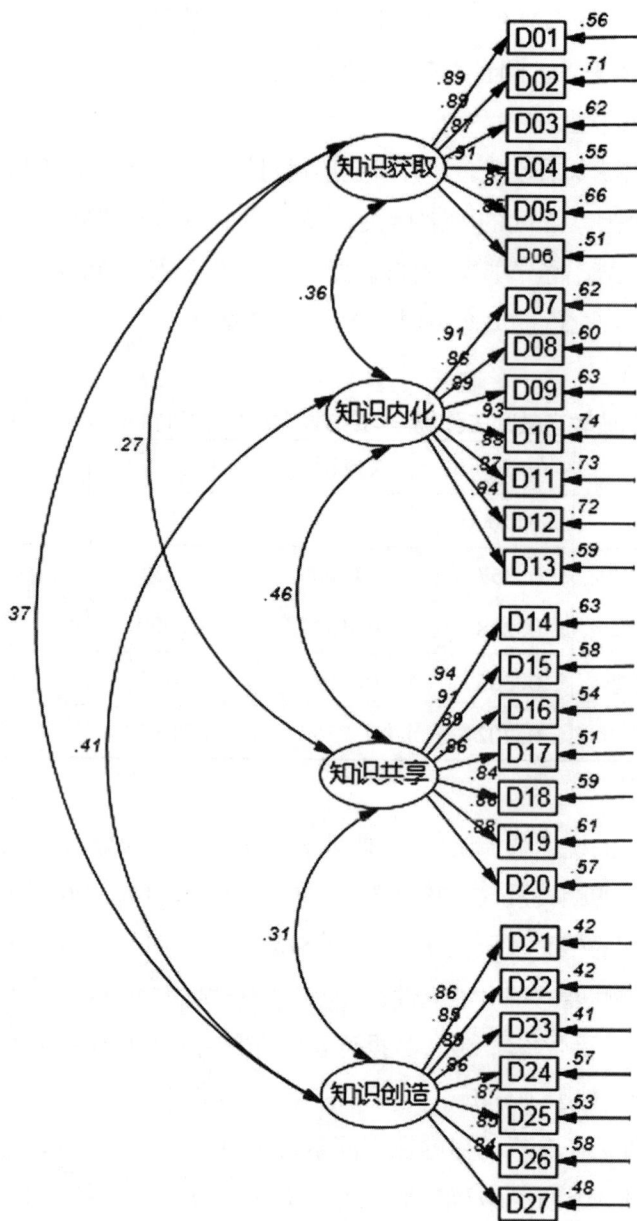

图 5.3 职业教育教师工作场学习绩效四因子结构模型

享、知识创造合并为一个因子形成一个二因子假设模型；第三个竞争模型称为"三因子模型"，即将知识获取、知识内化合并为一个因子从而形成一个三因子假设模型。"四因子模型"是本书根据理论研究提出的假设模型。

从正式样本（N = 848）随机抽取一半样本（N = 424）作为验证性因子分析的样本，四个模型的拟合指标如表 5.4 所示。

表 5.4　职业教育教师工作场学习绩效各假设模型的拟合指标（N = 424）

	RMSEA	GFI	AGFI	NFI	CFI	TLI
单因子模型	0.142	0.765	0.758	0.741	0.783	0.722
二因子模型	0.105	0.793	0.814	0.792	0.765	0.802
三因子模型	0.086	0.879	0.839	0.876	0.881	0.854
四因子模型	0.039	0.915	0.907	0.897	0.892	0.877

从表 5.4 中各项拟合度适配指标来看，单因子模型、二因子模型显然是不能接受的。三因子模型虽然各项指标尚可，但相对于四因子模型而言，显然要差一些。鉴于统计数据，认为四因子模型是职业教育教师工作场学习绩效结构的相对理想模型。

职业教育教师工作场学习绩效的四因子模型标准化路径见图 5.3。

第三节　特征归结与差异表征

基于上述理论模型构建以及正式问卷测量的结果，以下对职业教育教师工作场学习绩效各指标维度进行描述性统计、相关分析。描述性统计在于描绘职业教育教师工作场学习绩效的总体状况，相关分析在于探讨职业院校的脉络特征和教师学习绩效的相互关系。

一、基本特征描述

表5.5列出了中高职教师在工作场学习绩效四个指标维度上的平均得分及标准差。从表5.5中可以得到如下发现：

表5.5　职业教育教师工作场学习绩效的描述性统计

	总数（N）	均值（M）	标准差（St）
知识获取高职	449	3.51	0.66
中职	399	3.43	0.63
知识内化高职	449	3.42	0.61
中职	399	3.33	0.45
知识共享高职	449	3.35	0.82
中职	399	3.29	0.78
知识创造高职	449	2.75	0.72
中职	399	2.67	0.87

第一，高职教师工作场学习绩效四个指标从高到低依次为知识获取、知识内化、知识共享、知识创造。其中，知识获取均值（M＝3.51）介于"一半认同—大部分认同"之间，水平相对较高；知识内化与知识共享均值介于3.00—3.50之间，水平中等偏下，知识创造均值低于3.00，介于"大部分不认同——半认同"之间，水平较低。总体来看，高职教师工作场学习绩效处于中低级水平，学习效果不甚理想。从每个指标内部来看，在知识获取、知识内化、知识共享、知识创造中，个体知识获取（M＝3.76）、个体知识内化（M＝3.64）、个体知识共享（M＝3.55）、个体知识创造（M＝3.02），均大于组织知识获取（M＝3.26）、组织知识内化（M＝3.09）、组织知识共享（M＝3.15）、组织知识创造（M＝2.48），可见，高职教师工作场学习绩效中，个体

绩效优于组织绩效。另外，在知识获取、知识内化、知识共享、知识创造四个指标中，默会知识的获取、内化、共享与创造均低于显性知识的获取、内化、共享和创造。

第二，中职教师工作场学习绩效四项指标从高到低依次为知识获取、知识内化、知识共享、知识创造，这一点与高职教师类似。其中，知识获取、知识内化、知识共享三项指标均值介于 3.00—3.50 之间，处于"一半认同"内，水平中等偏下；知识创造均值低于 3.00，介于"大部分不认同——一半认同"之间，水平较低。总体而言，中职教师工作场学习绩效处于中低级水平，学习效果不甚理想。在指标内部，个体知识获取（M = 3.68）、个体知识内化（M = 3.57）、个体知识共享（M = 3.51）、个体知识创造（M = 2.95），均大于组织知识获取（M = 3.18）、组织知识内化（M = 3.20）、组织知识共享（M = 3.07）、组织知识创造（M = 2.39），可见，中职教师工作场学习个体绩同样效优于组织绩效。在显性知识与默会知识层面，中职教师显性知识获取、内化、共享、创造的绩效同样高于默会知识获取、内化、共享、内化的绩效。

二、不同类别中高职院校教师工作场学习绩效特征比较

在前面的章节中，相继得出了不同类别中高职院校在教师工作场学习动机、学习策略、学习环境上的差异，总体来看，国家级重点中高职院校与非国家级重点中高职院校在教师工作场学习动机上没有显著差异；在学习策略上，国家级重点中高职院校表现出相对多元化、层次性的特点，但两者总体差异不显著；在学习环境上，国家级重点中高职院校在制度环境、心理环境和社会环境上均有显著优势。国家级重点中高职院校与非国家级重点中高职院校教师在工作场学习动机、学习策略、学习环境上的差异理应在工作场学习绩效中有所体现。基于这样的假设，本部分研究旨在探索不同类别层次中高职院校在教师工作场学习绩效上的差异情况。表 5.6、5.7 分别列出了国家级重点与非国家级重点中高职教师在"职业教育教师工作场学习绩效问卷"四个指标上的平均得分、标准差以及独立样本 t 检验之后的结果。

表 5.6　国家级重点高职与非国家级重点高职教师工作场学习绩效比较

维　度	学校类型	N	M	St	t
知识获取	国家级重点高职	226	3.64	0.59	4.734*
	非国家级重点高职	223	3.38	0.66	
知识内化	国家级重点高职	226	3.61	0.47	7.366**
	非国家级重点高职	223	3.22	0.72	
知识共享	国家级重点高职	226	3.62	0.80	9.899*
	非国家级重点高职	223	3.07	0.78	
知识创造	国家级重点高职	226	2.88	0.72	0.955
	非国家级重点高职	223	2.62	0.73	

　　*p<0.05　　**p<0.01

　　在表 5.6 中，从 M 值结果来看，国家级重点高职学院在教师工作场学习绩效的知识获取、知识内化、知识共享、知识创造四个指标上的均值均高于非国家级重点高职学院，总体反映出前者获得相对优良的工作场学习绩效。从 T 值结果来看，国家级重点高职学院与非国家级重点高职学院在教师工作场学习绩效的知识获取、知识共享两个指标上存在显著差异；在知识内化指标上存在极其显著差异；在知识创造指标上不存在显著差异。从结果来看，国家级重点高职学院与非国家级重点高职学院在教师工作场学习绩效上总体存在显著差异，但在学习绩效的最高层次即知识创造上相差不多，且都处于较低级水平。

　　在表 5.7 中，从 M 值结果来看，国家级重点中职学校在教师工作场学习绩效的知识获取、知识内化、知识共享、知识创造四个指标上的均值均高于非国家级重点中职学校，总体反映出前者的工作场学习绩效水平更高。从 T 值结果来看，国家级重点中职学校与非国家级重点中职学校在教师工作场学习绩效的知识内化指标上存在显著差异，表明前者更善于"学中做"；在知识创造指标上存在极其显著差异，表明前者更善于在工作中推陈出新，但需要指出的是，虽然两者存在极其显著差异，但两者的均值水平都不高，因此是一种"低水平差异"；在知识获取、知识共享两个指标上，两者不存在显著差异。

表5.7　国家级重点中职与非国家级重点中职教师工作场学习绩效比较

维　度	学校类型	N	M	St	t
知识获取	国家级重点中职	209	3.48	0.59	1.570
	非国家级重点中职	190	3.37	0.66	
知识内化	国家级重点中职	209	3.35	0.47	0.502*
	非国家级重点中职	190	3.31	0.35	
知识共享	国家级重点中职	209	3.31	0.79	0.624
	非国家级重点中职	190	3.26	0.76	
知识创造	国家级重点中职	209	2.80	0.85	2.787**
	非国家级重点中职	190	2.56	0.76	

*$p < 0.05$　　**$p < 0.01$

三、不同区域中高职院校教师工作场学习绩效特征比较

在此前的实证研究部分中得出这样的结论：一是东部地区中高职与中西部地区中高职在教师工作场学习动机个体驱动上差异显著，在组织驱动上差异不显著；二是东部高职院校教师工作场学习运用相对多元化、层次性的策略，与中西部高职院校有显著差异；三是东部中职学校教师工作场学习运用相对多元化、层次性的策略，但与中西部中职学校没有显著差异；四是东部高职院校总体具备更支持教师工作场学习的环境，在制度环境、心理环境、社会环境上与中西部高职院校存在显著差异；五是东部中职学校总体具备更加支持教师工作场学习的环境，在物

质环境、制度环境和心理环境上与中西部中职学校存在显著差异。同理，东中西部不同区域中高职院校在教师工作场学习动机、学习策略、学习环境上的差异会在工作场学习绩效上有所反映。因此，本部分研究旨在探索不同区域中高职院校在教师工作场学习绩效上的差异情况。表5.8、5.9分别列出了东部、中部、西部中高职院校教师在"工作场学习绩效问卷"四个指标上的平均得分、标准差以及方差分析 F 检验之后的结果。

表5.8　东部、中部、西部高职院校教师工作场学习绩效比较

维　度	学校区域	N	M	St	F	事后比较 Scheffe 法
知识获取	东部地区	146	3.80	0.61	30.752 **	A > B; A > C
	中部地区	141	3.42	0.56		
	西部地区	162	3.32	0.51		
知识内化	东部地区	146	3.61	0.53	26.208 **	A > B; A > C
	中部地区	141	3.41	0.61		
	西部地区	162	3.26	0.53		
知识共享	东部地区	146	3.48	0.70	7.925 **	A > C
	中部地区	141	3.28	0.61		
	西部地区	162	3.32	0.60		
知识创造	东部地区	146	2.84	0.86	2.577	n.s.
	中部地区	141	2.77	0.66		
	西部地区	162	2.66	0.62		

n.s. $p > 0.5$　　$^*p < 0.05$　　$^{**}p < 0.01$

在表5.8中，从 M 值结果来看，东部地区高职学院在教师工作场学习绩效四项指标的均值上均高于中西部高职学院，总体反映东部地区高职学院具有相对高的学习绩效。从 F 值结果来看，东、中、西部高职学院在教师工作场学习绩效的知识获取、知识内化、知识共享上存在极其显著差异。具体而言，在知识获取、知识内化层面，东部地区高职学院高于中、西部高职学院，中西部之间不存在显著差异，表明东部地区高职学院教师能够在学校工作情境中获取更多知识也更善于应用这些知识。在知识共享层面，东部地区高职学院高于西部地区高职学院，东部与中部、中部与西部高职学院之间不存在显著差异。

在表5.9中，从M值结果来看，东部地区中职学校在教师工作场学习绩效四项指标的均值上均高于中西部中职学校，总体反映东部地区中职学校具有相对高的学习绩效。从F值结果来看，东、中、西部中职学校在教师工作场学习绩效的知识获取上存在极其显著差异，在知识内化上存在显著差异，在知识共享、知识创造上不存在显著差异。总体来看，东、中、西部中职学校在教师工作场学习绩效上差异不显著。具体来看，在知识获取层面，东部地区中职学校高于中、西部中职学校，中西部之间不存在显著差异；在知识内化层面，东部地区中职学校高于西部中职学校，东部与中部、中部与西部中职学校之间不存在显著差异。

表5.9　东部、中部、西部中职学校教师工作场学习绩效比较

维　度	学校区域	N	M	St	F	事后比较 Scheffe 法
知识获取	东部地区	132	3.57	0.68	4.882**	A > B; A > C
	中部地区	128	3.34	0.69		
	西部地区	139	3.37	0.62		
知识内化	东部地区	132	3.44	0.60	3.864*	A > C
	中部地区	128	3.37	0.78		
	西部地区	139	3.20	0.85		
知识共享	东部地区	132	3.32	0.76	0.370	n.s.
	中部地区	128	3.24	0.74		
	西部地区	139	3.30	0.79		

续表

维　度	学校区域	N	M	St	F	事后比较 Scheffe 法
知识创造	东部地区	146	2.69	0.90	0.052	n. s.
	中部地区	141	2.66	0.91		
	西部地区	162	2.67	0.79		

n. s. p > 0.5　　*p < 0.05　　**p < 0.01

四、结论与讨论

1. 职业教育教师工作场学习绩效层次较低

知识获取、知识内化、知识共享以及知识创造既是职业教育教师工作中的具体学习行为表征，同时也是职业教育教师工作场学习的知识学习绩效。四种知识学习绩效呈螺旋上升逻辑，正如金（Linsu Kim）所说的，知识学习绩效是员工吸收知识、消化知识，并创造新知识的绩效。[①] 在这里，吸收知识到消化知识再到创造新知识的过程就体现了知识学习绩效的逻辑层次。前面研究所建构的"职业教育教师工作场学习绩效螺旋式整合模型"将知识获取、知识内化、知识共享、知识创造从低到高划分为四个层次，其中，知识获取是知识学习绩效的第一个也是最低级层次，体现的是静态知识的静态吸收；第二个层次即知识内化强调的是静态知识的动态运用；知识创造是知识学习绩效的最高级层次，体现的是静态知识动态运用中的动态生成，强调的是知识的创新以及新知识的涌现；知识共享虽然与知识获取、知识内化、知识创造不属于同一逻辑层面，但知识共享作为一种社会性的学习行为，既内含着知识的获取和内化，又催生着知识的创造，因此将其划归为第三层次。从理想

---

① L. Kim, "Crisis Construction and Organizational Learning Capability Building in Catching – up at Hyundai Motor", *Journal of the Institute of Management Sciences*, Vol. 9, No. 4, 1998, pp. 516 – 521.

的角度而言，工作场学习绩效应当由低级到高级，循序渐进、不断迭代、循环反复，以此发挥工作场学习的最佳效应。然而从现实来看，中高职院校教师工作场学习绩效存在层级"断裂"现象，工作场学习绩效从知识获取到知识内化再到知识共享最后到知识创造效能递减，工作场学习绩效集中于知识获取以及知识内化层面，知识共享与知识创造严重不足。因此，未来职业教育教师工作场学习应当注意提升学习绩效的层次性和连续性。

2. 职业教育教师工作场学习个体绩效大于组织绩效

个体学习是协作学习和集体学习的基础，任何形式的学习最终都要由个体来完成。[1] 由此，职业教育教师工作场学习绩效首先表现为个体层面的学习绩效。但是，知识具有公共物品属性，知识一旦产生，便能同时被众多消费者使用，且边际成本几乎为零，这导致知识可以低成本共享，且共享程度越高，越能更多地展现知识的网络效应。[2] 知识的这种外部属性使得知识存在个体知识到组织知识相互转换的机理。个体知识到组织知识的转换使得组织得以通过有效的知识协同产生"1 + 1 > 2"的协同效果，实现知识的最大价值。个体知识到组织知识转换的可能性和价值同样使得个体知识学习绩效得以向组织知识学习绩效发生转移，而个体学习绩效向组织学习绩效的转移能够发挥知识学习的最大效益，不仅有利于个体学习，提高个体学习绩效，还有利于提升组织的绩效水平和创新能力。职业教育教师工作场学习理应形成个体学习绩效与组织学习绩效相互转化、共生共荣、协同发展的态势。然而调查发现，职业教育教师工作场学习绩效主要集中于教师个体的知识学习绩效，组织知识的获取、内化、共享和创造水平偏低。职业教育教师工作场学习

---

[1]　桑新民：《从个体学习到团队学习——当代学习理论与实践发展的新趋势》，《复旦教育论坛》2005 年第 4 期。

[2]　陈欣、和金生：《个人知识与组织知识相互转换的机理与机制》，《中国地质大学学报（社会科学版）》2004 年第 6 期。

绩效个体绩效大于组织绩效，这个现象的存在与职业教育教师工作场学习以个体学习为主、组织学习未成气候直接相关，此外，缺乏组织知识的管理也是导致该现象存在的原因所在。

3. 职业教育教师对默会知识的获取、内化、共享和创造差于显性知识

波兰尼以"我们所认知的多于我们所能告诉的"（we know more than we can tell）的著名论断为认识论命题，首次区分了默会知识与显性知识。在他看来，显性知识是指那些通常意义上可以用概念、命题、公式、图形等加以陈述的知识，默会知识则指人类知识总体中那些无法言传或不清楚的知识。[①] 在知识体系中，默会知识大量存在并直接影响着人类的实践。此外，默会知识还存在个体属性和集体属性。个体属性的默会知识是作为个体的人在生活实践中所积累的个体化的知识，集体属性的默会知识是在组织成员长期以来共同经历的生产过程、实践和心理体验的基础上形成的一种约定俗成、不言自明的默契。[②] 默会知识的存在及其价值，以及默会知识的个体属性及集体属性的性质，揭示着不管是知识获取、知识内化，还是知识共享、知识创造，都是对显性知识与默会知识的双重获取、内化、共享、创造。更进一步而言，职业教育的实践性以及工作场学习的情境性对教师实践性知识的诉求使得职业教育教师工作场学习过程中对默会知识的获取、内化、共享及创造显得更为重要。然而遗憾的是，现状调查揭示职业教育教师工作场学习绩效中，对默会知识的获取、内化、共享和创造远差于对显性知识的获取、内化、共享和创造，其中，对集体默会知识的获取、内化、共享和创造更是不甚理想。问题产生的原因大概有三：一是职业教育教师缺乏对工

---

① 转引自石中英：《波兰尼的知识理论及其教育意义》，《华东师范大学学报（教育科学版）》2001 年第 2 期。

② 谢志平、周德义：《缄默知识视角下职业教育教师专业化发展》，《职教论坛》2010 年第 30 期。

作情境中默会知识的充分开发和挖掘；二是职业院校工作场境缺乏将默会知识转化为显性知识的系列有效机制；三是组织学习形式的不成熟使得主要存在于教师个体的默会知识难以形成扩散、共享。

4. 与非国家级重点中高职院校相比，国家级重点中高职院校在教师工作场学习绩效上具有显著优势，但部分优势属于"低水平优势"

管理学中有关组织学习与组织绩效的大量研究揭示了这样一个结论，即组织学习与组织绩效并非简单的线性关系，其中受诸多中介变量的影响。如有研究认为在组织学习影响绩效的过程中，必须考虑情景因素的调节效应；也有很多研究表明，随着组织学习过程的进行，组织的观念、能力以及行为也会逐渐调整，最终促进绩效的提升。[①] 工作场学习同样如此，从教师个体工作场学习到个体绩效、院校组织工作场学习到组织绩效不是简单的直接关系，教师工作场学习动机水平、学习策略运用、学习环境优劣、学习能力高低、知识资源丰富程度等等，均不同程度影响着个体学习绩效和组织学习绩效。因此从这个层面看，国家级重点中高职院校与非国家级重点中高职院校因其在诸多要素上存在着差异，决定着其在教师工作场学习绩效上的差异。从调查状况来看，国家级重点高职与非国家级重点高职在工作场学习绩效的知识获取、知识内化、知识共享三个指标上存在显著差异，前者有显著优势，这个结论与此前三章所得到的结论存在着直接关联，反映出了学习动机、学习策略、学习环境等中介变量对学习绩效的影响作用。但两者在知识创造指标上不存在显著差异，这点同样道出了当前我国高职院校教师工作场学习存在的通病，即学习的低层次水平与知识创新能力的缺乏。国家级重点中职与非国家级重点中职仅在工作场学习绩效的知识内化、知识创造两项指标上存在显著差异，这两项差异严格上说属于"低水平差异"。可见总体来看，学习动机、学习策略、学习环境乃至知识资源等其他中

---

① 转引自曾萍等：《国外组织学习与绩效关系的研究述评》，《图书情报工作》2010 年第 10 期。

介变量对中职教师工作场学习绩效的影响并不太大，这点是值得深入反思的问题。

5. 与中西部地区中高职院校相比，东部地区中高职院校在教师工作场学习绩效上有显著优势，东部地区高职院校更为明显

考量中西部地区中高职院校在教师工作场学习绩效上的差异，实际上同样是观测诸如教师工作场学习动机水平、学习策略运用、学习环境优劣、学习能力高低、知识资源丰富程度等中介变量在工作场学习绩效中的影响作用。所不同的是，这里将考量中介变量作用的视界从职业院校较为微观的点的层面转移到了东西部区域较为宏观的面的层面。从调查状况来看，我国东部地区高职院校与中西部地区高职院校在工作场学习绩效的知识获取、知识内化、知识共享三个指标上均存在显著差异，东部地区高职院校具有明显优势，知识获取、知识内化两项指标体现得更为明显。这个结论事实上与此前三章所得到的部分结论是匹配的，整体体现了东部地区高职院校在教师工作场学习动机水平、学习策略运用、学习环境优劣、学习能力高低、知识资源丰富程度等中介变量上的优势。当然，东部地区高职院校与中西部地区高职院校在知识创造指标上不存在显著差异，前者没有明显优势，这同样表明了我国高职院校教师工作场学习绩效整体层次偏低的事实。我国东部地区中职学校与中西部地区中职学校在知识获取、知识内化两项指标上存在显著差异，东部地区中职学校有显著优势，一定程度上反映出东部地区中职学校在工作知识来源、知识获取渠道、知识获取能力、知识消化能力等中介变量上的优势。但东部地区中职学校在知识共享、知识创造指标上不具备优势，这与我国中职学校课程教学改革强度、深度整体不够，对教师专业发展尤其是基于日常学习的专业发展重视不够，学习型组织建设疲软等事实不无相干。

作为职业教育教师工作场学习系统中的结果变量，学习绩效直接反

映着工作场学习的质量和生命。研究立足于对工作场学习绩效的内涵演绎，形成有关职业教育教师工作场学习绩效的操作性定义，并在此基础上构建一个职业教育教师工作场学习绩效的"扇型"分析框架，以及一个以知识为切入点的具备操作性的职业教育教师工作场学习绩效整合模型。该整合模型在纵向上将职业教育教师工作场学习绩效分解成四个螺旋上升、具有内在逻辑层次关系的行为要素，即知识获取、知识内化、知识共享和知识创造，在横向上以"个体知识—组织知识""显性知识—默会知识"为划分维度，形成一个"4×4"的分析矩阵。

　　基于"职业教育教师工作场学习绩效'扇型'分析框架"以及"职业教育教师工作场学习绩效螺旋式整合模型"，结合调查研究，编制了"职业教育教师工作场学习绩效问卷"。问卷经过项目分析、因素分析，最终由四个维度、27条项目构成。进一步的测量数据表明，所编制的"职业教育教师工作场学习绩效问卷"具备可以接受的信度和效度，作为一个四因子结构是合理的，问卷能够作为测量职业教育教师工作场学习绩效的有效工具，可以在一定程度上反映我国中高职院校教师工作场学习绩效的基本特征和不同背景变量下的差异特征。

　　以自主编制的"职业教育教师工作场学习绩效问卷"及其正式测量数据为依据，以全国7个省（市）的848名中高职教师为调查样本，结合问卷调查与访谈调查，得到如下主要结论：第一，职业教育教师工作场学习绩效层次较低；第二，职业教育教师工作场学习个体绩效大于组织绩效；第三，职业教育教师对默会知识的获取、内化、共享和创造差于显性知识；第四，与非国家级重点中高职院校相比，国家级重点中高职院校在教师工作场学习绩效上具有显著优势，但部分优势属于"低水平优势"；第五，与中西部地区中高职院校相比，东部地区中高职院校在教师工作场学习绩效上有显著优势，东部地区高职院校更为明显。

　　尽管本章揭示了职业教育教师工作场学习绩效的总体特征，但是并没有直接证据表明学习绩效是由于工作场学习动机、学习策略以及学习环境所引发的，也没有证据说明工作场学习绩效在多大程度上受工作场学习动机、学习策略以及学习环境的影响，更没有证据进一步探索工作场学习绩效四项不同指标与工作场学习动机、学习策略以及学习环境不同指标之间的路径关系。鉴于此，在分别研究了职业教育教师工作场学习结构的四大要素——学习动机、学习策略、学习环境以及学习绩效之后，有必要进一步对四个要素之间的关系进行探索，以此明晰职业教育教师工作场学习系统的关系，而这正是下一章研究所要重点解决的工作。

第六章

职业教育教师工作场学习动机、学习
策略、学习环境与学习绩效的关系

第六章

我们习惯了如何拆解问题、如何拆分世界，尽管这样会使复杂的任务和课题变得容易些，却使我们在无形中付出了巨大代价，即丧失了对更大的整体的内在领悟能力。[①]

——彼得·圣吉（Peter M. Senger）

回顾前面的研究，围绕着职业教育教师工作场学习"双层双翼"理论模型，研究的着力点指向了四个层面：一是职业教育教师工作场学习的动机，二是职业教育教师工作场学习的策略，三是职业教育教师工作场学习的环境，四是职业教育教师工作场学习的绩效。以定量为主的研究方法分别描绘了职业教育教师工作场学习动机、学习策略、学习环境以及学习绩效的现实状况以及背后隐藏的问题，这为我们了解职业教育教师工作场学习提供了一个个具体细微的视角。然而，正如圣吉所言，我们习惯了如何拆解问题、如何拆分世界，尽管这样会使复杂的任务和课题变得容易些，但却使我们在无形中付出了巨大代价，即丧失了对更大的整体的内在领悟能力。显然，仅仅对职业教育教师工作场学习的四个维度作单层面的考察是不够的，其势必无法呈现职业教育教师工作场学习的整体面目。鉴于此，本章力图对职业教育教师工作场学习的动机、策略、环境以及绩效四个维度进行一个整体的把握。

本章尝试从两条路径出发对职业教育教师工作场学习进行整体的剖析：一条是定量的途径，一条是定性的途径。定量的途径主要基于前期

---

① 〔美〕彼得·圣吉：《第五项修炼——学习型组织的艺术与实践》，中信出版社2009 年版，第 3 页。

"职业教育教师工作场学习问卷"所采集的数据，采用构建方程模型的方法对职业教育教师工作场学习的四个变量——学习动机、学习策略、学习环境以及学习绩效展开路径分析，进而明晰变量之间的关联关系或因果关系，该方法主要借助社会科学统计软件 AMOS 进行。定性的途径主要基于前期量化研究的数据处理，找出学习绩效高低两个层次的两所中高职院校，然后进行个案比较研究，通过访谈以及田野考察的方式找出影响学习绩效的深层原因。该路径主要借助个案考察、深度访谈、田野考察等方法进行。应该说，两条路径是相互补充、相互印证的，体现了科学研究中的"三角验证"逻辑。① 定量的路径能够以客观、明晰的特点，完整、结构性地展示变量之间的关系，而定性的路径具有描述性、解释性的特点，能够展示问题的情境性和整体性。

第一节　关系假设

探索变量之间的关系，首要前提是明确变量的属性，即哪些变量作为自变量出现，哪些变量作为因变量出现。从系统论的角度看，职业教育教师工作场学习是一个系统，是一个开放的（信息流）、复杂的（序参量）、动态的（增减熵）自组织系统，是一个有输入，更有输出的流通系统（绩效至上）。从工作场学习系统结构图（如图 6.1 所示）可以看到，在整个工作场学习系统中，学习动机主要作为条件输入系统存在，学习策略作为过程运行系统存在，学习环境作为生态环境系统存在，而学习绩效作为质量输出系统存在。学习动机、学习策略、学习环

---

① "三角验证"（Triangulation）大致可以分为四类：第一种是资料互证，即通过选用不同的资料来源来验证结论的可靠性；第二种是方法互证，即通过对某一问题采用多元方法研究，如访谈法、观察法、问卷法、文献法等，从而验证结论的可靠性；第三种是调查者互证，即运用不同的研究工作者的科学成果或结论；第四种是理论互证，即对一套数据采用不同观点的理论进行分析。本书主要体现的是资料互证和方法互证。

境共同影响学习绩效。基于这样的考虑，在职业教育教师工作场学习的
四个变量——学习动机、学习策略、学习环境以及学习绩效的属性上，
本书将学习动机、学习策略、学习环境定义为自变量，而将学习绩效定
义为因变量。

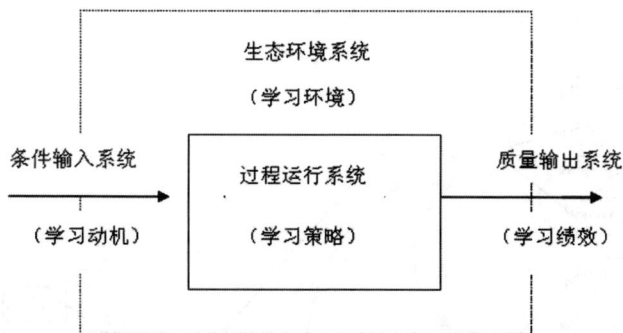

图 6.1　工作场学习系统图

　　定义好研究变量的属性之后，需要进一步关心的问题则是初步构建
变量之间的关系。变量之间的关系可以分成三种：第一种是自变量与因
变量之间的因果关系，这是本书将重点探索的关系类型。在本书中，自
变量与因变量的关系主要表征为三种，即职业教育教师工作场学习动机
与学习绩效的关系、工作场学习策略与学习绩效的关系以及工作场学习
环境与学习绩效的关系。第二种是自变量与自变量的关联关系。在本书
中，这种关系可以表征为三种类型，即工作场学习动机与学习策略的关
系、工作场学习动机与学习环境的关系、职业教育教师工作场学习策略
与学习环境的关系。自变量与自变量的关系在本书中将不作重点讨论。
第三种是自变量、因变量和无关变量的关系。无关变量与自变量同时影
响着因变量的变化，但又与研究目的不相关。对于本书而言，工作场学
习绩效的变化并非绝对由学习动机、学习策略和学习环境而引发，其完
全有可能由本书没有关注到的其他变量而引发，因此本书尊重并承认无
关变量的存在和影响，但由于与研究目的不相关，本书同样不打算探讨
自变量、因变量和无关变量的关系。

基于上述分析，构建出职业教育教师工作场学习动机、学习策略、学习环境与学习绩效的结构关系模型图（如图6.2所示）。图中，椭圆形指示本书的四个构想变量；长方形指示本书四个构想变量的所有观察变量，圆形指示的是无关变量。单箭头表达的是变量之间的因果关系，双箭头表达的是变量之间的相互关系。

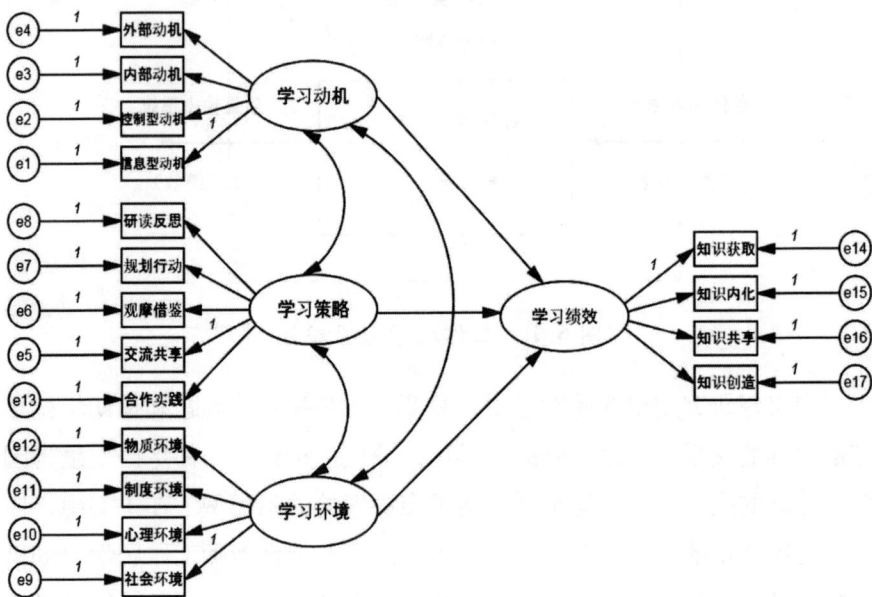

图6.2 职业教育教师工作场学习要素之间的路径关系模型

一、工作场学习动机与学习绩效的关系假设

学习动机与学习效果的关系是一对经典的研究论题。研究者们普遍达成这样的共识，即适度的学习动机能够显著改善学习效果。然而，有关学习动机与学习效果关系的研究主要集中于学生学习层面，关于教师学习动机与学习效果关系的探讨起步相对较晚、成果相对较少。当然，也有一些研究者做出了正面的判断。如菲尼克斯（P. H. Phenix）认为，

教师工作动机可以激发教师潜在的、个人的、主观的、内在的力量。[①]
从已有相关研究结论来看，不管是教师的工作动机，还是学习动机，均
能有效提升教师的工作效能。另外近些年来，尤其是伴随着学习型社会
浪潮的推动，越来越多的研究者意识到了教师学习与学校发展的关系，
学者们普遍认为学校教师形成的专业共同体是学校得以成功的内部原
因。尽管有关学习动机与工作绩效关系的结论已相对明朗，但是进一步
的细致研究和结论却是相对较少的。而有关职业教育教师工作场学习动
机与学习绩效关系的研究和结论更属少见。基于此，本部分将着重探讨
职业教育教师工作场学习动机与学习绩效的相互关系。

　　在前期的相关研究中，研究者提出了职业教育教师工作场学习动机
的 2×2 的理论构想，并通过调查数据验证了这一理论构想。研究结果
表明，职业教育教师工作场学习动机由个体驱动——内部动机、个体驱
动—外部动机、组织驱动——控制性动机和组织驱动——信息性动机 4
个因素构成，其中，个体驱动——内部动机又可以细化为内部动机——
热衷型动机和内部动机——服务型动机 2 个二阶因子，个体驱动——外
部动机则可以分为外部动机——外在型动机和外部动机——补偿型动机
2 个二阶因子。学习绩效则可以分为教师学习绩效和组织学习绩效 2 个
一阶因子。其中，教师学习绩效和组织学习绩效均包含知识获取、知识
内化、知识共享、知识创造四个二阶因子。

　　基于上述分析，可以认为职业教育教师工作场学习动机对学习绩效
会产生一定的影响。对职业教育教师工作场学习动机与学习绩效的关系
假设如下：

　　假设 1.1：职业教育教师工作场学习动机与工作场学习绩效具有显
著的相关关系。

　　假设 1.2：个体驱动——内部动机、组织驱动——信息性动机对职

---

① P. H. Phenix, *Teaching as Gelebration in Excellence in University Teaching*, Columbia University of South Carolina Press, 1975, pp. 16 – 31.

业教育教师工作场学习绩效具有显著的正效应。

　　假设1.3：个体驱动——外部动机、组织驱动——控制性动机对职业教育教师工作场学习绩效呈现显著的负效应。

二、工作场学习策略与学习绩效的关系假设

　　关于学习策略的研究在20世纪60年代逐渐兴起，直至当前，"学会学习"已然成为一句重要的口号。然而，纵观有关学习策略的已有研究，与学习动机研究一样，主要聚焦于学生学习策略层面。在学生学习策略研究领域，同样有研究者探索了学习策略与学习效果之间的关系，并普遍达成了这样的认识，即学习策略影响学习效果。

　　在教师教育理论与实务风起云涌的背景下，教师学习引起了学界的重视。在这个背景下，教师学习策略问题也逐渐浮出水面，得到了一些学者的关注。在这些研究之中，也有研究者运用实证研究的方式考证了教师学习策略与工作成就之间的关系。如张敏使用结构方程模型方法考察教师学习策略与教师工作成就的关系，分析发现，教师学习策略对教师的工作成就具有影响作用，但不同类型的学习策略对教师工作成就的不同方面的影响是不同的。如交互学习能够显著提高教师的适应性绩效和工作满意感，探究学习能够显著提高教师的适应性绩效，批判性思维对教师适应性绩效没有显著正效应。[①] 除了讨论教师学习策略与教师工作效能的关系之外，也有学者探讨教师学习策略与学校变革、发展之间的关系。如富兰等人就坚定指出，教师群体性的合作学习、高效的教师共同体对学校改革发展是最具推动意义的。[②]

　　基于上述分析，可以认为教师的学习策略与学习绩效之间有重要影响，而且不同的学习策略对学习绩效的不同方面的影响是有差异的。基

---

① 　张敏：《教师学习的理论与实证研究》，浙江大学出版社2008年版，第187页。
② 　〔加〕迈克·富兰：《教育变革的新意义》（第四版），武云斐译，华东师范大学出版社2009年版。

于前期的研究，职业教育教师工作场学习策略是一个五因素的结构，即研读反思、规划行动、观摩借鉴、交流共享、合作实践。学习绩效的结构在前面已经交代，在此不赘述。总而言之，根据上述分析，对职业教育教师工作场学习策略与学习绩效的关系做出如下假设：

假设 2.1：职业教育教师工作场学习策略与工作场学习绩效具有显著的相关性。

假设 2.2：职业教育教师工作场学习策略对工作场学习绩效中的知识获取具有显著的正效应。

假设 2.3：职业教育教师工作场学习策略中的行动规划、合作实践对工作场学习绩效中的知识内化具有显著的正效应。

假设 2.4：职业教育教师工作场学习策略中的交流共享、合作实践对工作场学习绩效中的知识共享具有显著的正效应。

假设 2.5：职业教育教师工作场学习策略对工作场学习绩效中的知识创造具有显著的正效应。

假设 2.6：职业教育教师工作场学习策略中的交流共享及合作实践（教师间的交互合作学习）对教师工作场学习绩效影响最大；行动规划及观摩借鉴（教师个体的实践探究学习）次之；研读反思对教师工作场学习绩效的影响最小。

三、工作场学习环境与学习绩效的关系假设

学习环境研究发端于 20 世纪 30 年代，主要揭示学习环境与学生学习和发展的关系。对学习环境问题的不断深入探索使教育研究者对学生学习成败的解释逐渐从单纯强调学生内在的心理因素转向强调学生内在心理因素与学习环境的“系统定向”。因为，“学生所处的社会生态环境会影响到学生的态度、情感、行为、表现和自我意识等”。[①] 在有关

---

① B. J. Webster, D. L. Fraser, "School – Level Environment and Student Outcomes in Mathematics", *Learning Environments Research*, Vol. 6, No. 3, 2003, pp. 309 – 326.

学习环境与学生发展问题上，主要的焦点在于学习环境与学生认知发展、情感发展以及创造力发展方面。① 在学习环境与学生认知发展方面，以往的研究结果总体表明，除了学生自身的因素外，学生对学习环境的感知对其学习成绩具有显著的影响。在学生情感发展方面，已有研究得出这样的发现，即学习环境影响着学生的情感发展，当学习环境是有凝聚力的、令人满意的、有目标的、有组织的和少冲突的，学生的认知和情感发展得会更好。② 在学生创造力发展上，研究结论普遍指出，心理安全的课堂气氛可以促进学生创造力的发展。总体来看，研究者关于学习环境与学生发展的考察均揭示了这样的结论，即学习环境的优劣直接关系着学生的学习与发展。

近些年来，伴随着教师学习闯入研究者的视野，教师学习环境问题也开始受到关注，一些直接相关学习环境与教师发展关系的研究也慢慢出现。如卡沃卡曼（C. H. E. Kwakman）认为学校的组织环境以及学院对学校的支持与帮助对教师非正式工作学习的影响重大。③ 洛曼（M. C., Lohman）通过调查研究发现，教师缺乏学习时间、缺乏与同伴的接近成为阻碍教师非正式工作学习的最大因素。④ 事实上，国外类似的相关研究和结论非常多。在国内，也有较多研究者关注到了教师学习环境问题。国内学者同样认为学习环境是影响教师学习的重要因素，但遗憾的是，国内学者较少有专门对学习环境与教师学习效果或效能关系的深度考察，更不要提以不同学习环境因素对教师不同的学习效能以及不

---

① 陆根书、杨兆芳：《学习环境与学生发展研究综述》，《比较教育研究》2008 年第 7 期。

② 陆根书、杨兆芳：《学习环境与学生发展研究综述》，《比较教育研究》2008 年第 7 期。

③ C. H. E. Kwakman, "Factors Affecting Teachers' Participation in Professional Learning Activities", *Teaching and Teacher Education*, Vol. 19, No. 2, 2003, p. 75.

④ M. C. Lohman, "Factors Influencing Teachers' Engagement in Informal Learning Activities", *Teachers and Teaching: Theory and Practice*, Vol. 18, No. 3, 2006, pp. 41 – 56.

同学校发展效能之间关系的考察。此外，国内有一些学者从专业学习共同体、学习型组织的角度论述了学习环境与学习型学校建设关系的问题，这些研究普遍认为，合作、交流、互动、共享的学习环境有利于促进学习型学校的建设，并推动学校的可持续、内涵发展。

基于上述分析，可以认为学习环境对教师学习效果、教师专业发展和学校发展有着重要影响。基于这样的基本判断，本书将继续深入考察不同的学习环境对工作场学习不同学习绩效的影响。从前期研究可知，职业教育教师工作场学习环境具有四个可观测变量，即物质环境、制度环境、心理环境和社会环境。基于这些，本书对职业教育教师工作场学习环境与学习绩效做出如下假设：

假设 3.1：职业教育教师工作场学习环境与工作场学习绩效存在显著的正相关。

假设 3.2：职业教育教师工作场学习环境对工作场学习绩效中的知识获取有显著的正效应。

假设 3.3：职业教育教师工作场学习环境中的社会环境对工作场学习绩效中的知识共享具有显著的正效应。

假设 3.4：职业教育教师工作场学习环境中的心理环境对工作场学习绩效中的知识内化、知识创造具有显著的正效应。

第二节　关系检验

从理论层面出发构建职业教育教师工作场学习动机、学习策略、学习环境与学习绩效四个变量之间的理论结构模型并探讨变量之间的潜在关系假设之后，本部分研究旨在基于前期正式问卷数据，并运用 SPSS、A-MOS 软件对所建构的理论模型展开路径分析，勾勒变量之间的回归路径。

一、工作场学习动机与学习绩效关系的检验

1. 工作场学习动机与学习绩效的相关分析

相关分析旨在通过对职业教育教师工作场学习动机四个因子与学习绩效四个因子之间的相关系数判断学习动机与学习绩效之间的关系。表6.1 列出了对职业教育教师工作场学习动机与学习绩效进行相关分析的结果。分析表明，就总体而言，职业教育教师工作场学习动机与学习绩效的相关性显著水平不够明显，假设1.1 不成立。

表6.1　职业教育教师工作场学习动机与学习绩效的相关系数矩阵（N=848）

维　　度	知识获取	知识内化	知识共享	知识创造
内部动机	0.191*	0.056	0.157*	0.107
外部动机	-0.015	0.061	-0.068*	-0.014
控制性动机	-0.010*	-0.045	-0.048*	-0.083
信息性动机	0.166	0.122*	0.100*	0.134**

*p<0.05　**p<0.01

具体而言，从表6.1 可以看到：

第一，职业教育教师工作场学习动机中内部动机、信息性动机两个维度的水平越高，学习绩效的水平越高；

第二，职业教育教师工作场学习动机中内部动机与学习绩效中的知识获取、知识共享有显著水平的正相关，信息性动机与学习绩效中的知识内化、知识共享、知识创造具有至少显著水平的正相关，该结论证明假设1.2 是成立的；

第三，总体来看，职业教育教师工作场学习动机中外部动机、控制性动机越高，学习绩效水平越低；

第四，职业教育教师工作场学习动机中外部动机与学习绩效中的知识共享有显著水平的负相关，控制性动机与知识内化、知识共享、知识创造存在显著的负相关，第三、第四条结论共同说明假设1.3 可以成立。

2. 工作场学习动机与学习绩效的回归分析

为了进一步探查职业教育教师工作场学习绩效是否可以用职业教育

教师工作场学习动机加以预测，此部分对职业教育教师工作场学习动机
与学习绩效进行回归分析。其中，分别以职业教育教师工作场学习动机
的内部动机、外部动机、控制性动机、信息性动机为自变量，以职业教
育教师工作场学习绩效的知识获取、知识内化、知识共享、知识创造为
因变量，进行了逐步回归分析。① 表6.2列出了进入回归模型中学习动
机各因组与学习绩效各因素之间的标准化回归系数。图6.1为职业教育
教师工作场学习动机对学习绩效的整体关系模型图。

表 6.2　职业教育教师工作场学习动机与学习绩效逐步

回归分析后的标准化回归系数摘要（N = 848）

回归模型	路　径	R平方	标准化回归系数β	P值
逐步回归模型[a]	知识获取←内部动机 知识获取←控制性动机	0.065 0.034	0.092 −0.074	0.008 0.001
逐步回归模型[b]	知识内化←控制性动机	0.021	−0.084	0.018
逐步回归模型[c]	知识共享←外部动机 知识共享←控制性动机	0.042 0.023	−0.099 −0.148	0.004 0.001
逐步回归模型[d]	知识创造←信息性动机 知识创造←控制性动机	0.018 0.015	0.134 −0.129	0.000 0.001

a. 因变量：知识获取　b. 因变量：知识内化　c. 因变量：知识共享
d. 因变量：知识创造

从表6.2、图6.3中可以得到如下结论：

第一，在以职业教育教师工作场学习动机为自变量、以学习绩效

① 逐步多元回归分析（stepwise multiple regression analysis）也称为统计回归分析，
即根据统计准则依序选取自变量进入回归模型中。属于一种探索性的复回归方
法，该方法同时使用前进选取法和后退删除法，运用计算机特性筛选出一个最
佳的复回归分析模型。采用逐步回归分析法时，被选取进入回归模型的自变量
对因变量的预测力均会达到显著性，而没有进入回归模型的自变量对因变量均
没有显著的预测力。

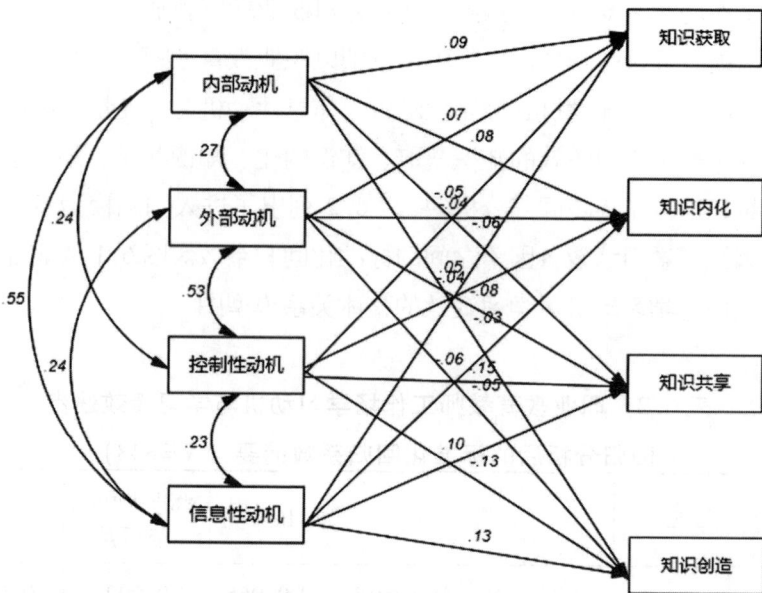

图 6.3 职业教育教师工作场学习动机与学习绩效的路径分析模型

——知识获取为因变量的逐步回归模型中，内部动机、控制性动机两个
因素进入回归模型。其中，内部动机对知识获取的预测力为 6.5%，标
准化回归系数为 0.092（P<0.01），表明内部动机对知识获取具有显著
的正向影响。控制性动机对知识获取的预测力为 3.4%，但是其标准化
回归系数为负值，表明控制性动机对知识获取具有显著的负向影响。

第二，在以工作场学习动机为自变量，以学习绩效——知识内化为
因变量的逐步回归模型中，只有控制性动机一个变量进入回归模型，其
解释变异量为 2.1%，标准化回归系数为负值，且达到 0.05 水平的显著
性，表明控制性动机对知识内化呈现显著的负向影响。

第三，在以职业教育教师工作场学习动机为自变量、以学习绩效
——知识共享为因变量的逐步回归模型中，外部动机、控制性动机依次
进入回归模型，其对知识共享的预测力分别为 4.2%、2.3%。但是，
需要指出的是，从标准化回归系数来看，两个因素对知识共享均呈现显

著的负向影响。

第四，在以职业教育教师工作场学习动机为自变量、以学习绩效
——知识创造为因变量的逐步回归模型中，信息性动机、控制性动机进
入回归模型，其对知识创造的预测力分别为 1.8%、1.5%，不同的是，
信息性动机对知识创造具有显著的正向影响，而控制性动机则对知识创
造呈现显著的负向影响。

第五，从所得到的四个逐步回归分析模型中的 R 平方值和标准化
回归系数 β 绝对值来看，所有的 R 平方值均低于 0.1，表明职业教育教
师工作场学习动机对学习绩效的预测力均低于 10%；有四项 β 系数绝
对值低于 0.1，三项低于 0.15，这表明职业教育教师工作场学习动机四
个预测变量对学习绩效四个校标变量的变异解释不大，进一步证明假设
1.1 不成立。

二、工作场学习策略与学习绩效关系的检验

1. 工作场学习策略与学习绩效的相关分析

表 6.3 列出了对职业教育教师工作场学习策略与学习绩效进行相关
分析的结果。总体来看，职业教育教师工作场学习策略与学习绩效具有
显著的相关性，证明假设 2.1 成立。

表 6.3　职业教育教师工作场学习策略与学习绩效的相关系数矩阵（N = 848）

维　度	知识获取	知识内化	知识共享	知识创造
研读反思	0.329 **	0.170 *	0.062	0.081
规划行动	0.426 **	0.286 *	0.170 *	0.272 **
观摩借鉴	0.348 **	0.185 *	0.146 *	0.104
交流共享	0.221 **	0.193	0.484 **	0.233
合作实践	0.155	0.287 *	0.289 **	0.229 **

* p < 0.05　　** p < 0.01

从表6.3可以得到如下具体结论：

第一，职业教育教师工作场学习策略与学习绩效为正相关，表明学习策略水平越高，学习绩效的水平也越高；

第二，职业教育教师工作场学习策略中的研读反思与学习绩效中的知识获取、知识内化有显著水平的正相关；

第三，职业教育教师工作场学习策略中的规划行动与学习绩效中的四个因素均具有显著水平的正相关，表明"行动学习"或"做中学"影响学习绩效；

第四，职业教育教师工作场学习策略中的观摩借鉴与学习绩效中的知识获取、知识内化、知识共享存在显著水平的正相关，其中，与知识获取的相关性最大；

第五，职业教育教师工作场学习策略中的交流共享与学习绩效中的知识获取、知识共享存在显著水平的正相关，其中，与知识共享的相关性最大；

第六，职业教育教师工作场学习策略中的合作实践与学习绩效中的知识内化、知识共享、知识创造存在显著水平的正相关，其中，与知识共享的相关性最大；

第七，从相关系数 R 值的大小来看，学习策略五因素与学习绩效——知识获取的相关系数整体最高，知识内化次之，知识共享再次，知识创造相关系数最低，数据表明职业教育教师工作场学习策略对学习绩效的影响随着学习绩效的层次上升而下降。

2. 工作场学习策略与学习绩效的回归分析

尽管职业教育教师工作场学习策略与工作场学习绩效整体存在显著相关性，但职业教育教师工作场学习绩效是否可以用工作场学习策略加以预测，仍不得而知。因此，这里同样用逐步回归分析技术，对职业教育教师工作场学习策略与学习绩效展开回归分析。其中，自变量为职业教育教师工作场学习策略的五要素，即研读反思、规划行动、观摩借鉴、交流共享、合作实践；因变量为职业教育教师工作场学习绩效四因素，即知识获取、知识内化、知识共享、知识创造。表 6.4 为进入回归模型中学习策略各因素与学习绩效各因素之间的标准化回归系数。图 6.4 为职业教育教师工作场学习策略对学习绩效的整体关系模型图。

表 6.4 职业教育教师工作场学习策略与学习绩效逐步回归分析后的标准化回归系数摘要（N = 848）

回归模型	路　径	R 平方	标准化回归系数 β	P 值
逐步回归模型[a]	知识获取←观摩借鉴	0.334	0.238	0.000
	知识获取←规划行动	0.067	0.127	0.001
	知识获取←研读反思	0.039	0.106	0.001
	知识获取←交流共享	0.018	0.072	0.009
逐步回归模型[b]	知识内化←规划行动	0.321	0.116	0.000
	知识内化←合作实践	0.059	0.097	0.003
逐步回归模型[c]	知识共享←交流共享	0.214	0.219	0.000
	知识共享←规划行动	0.068	0.113	0.008
逐步回归模型[d]	知识创造←合作实践	0.091	0.152	0.004

a. 因变量：知识获取　b. 因变量：知识内化　c. 因变量：知识共享
d. 因变量：知识创造

从表 6.4 以及图 6.4 中可以得到如下具体结论：

第一，在以职业教育教师工作场学习策略五因素为自变量、以学习绩效——知识获取为因变量的逐步回归模型中，观摩借鉴、规划行动、研读反思、交流共享四个因素进入回归模型，四个因素对知识获取因变量的预测力分别为33.4%、6.7%、3.9%、1.8%，四个因素共同解释了知识获取变异量的45.8%。四个因素的标准化回归系数均为正数，表明四个因素对知识获取具有正效应。由此可见，假设 2.2 大部分得到证实。

第二，在以职业教育教师工作场学习策略五因素为自变量、以学习绩效——知识内化为因变量的逐步回归模型中，规划行动、合作实践两

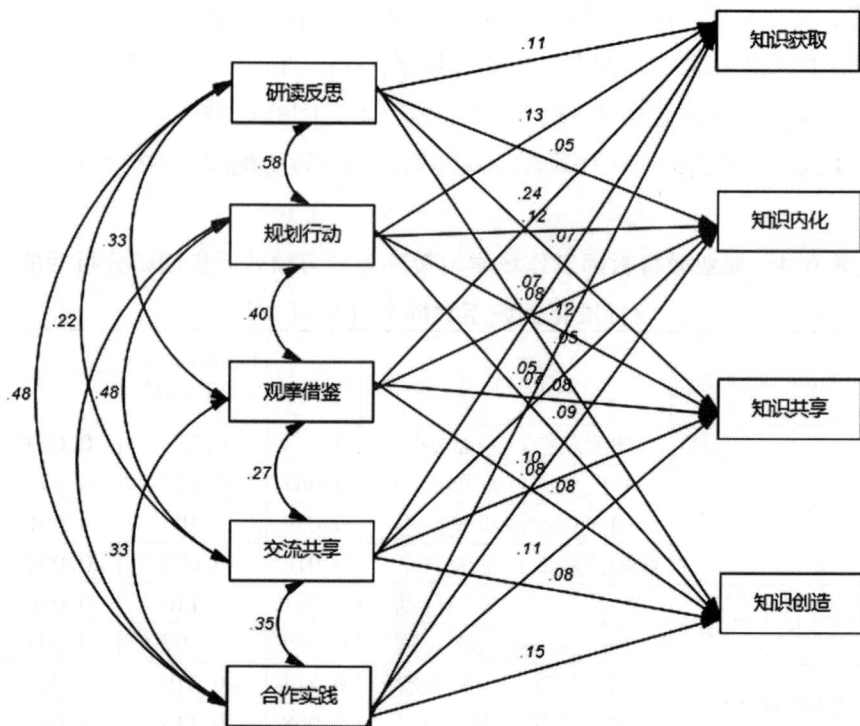

图 6.4 职业教育教师工作场学习策略与学习绩效的路径分析模型

个因素进入回归模型，两个因素对知识内化因变量的预测力分别为 32.1%、5.9%，两个因素共同解释了知识内化变异量的 38.0%，两个因素对知识内化同样具有正效应。可见，假设 2.3 得到数据证实。

第三，在以职业教育教师工作场学习策略五因素为自变量、以学习绩效——知识共享为因变量的逐步回归模型中，交流共享、规划行动两个因素进入回归模型，两个因素对知识共享因变量的预测力分别为 21.4%、6.8%，两个因素共同解释了知识共享变异量的 28.2%，两个因素对知识共享同样具有正效应。假设 2.4 部分得到数据证实。

第四，在以职业教育教师工作场学习策略五因素为自变量、以学习绩效——知识创造为因变量的逐步回归模型中，合作实践单个因素进入回归模型，其对知识创造因变量的预测力为 9.1%，并对知识创造因变量产生正效应。假设 2.5 部分得到数据证实。

第五，横向对比来看，不管是从 R 平方值来看，还是标准化回归系数 β 值，职业教育教师工作场学习策略对学习绩效的解释、预测能力比学习动机要高出许多。

第六，纵向对比来看，从 R 平方值和标准化回归系数 β 值可以看出，职业教育教师工作场学习策略中的观摩借鉴、规划行动两个要素对工作场学习绩效的预测力相对较强，其次为交流共享、研读反思，最后为合作实践。可见，假设 2-6 未得到数据证实，故不成立。

三、工作场学习环境与学习绩效关系的检验

1. 工作场学习环境与学习绩效的相关分析

毋庸置疑，学习环境影响学习成绩。然而，职业教育教师工作场学习环境与学习绩效是否一定相关？在多大程度上相关？是正相关还是负相关？这些并未得到数据证实。因此，需要对两者关系进行实证检验。表 6.5 列出了对职业教育教师工作场学习环境与学习绩效进行相关分析的结果。分析表明，总体来看，职业教育教师工作场学习环境与学习绩效呈现显著的相关性，假设 3.1 得到部分数据证实。

表 6.5　职业教育教师工作场学习环境与学习绩效的相关系数矩阵 （N = 848）

维　度	知识获取	知识内化	知识共享	知识创造
物质环境	0.335^{**}	0.087	0.075	0.073
制度环境	0.428^{**}	0.258^{*}	0.231^{*}	0.098
心理环境	0.114^{*}	0.338^{*}	0.179	0.367^{**}
社会环境	0.150	0.196^{*}	0.491^{**}	0.186

$^{*}p < 0.05$　　$^{**}p < 0.01$

从表 6.5 可以解读出如下结论：

第一，总体来看，职业教育教师工作场学习环境与学习绩效呈现显著的正向关系，表明工作场学习环境水平越高，学习绩效的水平也越高；

第二，职业教育教师工作场学习环境中的物质环境仅与学习绩效中的知识获取呈现显著水平的正相关，表明物质环境对知识获取影响相对较大。

第三，职业教育教师工作场学习环境中的制度环境与学习绩效的知识获取、知识内化、知识共享存在至少显著水平的正相关，相关系数从高到低依次为知识获取、知识内化、知识共享，表明制度环境影响学习绩效，但对学习绩效不同层面的影响程度不一。

第四，职业教育教师工作场学习环境中的心理环境与学习绩效的知识获取、知识内化、知识创造存在至少显著水平的正相关，相关系数从高到低依次为知识创造、知识内化、知识获取，表明心理环境对知识创造的影响最大，对知识共享的影响最小。

第五，职业教育教师工作场学习环境中的社会环境与学习绩效中的知识内化、知识共享具有至少显著水平的正向关联，其中，与知识共享为中度水平相关，与其他为低度水平相关。

第六，从相关系数 R 值的大小来看，职业教育教师工作场学习环境与学习绩效四个因素的相关度从高到低依次为知识获取、知识共享、知识内化、知识创造，总体表明，职业教育教师工作场学习低层次绩效更容易受学习环境影响，而高层次学习绩效则相对不容易受学习环境影响。

2. 工作场学习环境与学习绩效的回归分析

分别以职业教育教师工作场学习绩效中的知识获取、知识内化、知识共享、知识创造为因变量，以职业教育教师工作场学习环境中的物质环境、制度环境、心理环境、社会环境为自变量，进行逐步回归分析，能够得出四组逐步回归分析模型。将进入回归分析模型的因素单独列出，更能清晰看出职业教育教师工作场学习环境对学习绩效的预测能力。表 6.6 为进入回归模型中学习环境各因素与学习绩效各因素之间的

标准化回归系数。图6.5为职业教育教师工作场学习环境与学习绩效的
整体关系模型图。

表6.6　职业教育教师工作场学习环境与学习绩效逐步回归分析后的
标准化回归系数摘要（N=848）

回归模型	路　径	R平方	标准化回归系数 β	P值
逐步回归模型[a]	知识获取←制度环境	0.201	0.190	0.000
	知识获取←物质环境	0.052	0.092	0.000
	知识获取←心理环境	0.018	0.060	0.023
逐步回归模型[b]	知识内化←心理环境	0.182	0.328	0.000
	知识内化←制度环境	0.040	0.093	0.006
逐步回归模型[c]	知识共享←社会环境	0.194	0.398	0.000
	知识共享←制度环境	0.038	0.100	0.003
逐步回归模型[d]	知识创造←心理环境	0.120	0.323	0.000

a. 因变量：知识获取　b. 因变量：知识内化　c. 因变量：知识共享
d. 因变量：知识创造

从表6.6、图6.5中可以得到如下具体结论：

第一，在以职业教育教师工作场学习环境四因素为自变量、以学习
绩效——知识获取为因变量的逐步回归模型中，制度环境、物质环境、
心理环境三个因素进入回归模型，三个因素对知识获取因变量的预测力
分别为20.1%、5.2%、1.8%，其中，制度环境对知识获取的预测力
最高，三个因素共同解释了知识获取变异量的27.1%，三个因素的标
准化回归系数均为正数，表明三个因素对知识获取具有正效应，假设
3.2大部分得到证实。

第二，在以职业教育教师工作场学习环境四因素为自变量、以学习
绩效——知识内化为因变量的逐步回归模型中，心理环境、制度环境两

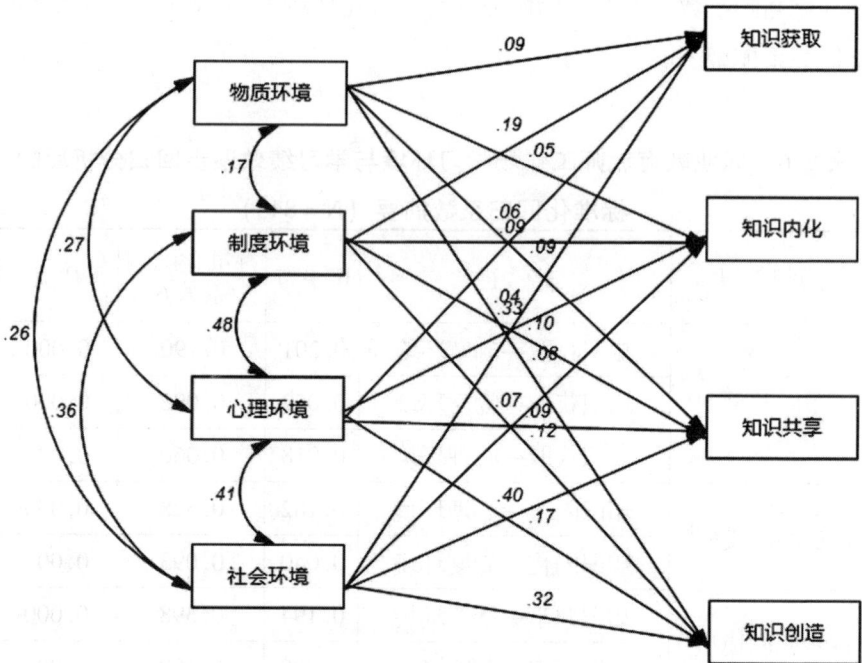

图 6.5 职业教育教师工作场学习环境与学习绩效的路径分析模型

个因素进入回归模型，两个因素对知识内化因变量的预测力分别为 18.2%、4.0%，可见，心理环境对知识内化的预测能力最强。两个因素共同解释了知识内化变异量的 22.2%，且对知识内化均具有正效应，可见，假设 3.4 部分得到数据证实。

第三，在以职业教育教师工作场学习环境四因素为自变量、以学习绩效——知识共享为因变量的逐步回归模型中，社会环境、制度环境是两个因素进入回归模型，两个因素对知识共享因变量的预测力分别为 19.4%、3.8%，两个因素共同解释了知识共享变异量的 23.2%，两个因素对知识共享同样具有正效应。假设 3.3 得到数据证实。

第四，在以职业教育教师工作场学习环境四因素为自变量、以学习绩效——知识创造为因变量的逐步回归模型中，心理环境单个因素进入回归模型，其对知识创造因变量的预测力为 12.0%，并对知识创造因变量产生正效应。假设 3.4 部分得到数据证实。

第五，横向对比来看，基于 R 平方值和标准化回归系数 β 值可判断，职业教育教师工作场学习环境对学习绩效的解释、预测能力比学习动机强，但是比学习策略弱。

第六，纵向对比来看，从 R 平方值和标准化回归系数 β 值可以看出，职业教育教师工作场学习环境中的心理环境对工作场学习绩效的解释、预测能力最强，制度环境次之，物质环境最弱。可见，心理环境对学习绩效的影响相对最大。

四、结论与讨论

基于正式问卷调查数据，采用实证的方式，运用 SPSS、AMOS 软件对职业教育教师工作场学习动机、学习策略、学习环境与学习绩效的关系进行检验，得出了诸多相关结论。这里仅立足于整体的视野对部分重要结论进行归结、展开讨论。

1. 工作场学习策略、学习环境对学习绩效具有显著正效应，学习动机与学习绩效关联不显著

毋庸讳言，职业教育教师工作场学习动机、学习策略、学习环境与学习绩效有着非常紧密的联系，但三个自变量对学习绩效的影响并不一样。相关分析的结果发现，职业教育教师工作场学习策略、学习环境与学习绩效存在显著正向关联，学习动机与学习绩效关联不显著。逐步回归分析的结果表明，职业教育教师工作场学习策略、学习环境对学习绩效具有显著的正效应。

工作场学习策略对学习绩效具有显著正效应意味着职业教育教师掌握学习策略的水平越高，则学习绩效水平越高。这一点与已有研究得出的结论是一致的。相关"怎么学"和"学得怎么样"关系的讨论并不少见，不管是针对学生学习，还是教师学习，已有研究大多表明，如何选择学习策略是保证学习者学习效果的重要方面。在工作场学习领域，

也有研究探讨了学习策略对于工作场所学习效果的影响，并据此构建了工作场所学习策略评估模型。[①]

工作场学习是扎根于工作实践情境的特殊学习形式，学习环境对工作场学习的影响已经得到大量理论研究与实践的证实，本书前面也有较多相关论述，在此不一一赘述。本书进一步表明，职业院校工作场学习环境水平越高、学习环境越理想，则职业教育教师学习绩效水平越高。因此，从改善工作场学习环境的角度来提升职业教育教师工作场学习绩效的路径是完全可行的。

学习动机是引发职业教育教师工作场学习的动力机制，是学习活动得以发动、维持、完成的重要条件，并由此影响学习绩效。尽管学习动机是影响学习绩效的重要方面，但是，诸多心理学研究成果均表明：学习动机并不一定带来学习效果的提升。原因在于在学习动机影响学习绩效的过程中还受学习行为这一中介变量的影响。另外，学习动机的不同类型也决定了学习动机对学习绩效的影响是不一样的。因此，以上两方面的解释可以说明职业教育教师工作场学习动机与学习绩效关联不显著的原因。

2. 工作场学习策略对学习绩效的预测力最强，学习环境次之，学习动机最弱

尽管工作场学习动机、学习策略、学习环境均对职业教育教师工作场学习绩效有解释、预测能力，但逐步回归分析结果表明，职业教育教师工作场学习策略对学习绩效的预测力最强，学习环境次之，学习动机最弱。该研究结论的实践意义在于，通过设计、调控、优化工作场学习策略的路径提升职业教育教师工作场学习绩效是最行之有效的。

如图6.1所示，在职业教育教师工作场学习系统结构图中，学习动机属于条件输入系统，学习环境属于生态环境系统，学习策略属于学习过

---

① 王毅军：《工作场所学习策略评价方法简析》，《中国成人教育》2012年第20期。

程系统，学习绩效则属于结果输出系统，在这样一个学习系统中，学习策略实质上扮演的是中介变量的作用，即学习动机、学习环境最终需要通过学习策略而对学习绩效发生作用。在这个意义上，职业教育教师工作场学习策略对学习绩效具有最强的预测力是合情合理的。事实上，相关研究同样证明了学习策略对于学习效果的最佳预测力，如平特里克（P. R. Pintrich）等人以中学生为被试，研究目标定向与学习成绩的关系，结果发现：学习策略是成绩的最佳预测指标，而目标定向与学习成绩之间无直接的显著关系，但可能通过学习策略等中介因素影响学习成绩。[①] 尽管本书与该研究在样本上有很大差异，但最终结论都揭示了学习策略在学习系统中的中介作用，及其对学习绩效的最佳预测能力。

3. 工作场学习动机、学习策略、学习环境对学习绩效的影响力度因学习绩效的层次上升而下降

前面揭示了职业教育教师工作场学习动机、学习策略、学习环境在对学习绩效影响力上的差异，事实上，三个因变量对职业教育教师工作场学习绩效不同层次的影响也有差异。逐步回归分析的结果显示，职业教育教师工作场学习动机、学习策略、学习环境对工作场学习绩效中的知识获取影响力度最大，而对知识共享、知识创造影响相对较小，尤其对知识创造影响最小。得出该研究结论的实践意义在于，必须通过整合多重学习变量的方式从而促成不同学习绩效层次的共同达成。

学习绩效层次越高，所受的影响因素越多，研究所不能控制的无关变量越多，则因变量变异度的可解释量则越低。相比较于知识获取，知识内化除了需要把握"是什么"，还需要把握"怎么做"，知识创造则不仅需要掌握"是什么""怎么做"，还要进一步探索"还有什么"，知识共享不仅要求学习者认知自身的知识状态，还要求学习者对知识状态之间进行有效分享、交流、碰撞，可见，学习绩效层次越高，其所受到

---

① 转引自徐方忠等：《目标倾向与自我调节活动及绩效的关系研究综述》，《应用心理学》2000 年第 1 期。

的影响变量越多。本书仅仅探讨了工作场学习绩效影响变量中的学习动机、学习策略和学习环境三个因素，而对诸如学习者知识基础、经验丰富程度等变量未加以探讨，由此必然导致对知识创造等高级学习绩效解释力不足的现象发生。

4. 工作场学习策略中的观摩借鉴、规划行动对工作场学习绩效的预测力最强，交流共享、研读反思次之，合作实践的预测力最弱

尽管学习策略是职业教育教师工作场学习绩效的最佳预测指标，但学习策略的不同类型对学习绩效的预测能力是不一样的。逐步回归分析的结果表明，在职业教育教师工作场学习五项策略中，观摩借鉴、规划行动对学习绩效的预测力最强，合作实践的预测力最弱。该研究结论提示了实践、参与、共同实践、共同参与在职业教育教师工作场学习当中的重要性。

观摩借鉴强调的是工作实践中间接经验在职业教育教师之间的水平交换，这种经验交换在教师间从事某一项共同的工作实践当中发生。"师徒制"是观摩借鉴学习策略中的典型，这种学习策略"涉及主动的个体在文化性组织的活动中和他人共同参与"，① 可见，参与、共同参与是"师徒制"的灵魂，也是观摩借鉴的核心要义所在。规划行动强调的是工作实践中职业教育教师直接经验的垂直迁移，职业教育教师在诸如课堂模式探索、校本课程开发等等学习实践当中不仅可能习得新的知识经验，而且不断对原有知识经验进行整合，从而不断通过同化性迁移、顺应性迁移以及重组性迁移丰富、深化、升华自身的知识经验，获得发展。相比较于观摩借鉴和规划行动，研读反思更为静态，表征为教师基于元认知的反思性学习，实践的韵味大打折扣。

作为一项学习策略，合作实践彰显着学习的共同体境脉，主张知识的社会建构，强调"学习共同体"在工作场学习中的意义价值，其理

①　转引自赵健：《学习共同体——关于学习的社会文化分析》，华东师范大学出版社 2006 年版，第 58 页。

应对教师工作场学习绩效发挥更强的预测力。理论层面的应然与实践层面的实然制造出的差异一方面反映出当前职业教育教师对"共同体学习"的价值认识的不到位，另一方面折射出职业教育教师在工作学习实践中运用"集体学习""组织学习"等学习形式的生疏。

5. 工作场学习环境中的心理环境、制度环境对工作场学习绩效的预测力最强，社会环境次之，物质环境的预测力最弱

学习环境对职业教育教师工作场学习绩效具有显著的正效应，然而，工作场学习环境的不同层面对学习绩效的影响力度不一，逐步回归分析的结果表明，职业教育教师工作场学习环境中的心理环境、制度环境对工作场学习绩效的预测力最强，物质环境的预测力最弱。该研究结论提示职业院校可以通过创设适宜的工作场学习心理环境、制度环境的形式提升职业教育教师工作场学习绩效。

心理环境作为职业院校工作实践情境中教师对一些事件、活动和程序，以及那些可能会受到奖励、支持和期望行为的感知状态，其揭示的是学习中刺激情境的作用，强调民主、活跃、包容错误、鼓励尝试、良性工作压力等刺激情境对于工作场学习的重要意义。心理环境的作用机制在于通过影响工作场学习动机的方式进而影响学习策略，最终影响学习绩效。与心理环境不同，制度环境主要通过对学习机会、学习资源的调控而直接影响学习绩效，正如比利特所言，"由于工作场所是工作所需知识的主要来源，那么在竞争激烈的工作中如何分配参与的机会对于理解工作场所学习是至关重要的""工作场所的供给条件或受邀性质决定个人选择目标导向活动的方式，并且通过专家和新手之间近距离的互动可以确保获得直接指导，例如观察和聆听的机会。"[1] 可见，主要表征为学习机会、学习资源制度化的制度环境直接影响着个人知识的建

---

[1] 〔澳〕斯蒂芬·比利特：《通过工作学习：工作场所的参与式实践》，见海伦·瑞恩博德等主编：《情境中的工作场所学习》，匡瑛译，外语教学与研究出版社2011年版，第125页。

构。当然，社会环境、物质环境同样以不同的形式对学习绩效发挥作用，譬如社会环境，其对知识的共享就具有显著的正效应。

第三节　个案比较

如前所述，选择运用个案研究的方法考察职业教育教师工作场学习四个要素的关系旨在借助定性研究的描述性、解释性、整体性和情境性等特点，从而从另一个视角探查职业教育教师工作场学习动机、学习策略、学习环境与学习绩效之间的关系，进而与定量研究相互验证，共同厘清要素之间的内在因果关系。具体而言，个案研究的目的在于：第一，分析学习绩效高的条件，分析学习动机、学习策略和学习环境哪些因素促进了学习绩效的提升；第二，分析学习绩效低的原因，分析学习动机、学习策略和学习环境哪些因素影响了学习绩效的提升。

在研究个案的选择上，采用三个原则。第一个原则是基于数据分析的结果。在前期量化研究中，问卷的发放主要以学校为单位，每所学校发放 30—40 份数量不等的问卷，共在全国发放有 28 所中高职院校。数据收集录入结束之后，研究者对这 28 所中高职院校在学习动机、学习策略、学习环境以及学习绩效上的平均值进行了计算，并依据平均值得出了每所学校在教师工作场学习四个维度上的 Z 分数。此后，研究者将四个维度的 Z 分数值均较高（相等条件下，优先考虑学习绩效变量）的职业院校列为第一方阵（7 所），将四个维度的 Z 分数值居中的职业院校列为第二方阵（10 所），将四个维度的 Z 分数值相对较低的职业院校列为第三方阵（11 所）。在此基础上，选择从第一方阵和第三方阵中各挑选 1 所职业院校作为个案。第二个原则是个案选取的典型性、代表性和可比性原则。在所选取的 2 个个案中，尽量考虑个案学校的发展相似性。第三个原则是研究的可行性原则。即在第一方阵的 9 所职业院校和第三方阵的 12 所职业院校当中，尽量挑选研究者熟悉、并方便开展访谈的院校作为个案。基于个案研究的两个目标和个案选取的三个原则，最终确定选择 2 所中职学校作研究个案，分别命名为 A 中等职业学校、B 中等职业学校。

A 中等职业学校是四川省成都市重点打造的一所公办中等职业学校，是首批国家中等职业教育改革发展示范学校、国家重点中专学校、四川省委省政府授予的教育系统先进集体。学校共拥有教职员工 720 余人，其中专职专业课教师 280 余人。B 中等职业学校是重庆市某主城区重点打造的一所公办中等职业学校，学校于 2001 年通过市（省）级重点职业中学验收，被正式命名为市（省）级重点职业中学，并于 2012年纳入国家级第二批重点中等职业学校建设项目。学校拥有教职员工530 余人，其中专职专业课教师 190 余人。总体来看，A 中等职业学校与 B 中等职业学校均为公办学校、国家级重点中等职业教育改革发展示范学校，两所学校发展的地理区位、背景、规模、师资力量等情况大致相当，具有可比性。此外，本书选取了 A 中等职业学校的 38 名教师、B 中等职业学校的 32 教师为调查样本，样本在性别、任教专业、教龄、职称职务上有所差异，体现了层次性。

一、个案学校教师工作场学习绩效的量化比较

在本书中，两所学校在教师工作场学习绩效指标上有较大差异（具体差异如表 6.7 所示）。

表 6.7　A 中等职业学校与 B 中等职业学校在教师工作场学习绩效上的量化比较

维　度	学校名称	样本数	均　值	标准差	T 值
知识获取	A 中职	38	3.91	0.65	7.536**
	B 中职	32	3.47	0.77	

续表

维 度	学校名称	样本数	均 值	标准差	T 值
知识内化	A 中职	38	3.76	0.72	4.855**
	B 中职	32	3.35	0.80	
知识共享	A 中职	38	3.69	0.67	4.027**
	B 中职	32	3.31	0.71	
知识创造	A 中职	38	3.55	0.58	11.071**
	B 中职	32	2.81	0.67	

**$p < 0.01$

量化数据显示，A 中等职业学校与 B 中等职业学校在教师工作场学习绩效的几个维度上均存在极其显著的差异，A 中等职业学校教师工作场学习绩效均值显著高于 B 中等职业学校。为了进一步探讨个案学校教师工作场学习绩效差异产生的原因，以下将围绕教师工作场学习的动机、工作场学习的策略以及工作场学习的环境三个方面进行比较。

二、个案学校教师工作场学习动机的比较

A 中等职业学校与 B 中等职业学校教师都认识到了工作场学习的重要性，认为只有学习才能适应变化、迎接挑战，都认为工作场学习能够丰富自身理论知识、提高实践技能，而且也能促进学校的发展。

> 我认为中职教师需要在工作中学习。工作中的学习让我丰富了理论知识，提高了实践技能和科研能力。教师们在工作中的学习对于学校的发展也有很大的帮助，比如我们学校要申办高职，就要有大批的高学历、高技能教师。（A 学校某教师）
> 任何一个有责任心的老师，肯定应该在工作中去学习，做主动学习的人。（A 学校某教师）
> 我认为工作中的学习会对自己的工作进行反思提供帮助，会及

时更正在教学中的不足等。教师在工作中的学习会促进学校的持续
发展，只有老师学好了，才能更好地教好学生，学生学好了才更好
地适应社会发展，最有助学校的扩大发展等。（B学校某教师）

　　教师当然是要不断学习的。那些认为只要教好书就行的老师是
教不好书的。社会发展了嘛，学了个本科就可以混一辈子的想法是
行不通的。（B学校某教师）

　　A学校和B学校教师都认为工作场学习的动机主要来自内部，但相比
较而言，B学校教师更看重学习的实用性和功利性，工作中学习的动力更多
是出于为适应而学习、为生存而学习。

　　我认为，我（工作场学习）的主要动力是希望尽我所能教好
学生，让学生掌握技能谋到一份好工作。（另外）行业发展技术更
新要求不断学习。总之，我的动力来自内部、自身，而不是学校的
要求。（A学校某教师）

　　（教师）很有必要在工作中学习。学习动力是为了提升自己的
技术和科研水平，提高自己的社会服务能力，提高自己的知名度和
创造更多社会价值。（A学校某教师）

　　我认为，教师只是一种谋生的手段，虽然国家这几年非常重视
教师的专业化，出台了很多政策，投入了很多经费，但是在我看
来，真正自我发展的教师并不是太多。（B学校某教师）

　　我发现我身边的N多老师的学习动机都是被迫学习的，没有
几个是主动学习的，至少不是为了把工作干得更好才学习的。当然
也可能是我没有怎么注意观察。有些是为了晋级，有些是为了升
官。当然，也有极少数人是真的喜欢学习。我是为了能在儿子面前
撑得起腰杆。（B学校某教师）

A 学校和 B 学校教师都没有过多地谈到学校对学习的驱动作用，可见总体来看，中职学校作为组织在提升教师工作场学习动机方面有待提高。

三、个案学校教师工作场学习策略的比较

A 学校教师学习类型相对呈现多样化的特点，主要有教研组、专业组的定期集体备课和就一些问题的讨论、集体开发校本教材、观摩课的备课、听课和评课活动、专家讲座、教学模式研讨、教育沙龙、同事交流讨论、与高校专家合作研究课题，还有诸如师徒学习等一些非正式的组织学习形式。

> 我们学校很重视老教师对年轻教师的帮助。学校要求我们每个年轻教师都要去选择一位老教师，结成师徒关系，而且每学期期末都会有一个相关的考评，主要看（师徒）相互的评价、开展活动的次数，还要求老教师提交一份学期活动总结。对年轻教师发展来说，我认为学校这种做法非常可取。（A 学校某教师）

相比较之下，B 学校教师学习类型则较为单一，主要是集体备课、专业组讨论、观摩课、公开课、同事交流讨论等。此外，B 学校教师更多选择实践反思、规划浏览等个体学习形式，没有充分意识到互动、共享在学习中的作用。而 A 学校教师则不但重视实践反思、规划浏览在学习中的运用，还重视教师之间的交流、讨论。A 学校教师认为：

> 一个人学习的力量是非常有限的。一个人看问题的角度也很狭隘，而如果大家真诚地互助就可以产生很大的力量。（A 学校某教师）

> 我们学校基本上做到了将一个专业组的教师集中在一个大办公室办公，虽然有时候觉得吵吵闹闹的，但这的确加强了教师之间的

交流。以前我们总是各教各的，现在我们经常会围绕学生问题、教学问题讨论的热火朝天，大家都可以自由地发表自己的看法，感觉收获挺大的。（A学校某教师）

四、个案学校教师工作场学习环境的比较

A学校和B学校在工作场学习环境上有较多差异之处。

首先，在物质环境上，A学校为教师提供了更为丰富的可供借阅的书籍、期刊、报纸，提供了阅览室，阅览室位置居中，宽敞明亮，配备专门管理人员并提供相关咨询服务。B学校虽然也有专门的阅览室，但处于学校比较偏僻的位置，空间比较狭窄，书籍数量不多且主要以教材、本地出版的期刊和省报为主，更新速度较慢。另外，可能与B学校专业课教师相对紧缺有关系，B学校更多教师反映学习时间不足严重影响了工作场学习的质量。

> 生活压力、教师需要负责的块面过多（教学、学生管理、科研、招生、社会服务、其他），没有多余的精神和时间投入学习。（B学校某教师）
>
> 工作量太大，没太多时间专业发展。专业发展要快要好，与时间、教师个人职业追求的精神、兴趣爱好等有关，工作量太大、超负荷，在一线已经太累的情况下，就注定没时间发展。（B学校某教师）

其次，在制度环境上，A学校更加注重教师学习制度的建设，注重从宏观层面配备完善的制度体系以保障学校教师管理制度有序地进行。比如，A学校规定教师每学期都必须读书写心得，在会上交流；建立了教师学习激励机制和鼓励创新机制，学校不仅注重对教师的物质奖励，

还非常注重精神奖励，相比之下，B 学校虽然也制定了相关的学习制度，但大多流于形式，而且 B 学校主要从物质驱动出发刺激教师的学习动机，但这似乎并不受所有教师欢迎，正如 B 学校教师所说的：

> 我认为职业教育的定位非常重要。到底我们是培养什么样的学生？如果学生是技能型，可能对老师也提出了相应的要求。为了更好地培养学生，老师在专业技能方面的提高就显得非常重要。但是，学校对于老师专业技能的提高，没有一种有效的激励机制，让老师们愿意走向现场，去更多地了解工作单位到底需要什么样的技能，从而也有机会去让自己掌握并传授这些技能。（B 学校某教师）

> 学校提供的条件不仅只是物质条件，还应该有一种精神氛围，让老师们有归属感，有愿意为学校而努力的内在感情归属，在这方面，我认为学校做得很一般。（B 学校某教师）

另外，A 学校能够为教师提供更多的在工作中学习的机会。A 学校每一学期都会组织三次较大规模的教师之间听课、评课活动，鼓励更多的年轻教师走向展示舞台，鼓励教师之间更多地围绕问题而讨论，鼓励相互帮助。在平时，A 学校也鼓励同一专业组教师之间相互听课。实践中我们也发现，A 学校教师比较乐意主动在同事面前展示自己的课堂，因为他们相信同事能够给予他们很多友善的建议和帮助。正如 A 学校教师所说：

> 现在我们听教师的公开课、示范课之后，都习惯指出问题，因为优点大家都看得到，而且同事之间大家相互吹捧也没有什么意思。问题就是问题，指出别人的问题不仅可以帮助别人，而且也可以提醒在自己的课堂中不犯这样的毛病。最重要的是，当大家都习惯说缺点、说不足的时候，就觉得没有什么不好的，丝毫不会影响

同事之间的关系。反倒是你一味地表扬，别人还觉得你这个人虚伪。（A 学校某教师）

B 学校教师更多抱怨学校缺乏激励机制和学习机会：

"学而优不能仕"。（教师）潜心学习之后，得不到激励，没有提升的管道，是（教师工作场学习）最大的阻碍。（B 学校某教师）

（教师学习）没有外来资源的提示。因为对外接触少，得不到导师、刊物、同行的提示，不知该学什么，不知教师职业规划或进程。（B 学校某教师）

再次，在心理环境上，A 学校大多数教师对学校领导的看法是积极的，认为他们爱学习，乐意去接受一些新理念和观点，也比较民主，重视教师的发展进步。此外，A 学校教师认为领导有较强的包容心，允许教师在不触犯基本规则的前提下对课堂、教材进行自主发挥和改革调整，给予了教师较大的发挥空间。相比之下，B 学校大多数教师认为学校领导太多功利，过于注重跑资源、跑关系，注重学校外在形象建设，而对教学环节、教师学习发展重视不够。

领导表面上支持教师在工作中学习，一套一套的，可真正的学习环境并不理想。领导们更看重表面业绩，重视各种获奖数据，并不真正关心课堂教学质量的提高。例如：非常重视国赛，但并不真正投入大量精力去提升教师和学生的技能水平。（B 学校某教师）

表象上，每个学校都支持教师不断学习。实际执行中则有很大偏差：本科多少有个重视文凭、重视学术的氛围，而中职学校上不跟本科比学术，下不跟中学比升学率，于是，就是后勤为主。没有

学术氛围当然就谈不上为教师学习提供氛围了。（B 学校某教师）

最后，在社会环境上，A 学校教师学习分享文化总体不错，教师之间能够相互帮助，集体备课，团队学习，彼此能坦诚地交流对问题的看法。B 学校教师则相对封闭，从访谈的感觉中，能够感受到 B 学校教师有较重的自我防卫意识，很多教师认为"学习是自己一个人的事情"。

教师之间主张合作分享，大家聚到一起，各有各的专长，就可以互相学习；同时可以警醒提示，看到自己的差距，了解行业的平均水平，适时调整自己的专业学习。（A 学校某教师）

教师各有自己的专业领域，学校事情也很多，大家各忙各的，没有多大必要合作学习。（B 学校某教师）

合作对我发展有什么好处？大家一起努力争取到的成果和荣誉往往都是被领头的领导拿走，没有我们无名小卒的份，这样还不如自己做自己的呢。（B 学校某教师）

五、个案比较的发现

尽管本书仅仅只是基于两所中等职业学校进行案例描述，但依然能通过个案的比较研究总结出教师工作场学习绩效得分高的学校的若干特征：（1）教师普遍认可工作场学习的价值；（2）教师普遍有提升自我专业水平、关照学生发展、服务学校发展的内在意识，并愿意为此而学习提高；（3）有多样化的工作场学习形式；（4）有支持教师专业学习的空间和时间；（5）有支持教师学习的规范和制度，并能够有效实施；（6）为教师提供更多参与学习的机会；（7）领导带头学习并支持教师专业学习；（8）鼓励创新和支持自主性；（9）有信任和分享的文化环境。

　　重新将工作场学习动机、学习策略、学习环境以及学习绩效四个维度置于一个分析框架，探讨维度之间的关系，不但有助于全面认识职业教育教师工作场学习的整体面貌，而且有助于进一步揭示工作场学习要素之间的逻辑因应关系。对工作场学习四个要素之间关系的探索采用两条相互验证的途径，即定量途径和定性途径。

　　定量途径首先从设定四个要素的假设关系出发。基于所构建的工作场学习系统结构模型，本书将工作场学习动机、学习策略、学习环境设定为自变量，将工作场学习绩效设定为因变量，在梳理相关理论研究的基础上分别假设职业教育教师工作场学习动机与学习绩效、学习策略与学习绩效、学习环境与学习绩效的理论关系。此后，基于前期正式问卷数据，运用 SPSS、AMOS 软件对所建构的理论模型展开路径分析，对职业教育教师工作场学习动机、学习策略、学习环境与学习绩效的关系进行检验。定量分析主要得出如下重要结论：职业教育教师工作场学习策略、学习环境对学习绩效具有显著正效应，学习动机与学习绩效关联不显著；职业教育教师工作场学习策略对学习绩效的预测力最强，学习环境次之，学习动机最弱；职业教育教师工作场学习动机、学习策略、学习环境对学习绩效的影响力度因学习绩效的层次上升而下降；职业教育教师工作场学习策略中的观摩借鉴、规划行动对工作场学习绩效的预测力最强，交流共享、研读反思次之，合作实践的预测力最弱；职业教育教师工作场学习环境中的心理环境、制度环境对工作场学习绩效的预测力最强，社会环境次之，物质环境的预测力最弱。

　　定性途径依据前期量化研究的数据处理，抽取学习绩效高低两个层次的两所中职学校作为个案，分别对教师工作场学习的动机、工作场学习的策略以及工作场学习的环境三个方面进行比较。比较研究结果表明，教师工作场学习绩效得分高的学校具备如下特征：教师普遍认可工作场学习的价值；教师普遍有提升自我专业水平、关照学生发展、服务学校发展的内在意识，并愿意为此而学习提高；有多样化的工作场学习形式；有支持教师专业学习的空间和时间；有支持教师学习的规范和制度，并能够有效实施；为教师提供更多参与学习的机会；领导带头学习并支持教师专业学习；鼓励创新和支持自主性；有信任和分享的文化环境。

定量途径和定性途径共同揭示了职业教育教师工作场学习动机、学习策略、学习环境以及学习绩效之间的因果关系，这在一定程度上能够为职业院校教师专业学习系统改革提供若干实证依据。至于如何在实践中运用这些关系，则有待于在理论和实践层面进一步对这些关系进行理解和诠释，这项任务将在下一章的讨论中有所体现。

第七章

职业教育教师有效工作场学习的机制

　　一种专业的创生并非借助于证书或外界的责难，而是借助于一种真实意义上的专业知识体系以及能够促进这一知识体系不断完善的机制，借助于从事该专业的人员真正的改善自身实践的愿望。①

——詹姆斯·斯蒂格勒，詹姆斯·赫伯特

（James W. Stigler & James Hiebert）

　　在终身教育思潮勃兴、职业教育复兴、职业教育改革呼声日涨的时代境脉下，中国职业教育如何回应挑战是最近十余年来理论界和实践界热烈讨论的关键议题。在社会变革、职业教育改革等外部力量的驱动下，个体形象的职业教育教师以及组织形象的职业院校均感受到了前所未有的压力和挑战，在这种挑战和压力之下，个体以及组织的学习动机均被催生，进而职业院校基础能力建设、职业教育内涵式发展、职业教育师资队伍建设等变革行动风起云涌，并极大促进了中国职业院校竞争力和职业教育教师素质的整体提升。然而，"变革的意义总是'新'的，因为变革是人类永远充满活力的追求"，② 教育变革之路同样布满荆棘而又前路漫漫，我国职业教育改革任重而道远。但是，我们认为，在未来中国职业教育变革进程中，教师工作场学习行动和学习型职业院校创建行动理应成为核心行动，建立学习型职业院校提升职业院校发展

① J. Stigler, J. Hiebert, *The Teaching Gap: Why Our Schools are Failing and What We Can Learn From Japanese and Chinese Education*, New York: Simon & Schuster , 1999, p. 146.

② 〔加〕迈克·富兰：《教育变革的新意义》（第四版），武云斐译，华东师范大学出版社 2009 年版，第 2 页。

效能、培育学习型教师提升职业教育教师工作效能理应成为关键路径，未来中国职业教育改革路径图由此勾勒而出（如图7.1所示）。基于这样的展开逻辑，本章将立足于实证研究的证据，扎根于我国职业院校发展以及职业教育教师发展的实践境域，尝试以职业教育教师有效工作场学习机制设计为突破点，展开一个初步的设计研究。需要指出的是，称之为一个设计研究，并不意味着研究者将设计研究视为一个应用完美无缺的技术解决界定完好的问题的过程，而是一个艺术性地创造一些可能的方法以解决模糊的、开放式问题的过程。[1]

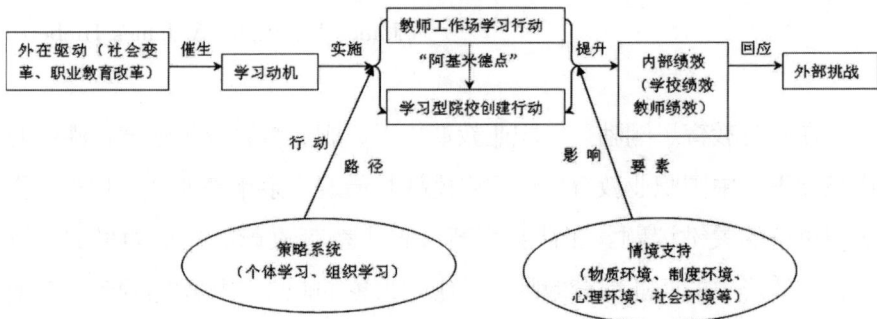

图7.1　职业院校变革路径图

第一节　系统优化——有效表征及其机制模型设计

一、职业教育教师工作场学习的有效表征

在对待工作场学习的认识或者态度上，本书自始至终秉承一种能力取向的研究立场。在这样的研究立场之下，我们认为无论在哪一所职业院校，职业教育教师都存在着有意识或无意识的工作场学习行为，而差

---

[1]　郑葳：《学习共同体——文化生态学习环境的理想架构》，教育科学出版社2007年版，第171页。

异则在于有的教师工作场学习行为表现明显、卓有成效，有的教师工作场学习能力弱、行为低效；有的职业院校教师工作场学习能力强，有的学习能力弱。前面几章的实证研究总体揭示了这样的结论和事实，即当前我国大多数职业院校教师工作场学习处于一种低层次、碎片化的状态，职业教育教师工作场学习能力普遍偏弱，工作场学习暴露出诸多的低效表征。归结而言，当下我国职业教育教师工作场学习所呈现出的低效性表征如下：

一是职业教育教师工作场学习的"断裂式"。断裂式的工作场学习将工作与学习生硬隔离，"工作世界"与"学习世界"缺乏有效的融通、对话，两种世界甚至相互排斥，工作仅仅只是为了工作，而学习也仅仅只是为了学习，工作与学习之间缺乏有意义的耦合节点。

二是职业教育教师工作场学习的"碎片化"。碎片化的工作场学习或者是为了某一个上级任务而学习，或者是为了解决一个偶然面对的问题，或者仅仅只是一时的个人冲动，学习在时间上难以延续，在空间上难以统整，在内容上难以层级递进，在策略上难以具体而又有针对性，学习环境同样缺乏目的性、系统性的整合设计。

三是职业教育教师工作场学习的"孤立性"。孤立性的工作场学习在学习动机上倾向于选择个体性动机，在学习策略的选择上以基于元认知的反思性学习和基于教师个体的探究性学习为主，组织学习未成气候。在学习环境上，缺乏有利于教师交互学习的社会文化环境，构成学习型组织的文化基因难以寻觅。学习绩效主要是教师个体绩效，组织绩效难以累积。

四是职业教育教师工作场学习的"低层次"。低层次的工作场学习缺乏来源于组织共同愿景的持续性引领，教师运用交流共享、合作实践等集体学习策略显得生疏，支持教师工作场学习的心理环境、社会环境不够完善，学习绩效以获取知识为主，难以对知识进行更深层次的内化、共享乃至创造。

职业教育教师工作场学习的"断裂式""碎片化""孤立性""低层次"等低效表征并不意味着已然全景性地映射出了当前我国职业教育教师工作场学习的全部问题，也并不意味着当下我国职业教育教师工作场学习毫无可取之处。但是，有一个事实不容置疑，即当前我国职业教育教师工作场学习仍具有非常大的可提升空间，无论是职业教育教师层面的个体学习能力，还是职业院校层面的组织学习能力都存在进一步提升的空间，而所有这样的努力均指向有效工作场学习的达成。然而，究竟什么样的学习行为方能称之为有效的工作场学习？基于前面的研究基础以及以上对职业教育教师低效工作场学习特征的分析，我们至少可以概括出有效工作场学习的四项表征，即统整性、持续性、互动性以及创新性。

1．职业教育教师工作场学习的统整性

"统整"具有"把不同种类、不同性质的事物组合在一起"之意，组合的形态既可能是机械的，也可以表现为有机的。[①] 职业教育教师工作场学习的统整性具有三个层面的涵义：一是工作与学习的统一。工作是人类改造客观世界的活动，学习是改造主观世界的活动，工作场所学习在工作与学习之间架起联结桥梁。[②] 有效的工作场学习应当使工作学习化、学习工作化，工作与学习共生互促。二是教师个体发展与学校组织发展的统一。教师个体层面的工作场学习行动主观上为了教师自身发展、服务于个体工作需要，客观上要能促进职业院校的长远、整体发展；职业院校组织层面的工作场学习行动主观上服务于学校的发展，客观上要有利于促进教师的个体发展，有效的工作场学习需要以协同并进的方式处理教师个体发展与学校组织发展的关系。三是各种学习策略的有机整合。缺乏策略整合的学习行动容易使学习呈现单一以及同一性质，学习策略的"路径依赖"最终可能削弱学习的效果。教师对学习

---

① 杨鸿：《教师教学知识的统整研究》，博士学位论文，西南大学 2010 年，第 27 页。
② 吴刚：《工作场所中基于项目行动学习的理论模型研究——扎根理论方法的应用》，博士学位论文，华东师范大学 2013 年，第 22 页。

策略的适当、有机整合本身即是对工作场学习的微型变革。因此，有效的工作场学习要求教师在工作场域中依据不同的学习需要、学习内容，适当整合学习策略，从而发挥工作场学习的最佳效益。

2. 职业教育教师工作场学习的持续性

正如富兰所言，"教师专业学习的成败取决于教师是否可以坚持每天不间断地学习、坚持不断共同提高业务水平，只有当教师每天都置身于实践的学习之中时，学习的习惯才能真正养成。"[1] 可见，有效的工作场学习需要保持连贯性。首先，工作场学习要贯穿职业教育教师专业发展的不同阶段。自富勒首次对教师专业发展进行阶段划分以后，教师专业发展阶段理论可谓异彩纷呈。尽管国内外少有针对职业教育教师专业发展的阶段划分，但可以确定的是，职业教育教师的专业发展以及工作场学习均是一个终身的过程，教师有必要根据不同的专业发展阶段设计不同的学习目标，保持专业发展与专业学习的持续协同。其次，工作场学习要保持学习活动间的必要持续。尽管工作场学习具有"偶然性""自发性"的特点，但学习活动之间的必要持续能够发挥工作场学习的长期效益。譬如，某职业院校在一个时间段内力求开展校本层面的课堂教学模式创新活动，那么，在比较长的一个周期内，该职业院校如果能够围绕课堂教学模式创新主题集中开展诸如自主探究、集体备课、课题研究、交流共享、集体反思、校本研讨等学习活动，从而将零散的学习活动串联起来，那么学习活动势必产生集群效益。最后，支持教师工作场学习的情境同样要突出持续性特征。以制度环境为例，倘若职业院校为教师工作场学习设计的系列制度相互矛盾，缺乏递进持续的规划、设计和组织，则不仅不能提升学习绩效，反而可能损害学习绩效。

3. 职业教育教师工作场学习的互动性

"教师学习是基于合作的专业共同体学习，贡献与分享是教师学习

---

[1]〔澳〕迈克·富兰：《教育变革的新意义》（第四版），武云斐译，华东师范大学出版社 2009 年版，第 220 页。

的核心机制。"① 事实上，本质来讲，所有的学习行为都是在社会性的活动系统中展开的。工作场学习作为一种以实践、参与为核心特质的学习形式，其互动意蕴可见一斑。就职业教育教师有效工作场学习的表征而言，互动性具有三个层面的涵义：一是教师个体在共同实践场域中的互动。教师学习是一个在开放系统中进行"能量交换"的动态过程，这要求职业教育教师之间在日常工作实践中围绕知识、资源、情感等"能量要素"充分实现互动、共享，"学徒制"便是教师个体基于"知识落差"所开展的"能量交换"过程。二是教师个体与集体之间在共同实践场域中的互动。教师个体与集体的互动在很大程度上体现了莱夫和温格两人所提出的"实践共同体中合法的边缘性参与"中由"实践共同体的边缘"向"实践共同体的中心"运动的展开逻辑。教师个体通过与集体共同实践，从而创造一套散布在工作实践中的共同知识，而这种渗透在共同体实践中的共同知识又进一步丰富了教师个体的实践性知识，从而促进个体以及组织学习绩效的双重提升。集体备课、集体反思、学习共同体等便是个体与集体互动的典型样式。三是职业院校"自组织"与"他组织"之间的互动。职业教育与经济社会的联系紧密性要求工作场学习中加强职业院校"自组织"与企业行业"他组织"之间的"能量交换"，从而丰富知识的来源渠道，扩大知识获取的来源。

4. 职业教育教师工作场学习的创新性

如前所述，职业院校场域中的工作场学习行为客观存在，所不同的是学习的层次差异。就经验而言，大致可以将工作场学习区分为三个层次：最低的层次是"无序的工作场学习"，这种学习的特点是没有目的、缺乏规划、毫无章法；中等的层次是"秩序的学习"，这种学习遵循一定的章法、程序和结构，有自己的学习模式；最高的层次是"创新性的学习"，无论是职业教育教师个体，还是职业院校组织，不管是个体

---

① 金语：《教师学习：从福利给予到权力保障》，《西北成人教育学报》2008年第3期。

学习，还是组织学习，均不固守现有的学习"惯习"，而是不断地探求学习的新形式和新方法。来自观察研究中的一个案例诠释了"创新性学习"的形式价值。在案例中，某中等职业学校与某部属综合性大学的某学院建立起"双边联动"关系，在这种战略性合作框架之下，该中等职业学校开展了"高校教师跟进中职课堂""高校教师与中职教师合作教研""校本主题式培训""中职学校研究生工作站"等等一系列富有创新性的学习活动，极大扩展了教师工作场学习的形式，提升了教师学习的绩效。除了学习形式创新之外，学习环境的适当创新同样是工作场学习的有效表征。鉴于此，职业院校应当不时通过适当的环境改造创新学习环境，进而通过学习环境的创新带动教师工作场学习的整体创新。

二、职业教育教师有效工作场学习的整合机制模型设计

"统整性""持续性""互动性""创新性"描绘了职业教育教师工作场学习的理想样态，能够成为职业院校改造教师工作场学习的行动准则。但是，关于"工作场学习应该是怎样"的探讨并不足于理解"有效的工作场学习何以发生及如何维持"的问题，倘若相关职业教育教师有效工作场学习的探讨仅是停留于"是什么"的层面，而不进一步试图回答"怎么做"这一重要问题，则相关辩论只能是"画饼充饥"。鉴于此，在回答完毕"有效的职业教育教师工作场学习是什么样的"问题之后，在此通过设计一个促进职业教育教师有效工作场学习的整合机制模型的方式进一步回答"有效的职业教育教师工作场学习应当怎么做"的问题。所设计的整合机制模型如图7.2所示。

需要进一步对所设计的整合机制模型作如下阐释：

第一，职业教育教师有效工作场学习的整合机制模型基于系统视野。职业教育教师工作场学习有效性提升是一项系统改革，为了使系统发生变革，必须要相应地改变系统中的各个要素。如本书第六章所构建的"工作场学习系统"所示，职业教育教师工作场学习系统包含学习

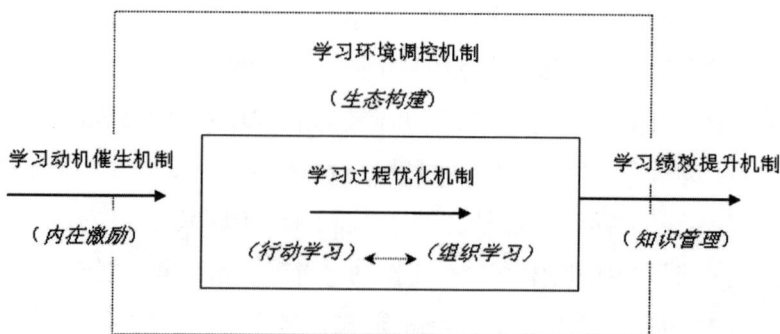

图7.2 职业教育教师有效工作场学习的整合机制模型

动机、学习策略、学习环境以及学习绩效四个要素，如此，职业教育教师有效工作场学习机制针对这四个要素进行分别设计，四个要素分别对应动机催生机制、实践性知识生成机制和社会互动机制、环境调控机制、绩效提升机制，四组机制的核心战略行动分别为内在激励、行动学习和组织学习、生态建构以及知识管理。指出有效学习提升机制与工作场学习系统要素、核心战略行动与有效工作场学习机制的这种对应关系，并非意味着所提出的机制和策略包含了问题解决的全部方面，只是为了表明，所提出的提升机制也好，核心策略也罢，均不是凭空提出，而是根据工作场学习本身所内含的系统逻辑而展开的。

第二，职业教育教师有效工作场学习的整合机制模型扎根于校本脉络。国际视野下的教育变革活动发起于三个层面：一是宏观的国家或地区层面的教育变革活动，如最近几年我国兴起的职业教育质量提升改革、增强职业教育吸引力改革、职业院校能力建设等均属于宏观层面的变革活动；二是中观的学校组织层面的教育变革活动，主要体现为各个职业院校自主开展的诸如课堂教学模式创新、校本课程开发、学习型组织创建等活动；三是微观层面的教师个体开展的诸如课堂改变、班级管理创新等活动。从国内外总体发展趋势来看，以学校整体为单元开展变革活动成为教育改革活动的主流趋势。基于这样的研究与实践背景，在谈及如何设计有效提升职业教育教师工作场学习效能的机制问题上，我们将视角定位于每一所具体的职业院校，试图扎根于校本脉络情境设计一套整合性的工作场学习效能提升机制。

第三，职业教育教师有效工作场学习的整合机制模型立足于能力建构取向。教育变革的开展通常有两种取向，一种是"革新取向"，一种是"能力建构取向"。"革新取向"追求"推倒重来""改头换面"，主张变革要素的全新改造。"能力建构取向"以问题为导向，关注如何发展组织和系统的革新能力以获得进一步的改进。① 就本书而言，设计职业教育教师有效工作场学习的整合机制，在于帮助职业院校"理解"有效工作场学习以及如何提升教师工作场学习效能的过程，而不仅仅是"应用"的过程。在于帮助职业院校通过持久性的小步调转变从而谋求整体能力的大幅度提升，而不是主张一次性的"180度"转变。

第二节　内在激励——学习动机催生机制

激励理论始于心理学，20 世纪 70 年代，美国心理学家德西（Edward L Deci, 1971）首次在心理学领域将激励区分为外在激励和内在激励。外在激励意指外在的、与行为本身结果相关的某些活动，如职业院校对教师工作、学习的物质奖励和精神奖励。内在激励是指为强化人员对行为本身的兴趣爱好、追求所带来的满足感和成就感而从事某项活动，从而使人员为取得更高的成就而努力工作。外在激励和内在激励各有优势，其价值发挥机制不一。外在激励存在于个体之外，行为目标是行为产生的根源，因此，激励的作用来自于外部刺激。内在激励存在于个体与任务本身，行为本身能解释为什么要表现出该行为，激励的作用与心理需求、成长需要和个人好奇心同时出现。显然，在同一条件下，

---

① 〔加〕迈克·富兰：《教育变革的新意义》（第四版），武云斐译，华东师范大学出版社 2009 年版，第 49 页。

相比较于外在激励而言，内在激励与工作本身融为一体，其更有持久性和原发性，激励效果也更具有持续性和发展性。正如赫茨伯格（Frederick Herzberg）所形象描述的，"一个人没有干劲了，我给他充充电；他又没劲了，我再给他充充电；但只有当这个人自己拥有发电机的时候，我们才可以说他有了激励因素。"①

自激励理论在心理学领域被提出以后，社会学、管理学、经济学领域等在 20 世纪后半期纷纷从各自的视角对其展开阐述，而今，激励理论已经成为一个多学科交叉的理论体系，且在组织管理领域得到广泛应用。实践证明，有效的激励体系能够催生人员的积极性，提升工作、学习动机，相反，无效的或不当的激励将阻碍工作、学习动机的提升。因此，设计一套有效的激励体系以催生职业教育教师工作场学习动机，对于改善工作场学习绩效、提升职业教育教师工作效能和职业院校发展效能意义重大。鉴于内在激励的价值机制特征及其激励作用特点，在此仅选择内在激励为切入点，设计职业教育教师工作场学习动机的催生机制，具体设计路径如图 7.3 所示。

以内在激励理论为支撑所设计的职业教育教师工作场学习动机催生

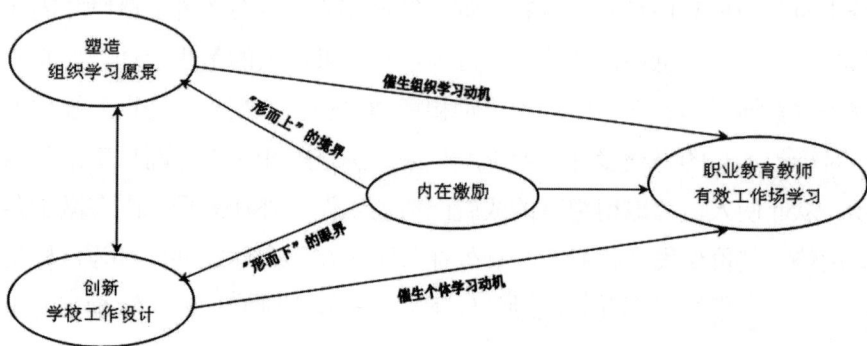

图 7.3　职业教育教师工作场学习动机催生机制

① 〔美〕弗雷德里克·赫茨伯格：《再谈如何激励员工》，《哈佛商业评论》2003年第 3 期。

机制具有两个显著特点：

其一，有机整合了机制设计的"形而上"和"形而下"。"形而上"的机制设计以塑造组织学习愿景为"爆破点"，侧重精神领导，强调境界的"顶天"；"形而下"的机制设计以创新工作设计为"落脚点"，侧重学习情境的系统改造，强调实践的"立地"。"形而上"的组织学习愿景塑造与"形而下"的工作设计创新相辅相成、协同创新，共同催生职业教育教师工作场学习动机。

其二，关照了组织学习动机和个体学习动机的双重催生。组织学习动机的催生和个体学习动机的催生并不冲突，单方面考量教师个体工作场学习动机或者职业院校组织学习动机的催生，均无法体现工作场学习的"统整性"特点，无法发挥机制的最佳设计效应。当然，需要指出的是，组织学习愿景的塑造不仅仅通过放射组织学习的强烈信号刺激组织学习，同样也能激发个体学习动机，而学校工作设计的创新同样具有刺激个体学习动机和组织学习动机的双重功能，只是两者的侧重点不一。

一、"境界向上"：塑造职业院校学习愿景催生组织学习动机

愿景是一个老生常谈却又不得不谈的重要话题，这缘于愿景独到的内在激励价值。实践证明：一个有效的愿景能够极大激发参与者努力达到未来目标；能够振奋精神、焕发生气、扩张激情；能够使组织持续抓住各种发展机遇，整合各种优势资源，既实现跨越式发展，又实现持续性发展。有关愿景的认识，大致可以分为三种：第一种是指南、方案说。如卡明（Maxine Kamin）等人认为，愿景是叙述组织未来渴望发展的状况，它提供组织的价值取向和变革行动的指南，是促使领导者为获得广泛支持、应对挑战的方案，也是促使组织成员全力实现共同理想的原动力。[①] 第二种是过程说，代表人物为著名的组织管理学家——彼

---

① 转引自刘怡江：《组织愿景的价值及其构建》，《经济论坛》2005 年第 14 期。

得·圣吉。圣吉在探讨学习型组织的艺术与实践中，将共同愿景视为学习型组织的"五项修炼"之一，并认为愿景就是一个不断进步的过程。第三种是意愿表述说，如胡佛（Gary Hoover）认为，愿景是一种意愿的表达，表明未来事务要达到什么，具有前瞻性。当然，不管对愿景持何种认识态度，共同点在于都高度推崇愿景对于个人和组织发展的重要激励价值。愿景还具有两种类型，一种是个人愿景，一种是组织愿景。"个人愿景是人们在自己头脑里的图景和画面，而共同愿景则是整个组织中的人们内心的图景"，"个人愿景的力量来自自身对愿景的深度关切，共同愿景的力量则来自一种共同的关切"。①

　　本书提出组织学习愿景，是对组织愿景的一个具体细化。职业院校组织学习愿景的提出基于三点考虑：第一，从实证研究来看，职业教育教师工作场学习动机体现出个体驱动力强、组织驱动力弱的现实状况，职业院校对教师学习的驱力显著不足，职业院校有必要通过塑造组织学习愿景的形式提升组织激励作用。第二，尽管普遍的职业教育教师表达出较强烈的内在学习动机，但通过访谈研究发现，这种内在学习动机主要来源于大多数职业教育教师对教师职业较崇高的情怀，来源于其对教师角色的认识及其焕发的责任感、使命感，而并非直接来自于工作内容和学习任务，因此，对于有效催生职业教育教师工作场学习动机而言，从内在激励的角度去塑造组织学习愿景，将职业教育教师学习动机聚焦于学习任务本身，显然必要而且重要。第三，现实当中，以功利性、外在性为表征的外部学习动机以及以命令、刚性为特点的控制型学习动机对职业教育教师工作场学习的影响不可小视，尤其在中等职业院校，许多教师表露出明显的外部学习动机以及控制型学习动机，在此背景下，组织学习愿景的塑造能在一定程度上消除不协调的因素。

　　在以上三个诉求的基础之上，组织学习愿景还具有两个特征：第

---

① 〔美〕彼得·圣吉：《第五项修炼——学习型组织的艺术与实践》，中信出版社2009年版，第203页。

一，组织学习愿景是职业院校教师共同的学习愿景。正如圣吉所说的，如果认真追究起来，大多数"愿景"是某个人（或某个团队）强加在组织之上的愿景，这种愿景最多只能带来强制性服从，绝对不能激发奉献和承诺。[①] 真正的愿景应该是大家真正承诺投身的愿景，代表的是教师团队个人的愿景。第二，组织学习愿景是组织愿景中有关学习的愿景。普遍意义上的组织愿景通常是指宏观层面的发展愿景，其指向非常宽泛，为了突出设计研究的针对性和有效性，这里专门将学习愿景区分开来，特指职业院校在学校整体发展愿景的指导下对教师工作场学习未来发展的认识和憧憬，旨在不断改善职业教育教师工作场学习状况。

尽管愿景具有重要的激励作用，但也通常被看成一种神秘的、不可控的力量，原因在于个人或组织很难"找到愿景"并使其持续发挥作用。诚然，有关如何有效塑造愿景的问题至今没有现成的公式和方法，但这也不意味着愿景不可塑造，一些原则和指南有助于愿景的建设。在此，借鉴组织愿景建设的五步法，以此作为职业院校组织学习愿景塑造的思路参考。

1. 培养、激发职业教育教师学习愿景意识

毋庸置疑，对于职业院校改革和发展而言，工作场学习意义重大且切实可行。但是调查发现，现实当中大多数职业院校并未充分认识到教师学习的价值，相关工作场学习的实践更是不成体系、欠缺火候。因此，就未来职业院校改革发展而言，培养一种崇尚学习、鼓励创新、尊重教师发展、善于应付环境变化和共同学习的愿景意识非常重要。具体而言，首先，职业院校领导层（尤其是校长）要提升对教师学习的期望，号召教师能够积极地投入工作并在工作中积极探索、创新；要充分认识到教师学习尤其是基于工作场所的学习对于提升教师工作效能和学校发展效能的价值，并将这种认识具化为清晰的发展愿景，描述教师工

---

① 〔美〕彼得·圣吉：《第五项修炼——学习型组织的艺术与实践》，中信出版社2009年版，第203页。

作场学习对于教师发展和学校发展可能带来的一切改变；要敢于不断推动、监控并调整学习系统规章制度以支持所有教师的不断学习，不断焕发教师的学习激情和潜能，提升和鼓励教师更高水平的专业承诺和专业表现。其次，职业教育教师要认识到，在工作中学习不仅是一种态度、一种观念、一种兴趣，还是一种需要、一种责任、一种生存的能力，工作中的学习既是一项活动又是一种态度，既是一个过程又是一种生活方式。在当下我国职业教育发展的"复兴期"和关键期，职业教育教师要清晰认识发展形势、珍惜发展机遇，以更高的热情投入到学习和发展当中，怀抱自主学习和团队学习的强烈意识，争做"学习型教师"。

2. 有机整合个人愿景并初步形成学校组织学习愿景

"共同愿景是从个人愿景中结晶浮现出来的。只有这样，共同愿景才能产生出力量，培育出奉献精神和承诺投入的行愿。"① 在不断激励职业教育教师开发个人学习愿景的基础之上，职业院校有必要整合教师的个人愿景，并开发清晰、有特色的组织学习愿景。组织学习愿景的开发通常有两条路径，即"自上而下"和"自下而上"的路径。自上而下的路径主要由学校高层提出，并将所开发出的愿景强加给每一位教师。在研究中，研究者就曾经深切感受到这种愿景开发模式，一所国家重点建设示范中职的领导邀请若干职教专家以及某文化公司驻扎某农家乐，经过两天的紧张讨论最终开发出了该学校的发展愿景。并不是说愿景就不能来自高层，恰恰相反，愿景经常来自高层。但是，这种割裂教师个人愿景，由学校管理层及其他非直接利益相关者关起门来写出的愿景宣言，难以想象能在职业院校长期的发展中发挥多大的生机活力。理想的组织愿景开发模式应该是自下而上的，职业院校管理层应当在分享自身愿景的同时鼓励职业教育教师分享各自的愿景，并在交流、碰撞之中逐渐形成组织愿景，从而使组织学习愿景对于大多数教师而言，既是

---

① 〔美〕彼得·圣吉：《第五项修炼——学习型组织的艺术与实践》，中信出版社 2009 年版，第 208 页。

"我的愿景"，又是"我们的愿景"。

3. 推广组织学习愿景

尽管塑造教师彼此分享的组织学习愿景显得异常困难，但实际上，如何推广组织学习愿景，让教师想要、志愿实现愿景更是难上加难，这就需要职业院校思考如何有效传播、推广所塑造的组织学习愿景。圣吉区分了员工对待愿景的七种态度，分别是承诺投入、报名加入、真心顺从、形式顺从、勉强顺从、不顺从、冷漠。① 如果进行进一步层次划分的话，可以将承诺投入、报名加入、真心顺从归属为第一方阵，处于该方阵的员工看清了愿景的好处，志愿从事愿景描述的行为行动，基本志愿或完全志愿实现愿景；可以将形式顺从归为第二方阵，处于该方阵的员工大致看清愿景的好处，但对待愿景描述的行为行动只完成该完成的，并不愿意多做，也不乐意真正做好；可以将勉强顺从、不顺从、冷漠归为第三方阵，处于该方阵的员工看不清愿景的好处，基本拒绝或完全拒绝愿景描述的行为行动。从当前普遍状况来看，我国中高职教师对待工作中学习的态度大多属于第二方阵，也有不少教师处于第三方阵。相比较于中学教师和大学教师，职业教育教师对工作、学习的承诺投入水平相对较低。鉴于此，有效推广组织学习愿景，运用整合传播手段诸如口号、纲领、制度、榜样等形式加强对教师工作、学习承诺投入的管理显得尤其重要。

二、"眼睛向下"：创新职业院校工作设计催生个体学习动机

工作设计是组织管理学中的重要话题，是指为了有效达到组织目标与满足个人需要而进行的工作内容、工作职能和工作关系的设计。在西方，经过不断的理论演进以及实践验证，通过工作设计改进工作方式和方法已经逐渐成为管理者激励员工工作动机的重要途径之一。将管理学

---

① 〔美〕彼得·圣吉：《第五项修炼——学习型组织的艺术与实践》，中信出版社 2009 年版，第 215 页。

领域中的工作设计理念和方法迁移至职业教育教师工作场学习动机催生机制设计中，主要基于两个方面考虑：第一，工作设计具有强大的内在激励价值。工作设计的内在激励价值主要通过工作内容、工作职能、工作关系的再设计从而改变员工对工作意义的体验、对工作结果的责任感以及对工作结果的掌握，进而来决定工作的激励潜能。第二，工作设计切合了知识型员工的发展特点。知识型员工更多从事思维性工作，僵硬的工作规则对他们没有多大的意义；知识型员工更喜欢富有自主性和挑战性的工作，喜欢更具张力的工作安排。显然，职业教育教师属于知识型员工，对其工作的合理设计不仅能够提高其工作投入度，而且也能加强在工作中的学习动机。

工作设计的内容极其广泛，大体而言，有工作任务设计、工作职能设计、工作关系设计、工作结果设计、工作环境设计、工作反馈设计，等等。在这里，我们主要借鉴"工作特性模型"（Job Characteristics Model），并结合工作场学习的要求和特点，提出创新职业院校工作设计思路。工作特征模型也叫做"五因子工作特征理论"，由哈克曼（R. Hackman）和奥德汉姆（G. Oldman）等人提出，工作特性模型如表 7.1 所示。

表 7.1 工作特征模型[1]

工作特征	低度激励	高度激励
技能的多样性	几乎不需要技能	需要许多技能
任务的完整性	完成小部分任务	完成整个工作任务
任务的重要性	很少影响他人	经常影响他人
工作特征	低度激励	高度激励
自主性	由他人作决策	更多的决策自由
反馈性	难以看见效果	效果明显

---

[1] 转引自石雪梅、陈东旭：《基于内在激励的工作设计方法探讨》，《经营与管理》2012 年第 7 期。

1. 扩大职业教育教师的工作范围

工作本身的趣味和挑战性是知识型员工自我实现的动力和基础，富有这些特征的工作能够成为激励员工的重要手段。对于提升职业教育教师工作场学习动机而言，主要可以通过两种方式扩大工作范围：一是横向发展工作，强调从横向上适度增加职业教育教师工作的数量，使教师能够感受到工作的新鲜感，同时从这种多样化的工作中学习更多的专业知识和技能，以满足其发展的需求。例如，专业理论课教师除了课堂教学之外，还负责与专业实践课教师共同制定学生实习方案、共同备课等工作。二是纵向发展工作，强调从纵向上增强工作或项目的完整性、体系性。如除了负责教学工作外，还负责搜集专业需求信息、专业人才培养方案制定、搜集专业人才毕业信息等工作。当然，扩大职业教育教师工作范围一要做到适度原则，不能无限度地增加教师的工作量；二要根据教师个人的职业发展规划以及工作意愿而做出工作内容的相应改变。

2. 赋予职业教育教师更多的专业自主权

"专业自主是专业概念的关键要素和教师专业性的必要维度，是教师发挥专业责任和获致自身专业成长的必要前提。"[1] 作为知识型员工，在催生职业教育教师工作场学习动机的工作设计要素中，首先也是最重要的，即要加强对职业教育教师专业权力的赋予。事实上，关于赋权的激励作用在实践中早已获得证明，大量研究揭示，赋权有助于增强教师的工作满意度、激发教师的工作动机以及发展教师的专业知识和专业能力。[2] 首先，职业院校要通过创新教学常规，给教师创造更多的学习、思考时间。数据表明，学习时间不足构成影响职业教育教师工作场学习的一个重要因素。尽管工作场学习并不意味着教师要将"工作时间"

<hr>

[1]　王夫艳、卢乃桂：《自由与束缚：课程改革中教师的学科依附》，《教育研究》2012 年第 9 期。

[2]　王夫艳、卢乃桂：《自由与束缚：课程改革中教师的学科依附》，《教育研究》2012 年第 9 期。

与"学习时间"隔离，需要单独的"学习时间"开展工作场学习，但不恰当的工作安排，尤其是现代学校日益密集的教育教学制度，使教师在不知不觉中成为各种外部制度的"奴仆"，并丧失着工作、学习的自主性和兴趣。其次，职业院校要给予教师改变课堂、改变课程的权力。在调查中我们发现，一些中高职院校（尤其是中职学校）在推行课程教学改革中，喜欢以一个标准的"教学模式"要求所有教师"依葫芦画瓢"，从而体现学校课程教学的特色，这无疑在一定程度会压制教师通过学习而改变的动机。

3. 拓展职业教育教师参与学习的机会

工作场学习是基于工作场域的参与式实践学习，可参与学习机会的范围和数量直接影响着学习的广度和深度。有研究证明，工作和任务的设计方式直接影响着员工可利用的、创造的和需要的知识的数量及种类。[①] 就拓展职业教育教师参与学习的机会而言，职业院校同样可以通过工作、任务设计方式的创新而提升教师学习的效益。首先，鼓励跨部门的交流。跨部门交流分为职业院校范围内不同专业之间的交流以及职业院校和其他部门的交流。面对当下变化着的工作世界，职业院校应该有意识地打破教师的"专业依附"，鼓励教师在跨专业之间形成知识流动，从而扩大专业视野，提升专业水平。以教师听课为例，教师不仅局限于听本学科其他教师的课，还可以扎入到本专业乃至其他专业教师的课堂。此外，职业院校还应该更积极地谋求与企业行业、高校、其他社会组织开展基于项目的合作，使教师能够在参与各种实践团体中得到学习。其次，由原有的个人和团队工作行为改变为团队行为为主。依据情境学习理论，工作场学习更多地发生在学习者参与团体的实践活动中以及更多有经验的同事的互动中，职业院校可以藉此通过工作设计开展不

---

① 〔英〕艾莉森·富勒、罗纳·昂温：《扩展的学习环境：整合组织与个人的发展》，见海伦·瑞恩博德等主编：《情境中的工作场所学习》，匡瑛译，外语教学与研究出版社 2011 年版，第 151 页。

同范围的团队学习，如由年轻老师和经验教师组成的"师徒制"，集体备课、集体教研等等。

第三节　行动学习——实践性知识生成机制

作为一种实践性学习，工作场学习既需要学习者"输入"实践性知识，而其"输出"结果又主要是实践性知识。实践性知识是职业教育教师对自己的教育教学经验进行反思和提炼后形成的、并通过自己的行动做出来的对教育教学的认识，具有缄默性、动态性、情境性、个人性等特点，是职业教育教师专业实践中获得的最直接和最有效用的知识形态。[①]

实践性知识的"实践"意蕴使得行动学习得以成为生成实践性知识的最佳路径。行动学习是 20 世纪七八十年代以后开始兴起的一种新型的学习形式，最早由英国物理学家、管理学家瑞文斯（R. Revans, 1971）提出。自瑞文斯以后，大量的学者对行动学习展开了多层次、多视角的理论探索，并取得了丰硕的研究成果。概括来说，各种有关行动学习的认识有一些共同的原则：[②]（1）采取行动是学习的基础；（2）深入的个人发展产生于对行动的反思；（3）要致力于"问题"（Problems）而非"疑惑"（Puzzles）；（4）行动学习者结成伙伴关系开展工作，彼此相互支持和相互挑战；（5）首要工作是寻找新颖的提问和"Q"（Questioning insight，质疑性洞察），而非获得专业知识或"P"（Programmed knowledge，程序化知识）。

行动学习在实践领域同样硕果显著，目前，行动学习已经成为西方人力资源开发最常用、最有效的方式。值得一提的是，教师行动学习的

[①] 陈向明：《"实践性知识"是如何生成的——对教育作为一种"实践"的反思》，《教育学报》2013 年第 4 期。

[②] 〔美〕朱迪·奥尼尔、维多利亚·J. 马席克：《破解行动学习——行动学习的四大实施路径》，唐长军等译，江苏人民出版社 2012 年版，第 18 页。

理论与实践也在最近十余年得到长足的发展，行动学习已然成为教师专业发展中的"利器"。当然，行动学习的天然优势并不意味着其一定适用于职业教育教师工作场学习，将行动学习纳入职业教育教师有效工作场学习机制之一，并作为职业教育教师工作场学习中实践性知识的有效生成机制主要基于以下三个方面的理由：

第一，行动学习对"工作活动"和"学习活动"的天然整合。行动学习强调基于工作场景中的问题解决，主张围绕工作实践中出现的问题进行学习，其处理的是问题（Problems），而不是困惑（Puzzle）。以解决工作中的真实问题为导向的行动学习，天然地将学习活动与工作活动融为一体，学习的过程即为工作的过程，这与工作场学习所倡导的工作学习化、学习工作化可谓异曲同工。

第二，行动学习对"行动"和"学习"的双重聚焦。行动学习建立在这样一个核心信念之上，即没有行动就没有学习、没有学习就没有明智行动。在学习内容上，行动学习来源于所要采取的行动；在学习方式上，行动学习主要通过对过去行动经验的批判性反思而进行；在学习结果上，行动学习强调运用学习结果改善行动。行动学习对行动和学习的双重聚焦一方面与工作场学习的实践特质存在高度耦合的内在逻辑，另一方面则充分关照了职业教育教师专业发展的实践诉求。

第三，行动学习对工作情境的高度依赖。情境是行动学习的"灵魂"，行动学习高度依赖工作情境，是以工作为基础的学习。"行动学习是一个以完成预定的工作为目的、在同事支持下持续不断的反思与学习的过程……行动学习中，参加者通过解决工作中遇到的实际问题，反思他们的经验，相互学习和提高。"[①] 行动学习对工作情境的依赖性与工作场学习对工作实践情境的依赖在本质上殊途同归。

以上三点阐述论证了行动学习作为职业教育教师有效工作场学习机

---

① 转引自王燕子、欧阳忠明：《工作场所中的行动学习：国际研究回顾与趋势》，《职业技术教育》2013 年第 10 期。

制的合理性，但这仅仅是理论逻辑层面的论证，要发挥行动学习在职业教育教师工作场学习中，尤其是实践性知识的获得和应用过程中的巨大价值，则必须在实践逻辑上加以澄清。但是，要描述行动学习的过程并不是一件容易的事情，事实上，行动学习理论与实践发展至今，也似乎没有一个完全成型、得到一致认同的实践模型。况且，在本书看来，与其将行动学习视为一种具体、可操作的学习方法，不如将其理解为一种提供基本理念与指导性原则的学习设计方法论，因为这样将赋予行动学习更强的开放性和包容性。基于这样的假设，以下仅提出行动学习的指导性原则以作为职业教育教师有效工作场学习的设计思路。

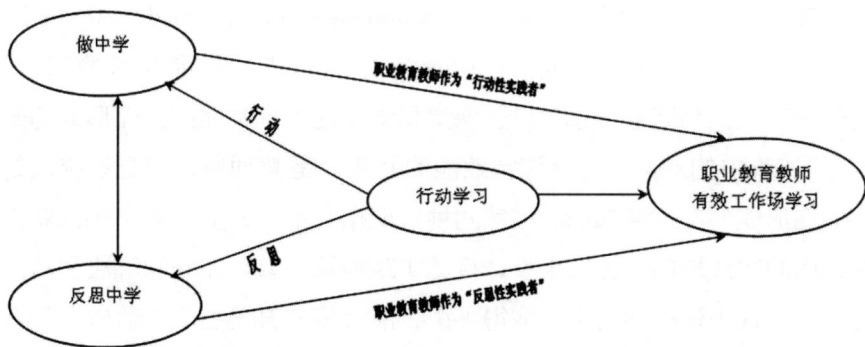

图 7.4　工作场学习中职业教育教师实践性知识生成机制

一、"做中学"——职业教育教师作为"行动性实践者"

"行动学习就是受控的环境下的一种'做中学'，除此无他。"① 长期以来，受科技理性的支配，包括中高职教师群体在内的教师培训在实践方式上认定的是一种"智性实践"（intelligent practice）。② 智性实践

---

① 转引自〔美〕朱迪·奥尼尔、维多利亚·J. 马席克：《破解行动学习——行动学习的四大实施路径》，唐长军等译，江苏人民出版社 2012 年版，第 19 页。
② 唐纳德·A. 舍恩：《反映的实践者——专业工作者如何在行动中思考》，夏林清译，教育科学出版社 2007 年版，第 51 页。

秉持的是一种"做前学"的理念，主张在实践之前，通过一定的课程来使教师学习到未来实践可能用到的知识，即"为了实践的知识"（knowledge – for – practice）。"为了实践的知识"是由校外研究者形成的正式的知识，类似维果斯基所称的"科学概念"（science concept），例如教学理论、课程开发理论，等等。"做前学"有其价值属性，它可以使教师在较短时间内积累较多的科学概念，但"做前学"的智性实践方式客观地将教师的"学"与"用"割裂开来，教师学习活动与实践活动相互对立，学习活动对实践活动的实际价值大打折扣。

相对于以"做前学"为表征的智性实践，以"做中学"为表征的行动实践强调"关于实践的知识"（knowledge – of – practice）和"实践中的知识"（knowledge – in – practice）的获得。[①] "关于实践的知识"是教师自主或与同事一起对自己课堂和学校进行批判性探究而形成的知识，"实践中的知识"源于课堂效能的问题，是教师通过自身系统性的探究而形成的实践性知识。虽然两种知识指向不一，但均突出知识获得过程中的实践取向。比较来看，行动实践能够使教师在问题解决和从问题解决过程中进行学习之间取得平衡，能够将"知与行""学与教"有机整合，更适用于教师专业实践。因此，有效的教师工作场学习实践形式应当是以"做中学"为主的行动实践，职业教育教师应当在学习过程中充当"行动性实践者"。

在职业院校工作场境中，职业教育教师"做中学"具有多样的行动实践方式，课堂观察、案例研讨、集体备课、校本研修、校本课程开发、行动研究等无不包含着行动学习的元素，教师可根据学习风格、行动项目的特点而灵活选定。但是，需要特别指出的是，"做中学"并非仅仅只是教师个体的"单打独斗"，恰恰相反，"做中学"这种行动性

---

① M. Cochran – Smith, S. L. Lytle, "Relationships of Knowledge and Practice: Teacher Learning in Communities", *Review of Research in Education*, Vol. 24, No. 1, 1999, pp. 249 – 305.

实践非常注重小组合作，注重以小组的形式解决问题、开展工作，以小组形式开展的行动学习具有更强大的生成实践性知识的能力，不仅有利于促进实践性知识从组织层面向团队、个体层面生发迁移，而且有利于职业教育教师个体将原本具有默会特征的个体实践性知识不断显性化，并得以进一步与他者分享。

二、"反思中学"——职业教育教师作为"反思性实践者"

反思对于工作场学习实践意义重大。正如杜威所言，"反思性思考的作用在于将实践者从一个混乱的、困惑的理解状态转变为一个清晰的、和谐的状态。"[①] 但是，与杜威所强调的科学理性反思不同，行动学习提倡的是"行动中反思"。行动中反思的思想来自舍恩所提出的反思性实践理论。在舍恩看来，反思有两种时间框架：一是发生在行动前和行动后的反思，即"对行动的反思"，如教师在课前对教学计划的思考，在课后对教学过程和教学结果的思考；二是发生在行动过程之中的反思，即"行动中反思"（reflection – in – action），[②] 基于行动中反思的实践即为"反思性实践"（reflective practice），在行动中反思的实践者即为"反思性实践者"（reflective practitioner）。

反思性实践是把关注学习和行为变化的思想和行动整合起来的一种方式，工作场学习的实践特质与反思性实践具有高度的内在契合性。教师工作场学习在本质上应当成为一种反思性实践，职业教育教师则是工作实践情境中不断探究问题、解决问题的"反思性实践者"。作为"反思性实践者"，首先要求职业教育教师是教育教学实践的自觉、能动的探究者。反思性实践极大彰显着实践者的主体价值，实践者在实践过程

---

① 〔美〕杜威：《杜威教育论著选》，赵祥麟、王承绪编译，华东师范大学出版社1981年版，第197页。

② 唐纳德·A. 舍恩：《反映的实践者——专业工作者如何在行动中思考》，夏林清译，教育科学出版社2007年版，第2页。

中不是被动等待塑造，而是主动寻求改变，这要求职业教育教师在教育
教学实践中要勤于以整体的方式把握真实教育情境中自身的思维和行
动，并善于运用自身的知识、经验、信念不断尝试改善自身教育教学实
践。其次，要求职业教育教师成为知识的创生者。职业教育教师要摒弃
技术理性视野中"知识"和"实践"的线性关系思维，工作场域中的
专业实践并非被动等待"理论知识武装"的过程，也不是简单地将理
论知识应用于实践的过程，而是教师带着实践性知识投入实践行动，在
实践行动中自觉反思，生成鲜活的、有效的实践性知识的过程。最后，
要求职业教育教师开展基于意义分享的专业对话。反思性实践是"思想
和行动的对话"，这种对话不仅可以发生在实践者内部，即教师与自身
的对话，表现为个体性的反思，而且可以发生在实践者之间，即教师与
同事的对话，表现为集体性的反思。

第四节　组织学习——组织知识生成机制

行动学习是职业教育教师工作场学习中实践性知识的最佳生成路
径，但是，实践性知识具有鲜明的个体属性，难以积累且不便于传递。
柯兰迪宁（D. J. Clandinin）和康奈利（F. M. Connely）就明确强调教
师实践性知识的个人因素，并将实践性知识称为"个人实践性知识"
（personal practical knowledge），认为这种知识主要源于对个人经验的叙
事，是个人的生活史细节所决定的，具有个人特定的情感、道德和审美
特质。[①] 事实上，有关实践性知识的大多数研究均认同了实践性知识的
个体属性。毋庸置疑，获得实践性知识有利于促进职业教育教师个体的
发展，但是，如果从组织发展的层面来看，倘若个体的实践性知识难以

---

① D. J. Clandinin, F. M. Connely, "Teachers' Personal Knowledge: What Counts As
'Personal' in Studies of the Personal", *Curriculum Studies*, Vol. 19, No. 6, 1987,
pp. 487－500.

在组织内部形成传递、共享，那么，教师的实践性知识只能是"知识碎片"，这种"知识碎片"对职业教育教师个体发展或有裨益，但对于组织发展而言，则收益甚小。因此，在组织层面，除了关注职业教育教师实践性知识的获得，还必须重视职业院校组织知识的获得。

组织知识是管理学领域的一个重要术语。但事实上，直至 20 世纪 80 年代以后，"组织"和"知识"这两个看似毫无相关的语词才真正结合在一起，因为人们认识到，在知识经济时代，知识逐步成为组织维持及创造其竞争优势的最重要资源。组织知识，从字面上理解，实则就是组织作为"有机体"所拥有的知识，是组织在长期运转的过程中经过抽象、外化并得以储存的知识和意义的集合体。[①] 就本书而言，职业院校是传播和生产知识的独特组织，但职业院校的组织知识并非是学校传播给学生的、外化为教材或课本的教学内容，而是职业院校作为一个整体关于学校如何培养学生、发展学生的知识，具体可以表现为各个职业院校的办学理念、人才培养理念、人才培养模式、人才培养特色，以及学校发展过程中积淀的文化传统、规章制度传统等。

组织知识对于职业院校发展的重要意义是毋庸置疑的，每个职业院校拥有组织知识的数量和质量决定着学校的核心竞争力，决定着职业院校持续发展的能力。但是从研究来看，当前我国大多数中高职院校并不太重视学校组织知识的生成和管理，具体表现为大多职业院校只重视教师个体的知识积累和更新，认为教师个体知识的累积必然带来学校整体组织知识存量的增加，教师个体的发展必然带来学校整体的发展。显然，这种认识是片面的。实际上，任何一个组织都拥有比个体更大的储存知识、应用知识和创新知识的潜力，而且具有将个体知识纳入特定方向并加以支持扩展的能力。此外，许多中高职院校片面重视组织知识的外部进入，而忽视了对学校自身内部知识的开发和管理。鉴于组织知识

---

① J. P. Walsh, G. R. Ungson, "Organizational Memory", *Academy of Management Review*, Vol. 16, 1991, pp. 57－91.

对职业院校效能发展的特殊意义以及职业院校对组织知识生成管理的实践偏颇，我们认为有必要在职业教育教师工作场学习实践中引入组织知识的生成机制，而这一机制非组织学习莫属。

组织学习的概念最早由阿吉里斯和舍恩在 1977 年提出，此后在管理学界受到了深入广泛的研究。对于组织学习的认识，大体可以分为三种视角：第一种是系统或行为的观点，以阿吉里斯和舍恩为核心代表，该观点的根本出发点是把组织视为一个系统，把组织对环境的反应视为组织的学习行为。第二种是信息加工和知识管理的视角，以胡伯（G. P. Huber）为代表，该观点主要从组织对信息的加工过程的视角看待组织学习，组织学习的过程可分为知识的产生、知识的扩散和知识的利用三个阶段。第三种是社会互动观点，以圣吉、库克（S. Cook）等人为核心代表，该观点从组织中人与人之间的互动关系来理解组织学习，如库克就认为，组织学习是组织中人与人之间正式或非正式的集体探索和实践过程，是一种文化现象。① 可以看到，这三种观点基于不同的视角对组织学习的内涵进行了探讨，共同阐释了组织学习的本质。

关于"组织学习如何发生"的问题同样有多重的视角，如阿吉里斯区分了"单环学习"（single – loop learning）和"双环学习"（double – loop learning）两种组织学习过程；圣吉区分了组织学习中的"适应性学习"（adaptive learning）和"创造性学习"（creative learning）；达夫特（R. L. Daft）和威克（K. E. Weick）提出了"观察—解释—学习"的组织学习模型；② 科姆（D. H. Kim）提出了"观摩—评估—设计—执行—共享心智模式"的组织学习集成体模型；③ 于海波（2004）

---

① S. Cook, D. Yanow, "Culture and Organizational Learning", *Journal of Management Inquiry*, Vol. 2, No. 4, 1993, pp. 373 – 390.

② R. L. Daft, K. E. Weick, "Toward a Model of Organizations an Interpretation Systems", *Academy of Management Review*, Vol. 9, No. 2, 1984, pp. 284 – 295.

③ D. H. Kim, "The Link Between Individual and Organizational Learning", *Sloan Management Review*, Vol. 1, No. 35, 1993, pp. 37 – 50.

基于组织学习的四个层次——个体、团队、组织层、组织间以及组织学习的四个心理和社会互动过程——产生和获得、解释、整合、制度化建构了一个组合学习的整合性模型。[①] 从以上内容来看，相关组织学习过程机制的研究大多聚焦于组织作为"学习系统"的过程，在这样的过程中，职业院校整体作为学习的主体，其关注的是抽象的系统，而没有具体的作为主体的人，"有血有肉的个体"缺乏表达的机会。鉴于此，本书侧重立足于社会互动的观点去认识组织学习，着重突出职业教育教师作为学习主体在组织学习当中的地位和表达机会。组织学习当中的社会互动通常表现为三种形式：一是组织成员个体与个体之间的互动；二是组织成员个体与团队之间的互动；三是组织与组织之间的互动。在这里，我们主要基于职业院校自组织，探讨职业教育教师工作场学习当中的前两种互动形式，即教师个体之间的互动以及教师和团队之间的互动。设计路径图如下图所示：

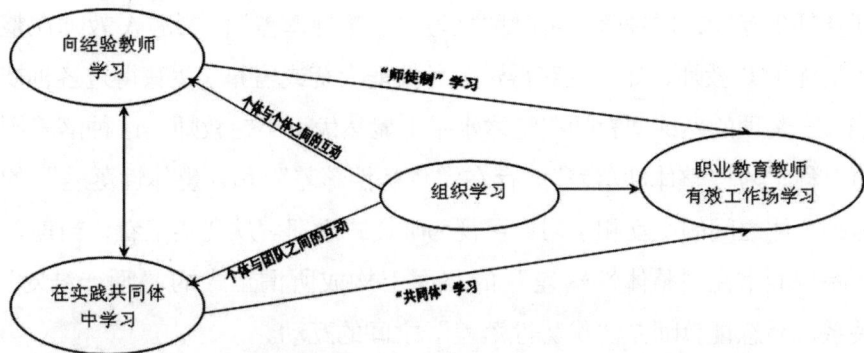

图 7.5　工作场学习中职业院校组织知识生成机制

一、"向经验教师学习"：个体互动

"向经验教师学习"是教师在工作场境中施行"师徒制"的形象代

---

①　于海波等：《组织学习整合理论模型》，《心理科学进展》2004 年第 12 期。

言。"师徒制"起源于职业教育，又推动职业教育的发展。在职业教育教师专业发展进程中传承、创新师徒制意义非凡。师徒制对于职业教育教师工作场学习的意义在于其能够有效传递、分享教师个体之间缄默特征的实践性知识，从而实现教师个体碎片化知识的一定程度整合，并生成组织层面的组织知识，实现从教师个体学习到组织学习的转换。在当下我国中高职院校教师学习实践中，师徒制作为一种学习形式并不陌生，问题在于，在实践过程中，师徒制往往"徒有其表"，客观实践中存在力度不足、机制单一等偏颇。因此，当务之急在于重新深刻认识师徒制的价值意义和运行机制，实现师徒制在教师工作场学习实践中的系统更新。

师带徒制描述的是工作场学习当中职业教育教师个体与个体之间的互动，互动的根源来自于教师个体知识、经验之间的"落差"。职业教育教师个体之间的知识和经验"落差"表现为两种情形：一种是 A 教师在某一方面具有优于 B 教师的特长，如 A 教师擅长教研或善于促进课堂师生互动，这种落差可以称之为"优势性落差"；二是 A 教师在整体上优于 B 教师，如一些获得过各种技能大赛或培养学生获得过各种技能大赛奖项的熟练型教师在整体水平上显然优于年轻教师，这种落差则可以称之为"整体性落差"。存在"优势性落差"和"整体性落差"的教师个体之间的交互和学习均可视为师徒式学习。从现实来看，当前职业院校通常在"整体性落差"的层面上构成所谓正式的"师徒结对"关系，而忽视教师在"优势性落差"之间的互动。

教师之间师徒关系的成立并不意味着组织学习的真正发生。在职业教育教师工作场学习实践当中，师徒之间客观存在着"有师徒名分关系，无师徒互动行为""有师徒互动行为，无师徒互动效果"的现象，存在这种现象的根本原因在于当前所运行的师徒制缺乏一套围绕实践性知识共享与转移而展开的有效机制。有效师徒制的建立应当满足几个特征：（1）师徒制以实践性知识的共享和转移为主。在师徒互动过程中，徒弟真正需要学习的是师傅通过多年经验积累，嵌套于个人观点、行为或工作中的隐性知识部分，而师傅则要善于寓教学于工作之中，善于通过工作任务的共同完成实现经验技能的潜在共享。（2）知识共享与转移强调"双赢互惠"。在工作场学习实践之中，师傅不能仅仅只是知识经验的输出者，徒弟是被动的知识经验输入者，师徒之间应当围绕所面临的工作问题充分协商对话、共同创造性地解决问题，实现师徒的协同发展。（3）强化师徒知识共享与转移的扩散性。职业院校工作场境中所构建的师徒关系既可以是传统的"一对一"，还可以是"一对多""多对多"。师徒结对形式既可以是正式的结对，也可以是非正式的结对。

二、"在共同体中学习"：团队互动

社会文化活动理论的兴起使人们对于知识和学习的理解逐渐达成这样一个共识，即任何知识都存在于文化实践活动之中，而参与这种文化实践则成为学习的一个认识论原则。既然参与社会文化实践是学习的重要品性，那么学习作为对共同体的参与则必然成为阐述职业教育教师有效工作场学习机制不可绕过的一个话题。在职业院校工作场境中，职业教育教师主要以实践"情结"构筑起共同体，即"实践共同体"。[①]"实践共同体"概念最早由莱夫和温格两人提出，他们想以此来说明在个体与共同体的关系中活动的重要性，以及共同体之于合法的个体实践的重要性。自莱夫和温格提出实践共同体以后，实践共同体成为人们理解、分析学习的利器，正如罗斯（W. M. Roth）所言，"近些年来，实践共同体的思想作为一种理解认知和学习的分析工具已居主导地位。"[②]

与师徒制相同，参与实践共同体是组织学习的一种形式，所不同的

---

① 共同体大致可以分为三种，即话语共同体、实践共同体和学习共同体。因为工作场所学习本身即为一种实践活动，因此，在这里"实践共同体"与"学习共同体"异曲同工，可视为同一涵义。

② 转引自赵健：《学习共同体——关于学习的社会文化分析》，华东师范大学出版社 2006 年版，第 75 页。

是，参与实践共同体侧重的是教师个体与集体之间的互动，这种互动的根源则来自于教师个体与教师集体之间的"知识落差"，即团队的智慧大于个体的智慧。参与实践共同体对于职业教育教师工作场学习的意义在于：一方面，实践共同体是组织知识的载体，是教师个体实践性知识的集散点，是组织知识得以存在的内在条件，在实践共同体中，教师个体之间通过交流、互动、共同实践，从而将个体的、缄默的实践性知识汇集成集体的缄默知识。另一方面，实践共同体可以为教师理解、获取组织知识提供必要的支持，教师参与实践共同体的过程本身就是一个学习实践的过程，教师在参与实践共同体中通过观察、模仿、共同实践，从而将蕴含于实践共同体中的组织知识内化为己有。由此，在参与实践共同体过程中，职业教育教师既扮演知识（个体的实践性知识）的输出者，又是知识（组织知识）的输入者。

要真正发挥职业教育教师在参与实践共同体中学习的价值，从而有效生成组织知识，提升工作场学习有效性，则必须遵循实践共同体的特殊运行机制，具体而言，就是要同时满足温格所提出的有关实践共同体的三个核心特质，即共同的事业（joint enterprise）、相互的介入（mutual engagement）和共享的技艺库（shared repertoire）。[①]

1. 共同的事业

共同的事业是实践共同体的合作之源、意义制定之源，是共同体成员集体协商过程的结果。职业教育教师投入实践共同体应当是一个不断赋予教师理解教育生活的能力和信心的过程，是作为一个职业教育人达成共同理解的过程。这种共同理解表现为教师不断追求自身专业发展、学生成长成才、学校效能提升；表现为职业教育教师主动投入学习实践、乐于接纳分享、敢于承担职责。

2. 相互的介入

---

① 转引自赵健：《学习共同体——关于学习的社会文化分析》，华东师范大学出版社 2006 年版，第 81 页。

相互的介入意味着实践共同体中的活动是彼此协商的，教师在学习实践中与自己、与他者在教育教学活动中"相遇"，并走进了共同体验的教育世界。在工作场学习中，教师可以在小组学习、集体反思、专题研讨、合作教研、团队观课等形式之中敞开心扉、协商探讨、彼此分享。

3．共享的技艺库

共享的技艺库指的是共同体内一整套共享的资源，如惯例、用语、工具、做事的方式、手势、符号、样式等。[①] 工作场域中的学习必然要依托于基本的内容、知识、方式等载体，一所职业院校所拥有的共享的技艺库越是丰富、稳定，则越有利于教师的学习，也越有利于组织知识的生长。职业院校一方面要充分认识到构建共享的技艺库的价值意义，另一方面则要娴熟掌握构建共享的技艺库的方法技术。

第五节　生态调节——学习环境优化机制

如前所述，无论是个体层面的学习还是组织层面的学习，都扎根于工作场所实践境脉之中，工作场学习是"学习主体——学习行为——学习环境"相互作用的结果。学习环境对于学习的重要意义使得教师专业学习研究与实践越来越迈向文化生态学取向。文化生态语境下的教师专业学习强调教师作为学习者借助各种学习活动（认识、参与、实践、反思、互动）与周围环境（物质、制度、心理、文化）发生动态多维的交互作用，关注从整体的、全局的视角看待教师专业学习所处的整体关系脉络和环境。

文化生态取向下学习环境具有独特的个性表征：第一，整体关联性。"生态系统是一个充满活力的整体系统，其内部和外部的各个要素

---

① 赵健：《学习共同体——关于学习的社会文化分析》，华东师范大学出版社2006年版，第83页。

都是相互联系的，不存在孤立的事物。"① 生态取向的学习环境强调运用整合的方法对各种学习要素（学习动机、学习内容、学习策略、学习工具、学习情境）与学习资源进行优化配置，力求实现学习主体（个体与群体）与各类学习资源之间的有效互动；第二，强交互性。生态学习系统中通常存在两种互动关系，第一种是人与人之间的互动关系，包括单个学习者之间以及学习者与助学者之间的人际交互；第二种是学习者与学习环境之间的互动关系，学习者既受影响于学习环境，同时又改造着学习环境。在生态取向的学习环境下，学习者之间、学习者与学习环境之间充分交互信息、协商对话，开展充满意义对话的学习活动。第三，共生性。共生性描绘的是生态系统中的要素在互动基础上所形成的要素之间相依相伴、协同发展的一种生长过程和状态。生态的学习环境一方面要求学习主体之间保持一种共存共生的紧密关系，另一方面则要求学习主体与学习环境朝着良好的方向相互塑造。第四，适应性。适应性体现为一个学习生态系统内部各类要素之间，学习系统生态要素与其他生态系统要素间的动态适应。生态取向的学习环境一方面要求学习者为了理解其环境并与之和谐共生而采取积极主动的适应性活动，从而实现认知与行为对学习环境的适应；另一方面，学习环境作为一个生态系统，要动态维持其能动性和自我调适性以适应学习主体的实践需要以及社会环境的动态变化。②

　　以文化生态环境观为取向，基于当下我国中高职院校教师工作场学习环境的实然境遇，依据学习环境设计的要素结构，构建如下工作场学习环境设计路径图。

---

①　陈宗章：《文化生态意识与"学习共同体"的建构》，《南京社会科学》2010 年第 3 期。

②　郑葳：《学习共同体——文化生态学习环境的理想架构》，教育科学出版社 2007 年版，第 48 页。

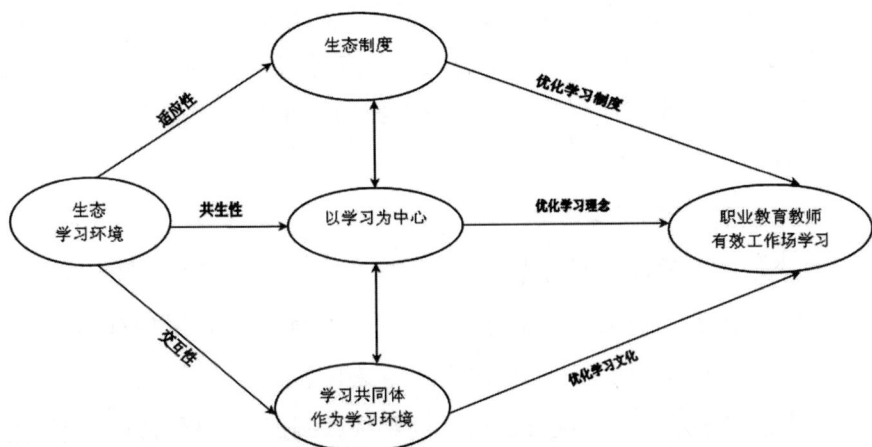

图 7.6　职业教育教师工作场学习环境优化机制

一、"以学习为中心"：学习的理念

自乔纳森（D. H. Jonassen）提出"以学习为中心的学习环境"后，"以学生为中心""以学习为中心"逐渐成为学习环境设计的准则。尽管"以学习为中心"的环境设计主要面向学生学习，但这种学习环境设计的理念值得借鉴。鉴于此，这里将"以学习为中心"作为职业教育教师工作场学习环境的设计理念。

职业院校在设计"以学习为中心"的学习环境时需要把握以下要点：

1. 追寻工作与学习的一体

理想样态中，职业院校应当既是教师置身其中的"工作场"，还是适应教师学习的"学习场"，"工作场"与"学习场"合二为一。但是实证结果表明，当下大多职业院校仅仅只是作为工作场所，还不足以成为学习场所，这直接导致了教师工作与学习的割裂。在工作场境中，大多职业院校视工作为教师生活的全部，学习只是为了工作做准备。一些学校将教师学习和工作分离开来，甚至生硬对立开来，大多学校将每周某半个工作日定为教师学习时间，许多学校经常以教师工作时间不足而随意挤占学习时间，很多教师也视学习为"额外的工作"，将学习看作一种负担。未来，职业院校一方面要真正塑造重视教师学习的文化气氛，另一方面要注意在文化生态中改变教师工作方式，促进教师学习、工作一体化。

2. 关照教师的学习需要

生态取向的教师学习主张学习者依据个体的需要和在思想形成和检验过程中产生的问题来决定如何前进，而不只是依据外部确立的学习目标。因为如果提供自己选择和追求自身兴趣的机会，学习者会对自己的学习承担更大的责任。[1] 这就要求学校要认真调查、分析教师普遍的内在学习需要是什么，进而围绕学习需要展开学习环境设计。对于那些学校暂时无法满足的学习需要，可以考虑生态意义上的"替代因子效应"，即选择与该因子间高相关的因子来替代。例如用舒适的心理环境替代工资待遇因子。

二、"生态制度"：学习的制度

"学校领导是决定与影响教师行为最为重要的因素之一。"[2] 学校制度的优劣直接关涉教师学习的质量。当下，学校制度作为教师学习生态系统的重要因素显然不能够适应学习主体的实践需要。职业院校有必要对学校制度进行变革，发挥制度对学习的支持、引领作用。

生态取向的职业教育教师工作场学习制度设计要在以下三个方面付诸努力：

1. 优化学习资源设计

---

① 〔美〕兰德、汉纳芬：《以学生为中心的学习环境》，见〔美〕戴维·H.乔纳森主编：《学习环境的理论基础》，郑太年、任友群译，华东师范大学出版社2002年版，第10页。

② 林正范：《学校领导与生态取向教师学习方式的变革》，"学校变革与教师发展：历史、理论与方法"国际学术研讨会，2009年11月，第116–121页。

学习资源是学习环境的重要构件，也是学习环境设计的重要内容。文化生态学习环境主张学习者与学习资源有效互动，但是，职业教育教师学习存在学习者与学习资源割裂的状况，表现在两个方面：一方面是作为主体的学习者总是消极地受制于学习资源，大多教师只是学习资源的"消费者"，而不是学习资源的"生产者"，在学习过程中消极被动受制于学习资源的有限性，而缺乏积极主动的资源创新；另一方面，教师难以与学习资源发生有效的互动进而改善学习行为。未来，职业院校一要增强学习资源的丰富性，既丰富学习资源的内容量（如提供校本培训的机会、与企业行业合作的机会、参加技能大赛的机会，等等），也扩展学习资源的表现形态（如实体资源与网络学习资源的结合），并鼓励教师积极有效利用所提供的学习资源；二要增强学习资源的支持性和实践性。所提供的学习资源要真正切合职业教育教师的工作实际和发展实际，真正能够为教师的教育教学实践服务。

2. 重建教师工作场学习的制度生态

以命令式、奖惩式、职称评聘压力式的途径督促教师参与学习在短时期内或许能够带来一定的学习效益，但不能促进教师和学校的长效发展。要改变这种急功近利的学习制度生态，则要求学校建立有效的阶段激励机制，构建有效的教师学习制度生态。有关激励机制在前面已经有过深入讨论，在此不再重复论述。

3. 建立生态化的教师评价制度

生态化的评价制度主张评价对教师工作场学习的适应。未来，职业院校首先要突出中高职教师评价的自身差异性。职业教育培养技能型人才的特点决定了职业教育教师在专业发展中与中学教师、大学教师有本质区别，这就要求职业院校不能以跟中学或者大学一样的标准来评价中高职教师。其次要丰富评价的方式，既要有量化评价，也要有质化评价，建立起多渠道的评价制度。最后，教师评价制度还要因人而异、因群体而异，专业理论课教师、专业实践课教师和双师型教师，新手型教师和熟练型教师之间理应有不同的评价标准。

三、"学习共同体作为学习环境"：学习的文化

生态取向下的教师学习最理想的方式是一种合作的学习方式。在生态学看来，每一个个体都有其"生态位"，每一个个体与其他个体或有机体联系则形成"生态链"，多个生态链互动则形成"生态场"，同一生态场的个体组成"生态群"。鉴于此，在职业院校工作场境中，学习共同体以其独特价值可以成为职业教育教师工作场学习的理想环境。学习共同体成为职业教育教师工作场学习的文化生态环境意味着要培养一种教师学习文化。这种学习文化表现为一种教师共享的学习文化、教师合作的学习文化、教师相互支持的学习文化。在学习共同体文化环境下，职业教育教师一方面可以消除个体性学习的孤独感，形成强烈的归属感；另一方面又能够与同伴在交流合作中共同建构知识、分享知识。

学习共同体作为学习环境的隐喻要求职业院校在面对职业教育教师工作场学习环境创设时要做到以下三点：

1. 加强学习活动中人际的互动与协作

互动是学习环境诸多要素发挥效力，以及学习共同体得以产生、维持和发展的灵魂。职业院校要通过各种形式推动学习者与学习者之间、学习者与学习环境之间保持互动关系。在学习环境设计时，既可以强化实时的互动，如举办经常性的例会制度、集体备课活动、集体教研活动等，也可以借助网络技术的作用，通过建立虚拟学习共同体的形式加强共同体中主体之间多方位的交流协作。

2. 关注学习的社会性

麦克米兰（D. W. McMillan）和查韦斯（D. M. Chavis）两人认为学习共同体意识是"一种成员所拥有的归属感，一种成员彼此间及与整个群体休戚相关的感情，以及对成员的需求将通过他们对共同生活的认

同而得到满足的共同信念。"① 学习共同体的情感共振功能启示职业院校在环境设计时要强化教师学习的社会性，摒弃过往教师之间的"我—你"式交往以及"人—机"互动式的个别化学习，更加关注"我—我们"的群体式交往和合作式学习。

3. 张扬学习者的个性

生态性的学习是个体性和群体性的结合，个体在学习过程中一方面得到群体的支持并为群体的学习做出贡献，另一方面在群体中不断塑造自我同一性，即个体的主体性。② 共同体作为学习环境并不意味着教师主体性的湮灭，也不意味着教师个体话语的丧失，相反在学习环境设计中，要坚持以学习者为中心，充分张扬学习者的个性特征（如教师已有的知识经验水平、学习动机、学习风格等），充分体现教师工作场学习的主体作用。

第六节　知识管理——学习绩效提升机制

知识管理（Knowledge Management, KM）是组织管理学中的重要概念，发轫于 20 世纪中期，并在 20 世纪 80 年代以后因应时代的发展而越来越受到重视。对于什么是知识管理，大致有四种认识：第一种是"程序观"，即认为知识管理是一个连续运作的过程，经过该过程，组织不仅可以达到知识保持、流通，还可以因知识创新而维持组织的优势。第二种是"策略观"，即认为知识管理是一种有意义的策略，是组织为了适应复杂化的社会，并以价值创造为目的的一种策略化议题。第三种是"活动观"，即将知识管理视为一连串协助组织获取自己及他人

---

① D. W. McMillan, D. M. Chavis, "Sense of Community: A Definition and Theory", *Journal of Community Psychology*, Vol. 14, No. 1, 1986, p. 9.

② 郑葳:《学习共同体——文化生态学习环境的理想架构》，教育科学出版社 2007 年版，第 211 页。

知识的活动，活动具体包括对知识的评估、监督、规划、获取、流通、整合、创新等等。第四种是"工具观"，知识管理被视为提升组织效能与效率的工具。四种观点从不同视角对知识管理进行了解读，但透过以上定义，我们大致可以了解到，知识管理既是一种理论视角，也是一种实践工具，它关注组织中人的学习以及知识的获得、共享和创新，知识管理本身并不是目的，其最终目的是提升个体和组织的发展效能。就本书而言，我们倾向于将知识管理视为一种策略，即通过知识管理增加职业教育教师工作场学习绩效的策略。

将知识管理作为职业教育教师工作场学习绩效提升机制，主要基于两个方面的考虑：

第一，从实证研究结果来看，当前大多职业教育教师在工作场所学习过程中存在严重的"隐性知识资源浪费"现象。教师专业知识可以分为显性知识和隐性知识，其中，显性知识是经过编码化、格式化和结构化后的知识，能够被清晰地表达和交流，隐性知识"只可意会，不可言传"，镶嵌于教师个体实践行动和实践过程之中，根植于教师内部。显性知识和隐性知识在教师专业发展中发挥不同的价值机制，但从当前职业教育教师专业发展实际来看，由于缺乏有效的知识管理，隐性知识被大量浪费。这种浪费主要体现为大多职业教育教师缺乏对隐性知识的察觉和利用，不能意识到隐性知识的大量存在，对教育教学实践中的认识通常是隐晦不明的，更别提将隐性知识显性化。事实上，就职业教育教师而言，作为专业的实践工作者，其所知道的必然多于其所能说出来的，因此，未来职业教育教师有必要加强对自身知识尤其是隐性知识的开发和管理。

第二，实证研究结果同样揭示，当下职业院校教师之间围绕知识展开的共享行为不甚理想（尤其是隐性知识的共享），知识共享的频率、深度、范围均有待提升。知识共享对于职业教育教师专业发展的意义在于，一方面其能够使知识在教师个体之间加强流通，扩展教师个体的知识获取来源；另一方面，知识共享还有助于使教师个体知识或团队的知识转化为组织知识，从而提高组织发展绩效。知识管理对于知识共享的价值早已得到证明。事实上，促进组织内部知识的共享及扩散一直都是知识管理的核心要务，知识管理的核心即在于创建能够使显性知识和隐性知识发生互动的机制和平台。因此，职业院校实施知识管理，一方面有利于促进教师之间的专业合作和专业对话，另一方面有助于教师实践共同体的形成。

以知识管理为工具，扎根于职业教育教师工作场学习实际，分别从职业教育教师个体知识管理和职业院校组织知识管理两条路径设计职业教育教师工作场学习绩效提升机制（如图7.7所示）。

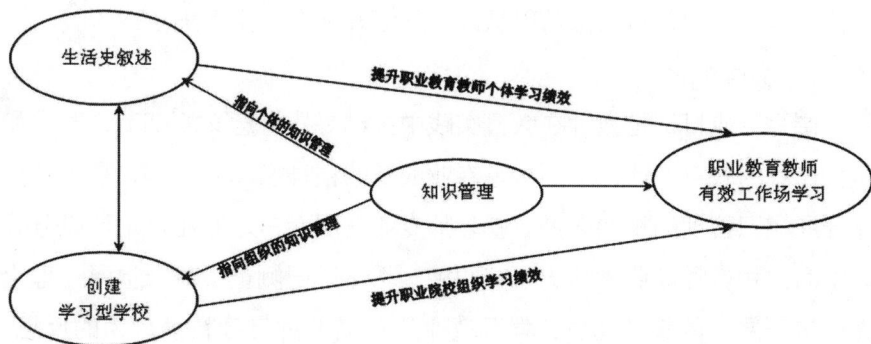

图 7.7　职业教育教师工作场学习绩效提升机制

一、"生活史叙述"：职业教育教师个体知识管理机制

知识管理对于教师个体专业发展的价值已经得到证明。然而研究发现，当前我国大多职业教育教师知识管理质量偏低，原因大体有三个方面：一是大多职业教育教师缺乏对个体知识管理价值的认识；二是大多职业教育教师缺乏主动进行知识管理的意识；三是大多职业教育教师缺乏掌握有效知识管理的方法技术。由此，未来职业教育教师要提升知识管理质量，一要深刻认识到知识管理理念及其对自身专业发展的功用；

二要主动投身到基于知识管理的专业发展实践当中；三要掌握并有效运用知识管理的方法和技术。在诸多的知识管理技术中，个体生活史叙述是一种非常适用于职业教育教师个体知识管理的手段。

隐性知识的外化是教师个人知识管理的关键。个体生活史叙述强调教师对自身教学理念、教学事件、教学经验的记录和反思，叙述的是自身教育生活的成长史。个体生活史叙述对于提升职业教育教师个体学习绩效的价值在于，一方面能够使得教师不断将自身内隐的、实践的知识不断显性化（从隐性知识到显性知识的过程），从而使自身成为知识的"生产者"，扩大知识获取的来源；另一方面能够帮助教师对自身知识进行加工和整合，加深对自身专业实践的理解，从而促进知识的利用。具体而言，职业教育教师可以从以下方面开展个体生活史叙述。

1. 撰写专业日记

撰写专业日记是教师在教育实践中主动寻找有意义的细节，改进和重构自我的教育生活，从而构筑专业成长的精神家园的历程，是教师个体开展知识管理的重要途径。就教师专业发展而言，专业日记可以分为教学后记和教师专业生活史研究两种。教学后记侧重于对一堂课（理论课或实践课）的教学反思，强调教师及时记录对自身教学行为的反思，积累教育教学经验教训，为隐性知识的显性化提供宝贵素材。教师专业生活史研究类似于教师对自身进行的一种"元发展研究"，侧重于对自身专业成长的记录和反思，强调教师对自身认知风格、知识结构、教学风格、个人专业发展的转折点、个人专业成长的决定性影响等知识的格式化和编码。

2. 建立教学档案

近年来，发达国家对教学档案与教师专业成长之间关系的研究日趋深入，建立教学档案日益成为促进教师专业成长的有效工具。与传统意义上由教学管理职能部门（如教务处）所建立的有关教师的教学档案不同，这里所讲的教学档案其构建主体是教师本人，其构建目的是引发教师的反思、彰显教师的专业风采、提升教师的专业能力、促进教师的专业成长。教学档案的内容大抵有三个方面，即基本资料（如教师的学习工作简历、教学理念、教学目标等）、教学记录（如教学活动记录、教学实况录像、学生代表性作品等）、专业成长资料（如评价记录、表现记录、研习记录等）。[1] 此外，建立教学档案可以应用于教学反思、教师评价和专业发展等不同方面。[2]

3．开展叙事研究

叙事研究主张教师以叙事的方式描述自身的教育教学经验、行为以及作为群体和个体的生活方式，通过有关经验的故事、口述、现场观察、日记、访谈、自传或传记甚至书信及文献分析等逼近教育实践本身，其强调的不是形式、规律，而是经验的意义。[3] 叙事研究对于职业教育教师个人知识管理的意义在于：首先，叙事研究能给缄默的教师个人知识赋予声音，促进默会知识显性化；其次，叙事研究有利于提升教师管理个人教育经验的主体自觉；再次，叙事研究有利于教师教育教学经验的分享和交流；最后，叙事研究有利于教师个体知识的转化创新。

需要指出的是，随着当下网络信息技术的迅猛发展，基于个人知识管理的生活史叙述同样可以大力借鉴网络技术。职业教育教师可以通过诸如博客（Blog）、微博、知识宝典（PowerKM）、Microsoft SharePoint等平台和软件实现更加顺利、高效的个人知识管理。

二、"创建学习型学校"：职业院校组织知识管理机制

组织知识的客观存在及其实践价值使得如何有效管理组织知识成为每个组织必须面对和解决的难题。在组织知识管理的理论研究与实践探索

---

[1]　K. Wolf, "Developing An Effective Eeaching Portfolio", *Educational Leadership*, Vol. 15, No. 3, 1996, pp. 34 – 37.

[2]　王朋：《谈谈教学档案与教师的专业发展》，《徐州教育学院学报》2005年第1期。

[3]　姜勇：《叙事研究与教师专业发展》，《外国中小学教育》2004年第12期。

中，学习型组织日趋成为组织知识管理的最重要途径。事实上，学习型组织与组织知识管理具有天然的密切关联，学习型组织是组织知识管理得以实施的重要载体，而知识管理又是学习型组织的核心及精髓所在。

在学习型组织的强势影响下，学习型学校在 20 世纪 90 年代被提出并得到广泛探讨。纵观已有相关研究，学习型学校大致具有以下特征：（1）重视学生的学习活动；（2）教师持续不断学习；（3）鼓励教师和其他同事合作或相互学习；（4）学校是学习系统的组织；（5）学校领导者是学习的领导者。① 学习型学校作为组织知识管理的重要手段，其对提升职业教育教师工作场学习绩效具有重要价值。然而，实证研究结果揭示，当下我国大多职业院校离"学习型学校"相去甚远，其具体症状表现在多个方面，而导致的原因同样纷繁复杂。未来，我国职业院校有必要将聚焦于学习型学习设计作为学校变革之旅的首要任务。

学习型学校的设计是一项系统复杂的工程，没有固定套路可循，以下原则和思路可供借鉴和参考：

1. 营造学习气场

形成推崇学习、提倡知识共享与创新的学习文化是任何一所职业院校创建学习型学校的首要任务。要营造学校学习气场，首先要求学校在内部创造出接受变革的动机，学校要通过宣传号召、建立共同愿景等形式，让大多数教师确立起认可变化的必要性以及准备同意接受改革的心理。其次学校领导要带头参与学习，成为学校的学习典范。职业院校领导要善于判断、捕捉职业教育变革的机遇和挑战；要乐于参与和了解教师的教学活动，包括课程开发、教学策略、学生进步等；要敢于分享专业领导地位。最后要主张全员学习，学校要努力构筑包括行政领导、专业课教师、文化课教师、学生乃至后勤服务人员构成的学习系统，分别构筑以学校党政班子成员为中心的行政领导学习系统、以专业课教师为

---

① 胡振坤：《学习型学校的理念与建构》，《开放教育研究》2003 年第 4 期。

中心的教师学习系统、以文化课教师为中心的教师学习系统、以跨学科为中心的混合学习系统，等等，并使各学习系统在自组织有效运作的基础上形成合力。

2. 搭建知识载体

学习型学校建设的关键在于找到一个知识载体，让知识在学校里流动起来。① 知识载体的搭建能够使学校形成组织知识生成、贮存与分享的机制，使学校里每位教师成为组织知识流动的节点，并对其加以吸收和再创造。一般而言，知识载体的形式有两种，即介质的知识载体和非介质的知识载体。介质的知识载体主要借助网络平台或报刊传媒构筑而成，如协同办公系统、校本知识数据库、电子公告栏、电子论坛、学校内部刊物，等等，这些介质的知识载体能够为教师获取对教育教学工作有价值的信息提供渠道，并为教师及时发表自己的感悟、经验体会提供平台。除了知识的存贮和流通，有效的组织知识管理还要求学校对教师的教案、教学笔记、论文、教学参考资料等显性知识进行有效的分类与整理，将其文件化、档案化和电子化并保存，而且最好能将教师通过反省自身隐性知识而写出的教学档案、专业日记等包括在内，建立教师知识库。非介质的知识载体主要通过教师之间的交流对话形成。因此，学校要注意设计有助于教师之间交流对话的学习场所与情境。有利于知识传播、交流、共享的学习场所类型主要有研讨型学习场所、沙龙型学习场所、实习型学习场所（主要在教师培训的实习基地）以及展示型学习场所。有鉴于此，职业院校可以通过举办教师学习研讨会、学习沙龙、技能大赛、公开课观摩等等活动促进组织知识的流通。

3. 强化知识共享

促进教师之间共享显性的和默会的知识是创建学习型学校的重要挑战。在职业院校场域，组织知识通常产生于学校每一位教师或学生，诸

---

① 孟繁华、周举坤：《试论学习型学校》，《教育研究》2004 年第 12 期。

如教师一个优秀的教案、一节优质的公开课、一篇深刻的教学反思札记，等等，倘若缺乏知识共享机制，则组织知识势必无法发挥其自身价值，只有当形成了组织知识分享的机制，组织知识才得以在流通中发挥最大效益。因此，在组织知识管理过程中，必须强化知识交流与共享。首先，要培育教师群体共享的价值观和团队精神，不断强化共享意识，使知识共享成为日常工作的一部分，不断鼓励教师进行共享活动，摒弃"知识利己主义"，形成有利于教师进行合作的文化氛围。其次，要优化学校制度文化。在早期，学校可以通过行政命令、利益诱导等自上而下的形式推动教师进行知识共享，其后，学校要不断改良学校管理制度，促进学校管理结构扁平化、简单化、弹性化，为教师的知识共享提供平等畅通的互动渠道。

4. 提倡系统思考

如前所述，创建学习型学习是一项系统复杂的工程，学习型学校的构成是学校领导、教师、学生、制度、社会环境等等诸多维度合力互动的结果。因此，在设计学习型学校时必须注重系统思考。圣吉将系统思维称为"第五项修炼"（其他四项修炼分别为自我超越、心智模式、共同愿景和团队学习），认为其是整合其他修炼的修炼，是把其他修炼融入一个条理清晰一致的理论和实践体系，它防止了其他修炼变成分散独立的花招，或最新流行的组织变革时尚。[①] 系统思考要求在横向上要全面关照教师为什么学（学习动机）、学什么（学习内容）、如何学（学习策略）、是否适合学（学习环境）、学得怎么样（学习绩效）等问题，同时要求在纵向上关心教师如何获取、内化、共享、创造知识的问题。

未来，基于情境的工作场学习理应成为职业教育教师专业化改革乃至职业院校改革的核心行动，工作场学习之于职业教育教师专业发展、

---

① 〔美〕彼得·圣吉：《第五项修炼——学习型组织的艺术与实践》，中信出版社2009年版，第13页。

职业院校效能发展、职业教育改革的重要性不言而喻。然而，当下我国职业教育教师工作场学习客观呈现出"断裂式""碎片化""孤立性""低层次"等低效表征，严重影响了工作场学习的绩效。职业教育教师工作场学习在成效上具有非常大的可提升空间，有效的工作场学习必然走向统整性、持续性、互动性以及创新性。

以统整性、持续性、互动性以及创新性为有效表征，研究基于系统视野、扎根于校本脉络、立足于能力提升取向，设计了一个旨在提升职业教育教师工作场学习有效性的整合机制模型，以进一步回答"有效的职业教育教师工作场学习应当怎么做"的问题。所设计的整合机制模型具体包括职业教育教师工作场学习动机催生机制、职业教育教师实践性知识生成机制、职业院校组织知识生成机制、职业教育教师工作场学习环境优化机制以及职业教育教师工作场学习绩效提升机制。

所设计的五大机制分别指向职业教育教师工作场学习的四个维度。学习动机催生机制以内在激励为突破，力图通过"形而上"的组织学习愿景塑造和"形而下"的工作设计创新以分别催生工作场学习的个体动机和组织动机。实践性知识生成机制以行动学习为利器，试图赋予职业教育教师"行动性实践者"和"反思性实践者"的双重角色，使其通过"在做中学"和"在反思中学"生成个体实践性知识。组织知识生成机制以组织学习为法宝，通过"向经验教师学习"和"在实践共同体中学习"两条路径达成职业教育教师个体与个体之间的互动以及个体与团队之间的互动，从而生成组织知识。实践性知识生成机制和组织知识生成机制共同指向职业教育教师工作场的学习过程。学习环境优化机制以文化生态为关照，力求通过对学习理念、学习制度和学习文化的三重调节，从而将职业院校构筑成适宜教师工作场学习的文化生态系统。学习绩效提升机制以知识管理为武器，试图采取"生活史叙述"和"创建学习型学校"两种手段促进职业教育教师个体的知识管理和职业院校组织的知识管理。

　　尽管所设计的五大机制各有所指，但其共同指向职业教育教师有效工作场学习的达成。此外，五个机制之间并非也绝不可能相互割裂，其间存在着相互关照、相辅相成的耦合关联。这告诫职业院校必须基于系统思维，构建条理清晰一致的实践体系，设计衔接一体的行动方案，采取整合统一的行动举措，方能真正提升职业教育教师工作场学习的有效性，促进职业教育教师效能和职业院校效能的发展。

结　语

寻求职业教育教师专业化革新的新意义

如果人们看不到改革的意义，改革就绝不可能产生影响。[①]

——迈克·富兰（Michael Fullan）

正如绪论所提到的，变革是这个时代的主题。在整个社会环境发生巨大变化的当今世界，一个有机体要想生存下来，其学习的速度必须等于或大于其环境变化的速度。职业教育作为一个系统，其面临的环境正经历着前所未有的变化：社会变化日新月异，竞争日益激烈，职业教育吸引力下降，基础教育和高等教育双重夹击，国家对职业教育发展空前重视……毫不夸张地讲，当前的时代既是中国职业教育所处的最好的时代，同时也是挑战最大的时代。在机遇与挑战并存的时代境脉下，中国职业教育要想获得生存和发展，就必须增强其学习与交流的能力，唯有如此，才能主动适应变局。

在中国职业教育改革浪潮中，职业教育教师的作用和影响必须得到重视。事实上，已有诸多富有远见的学者提出了这样的真知灼见，即教育改革成败取决于教师的专业能力、投入程度以及所抱持的观念，任何学校变革的进行都依赖于教师对改革愿景的心理认同和自身的专业发展水平。然而，现实似乎告诉我们，在职业教育改革进程中，职业教育教师群体更多的是被视为需要改变、等待提高、亟待拯救的对象，职业教育教师的专业地位、专业自主、专业学习、实践知识、专业情意遭受冷遇并被肢解为片断。有鉴于此，未来中国职业教育改革势必将尊重教师

---

① 〔加〕迈克·富兰:《教育变革的新意义》（第四版），武云斐译，华东师范大学出版社 2009 年版，第 234 页。

专业自主、张扬教师专业学习、培育学习型教师、提升教师专业发展水平作为核心战略行动。正是基于对当下中国职业教育改革形势的思考和判断，本书选择了"职业教育教师工作场学习"这一令人期待而又富有挑战的研究领域。

首先，本书对工作场学习展开了多视角、深层次的再认识，尤其是对工作场学习的立论基础、概念本质、发生机制等问题进行了较为深刻的阐述，在此基础上，借鉴传统学习科学的理论模型，构建了一个"职业教育教师工作场学习'双层双翼'理论模型"；基于此，本书采用实证研究的方式，综合运用问卷调查、访谈调查、个案研究等方法，以及描述统计、推断统计、回归分析、结构方程等手段，对职业教育教师工作场学习动机、职业教育教师工作场学习策略、职业教育教师工作场学习环境、职业教育教师工作场学习绩效进行了现状分析和差异比较，并对四个维度之间的关系进行了检验。紧接着，本书从定量和定性两条路径出发，以职业教育教师工作场学习动机、学习策略、学习环境为自变量，以职业教育教师工作场学习绩效为因变量，考量了自变量与因变量之间的路径关系；最后，本书基于实证研究的基础，立足于对无效的教师工作场学习表征和有效的教师工作场学习表征的归结，从学习科学、心理学、管理学、生态学等多重视角出发，设计了一个旨在提升职业教育教师工作场学习有效性的整合机制模型，以进一步回答"有效的职业教育教师工作场学习应当怎么做"的问题。

作为一个兼具理论性和实践性的主题，本书顺从理论与实证两条路线，对职业教育教师工作场学习展开了较为翔实、深入的考察，并获得了较为丰硕的研究发现和结论，相信这些研究发现和结论也必然有其一定的理论和实践价值。当然，本书也存在诸多限制和不足之处：第一，如前所述，工作场学习在西方已是一个相当成熟的理论范式，本书是在已有研究基础上进行的一项再创造研究，研究的广度、深度在很大程度上依赖于研究者所掌握的文献资料（尤其是国外相关工作场学习的资料文献）；第二，工作场学习在西方主要运用于人力资源开发领域，将其迁移至我国职业院校教师专业学习实践当中，理论迁移的适切性、本土性及其实效性均有待进一步论证；第三，本书量化部分主要依赖于研究者所编制的问卷，尽管研究者执行了较为严格的问卷编制程序，并对所有问卷的测量特质进行了评估，但如何进一步完善、改良和发展所编制的问卷，将是一个非常有意义的长期工作；第四，本书大多结论依据量化数据而得出，然而量化研究方法往往容易受到研究者取样的限制。由于时间、精力和能力的局限，问卷调查有效样本仅仅来自全国 7 个省市 28 所中高职院校的 848 名教师，个案研究学校仅仅选择了四种，研究样本的代表性必然有些限制。此外，答题者的态度、认真程度和真实程度均可能限制研究数据的真实性，尽管研究者尽量控制了可能产生的误差，但终究不可能消除全部误差，因此，本书结论在一定程度上可供参考，但相关改革仍然要依据每所学校的具体情境进行校本研究。

言而总之，本书完成了对一个复杂、陌生领域的较为宽阔而深入的探索之旅。在这场探索之旅中，我们更加坚信了这样的信念，那就是：工作场学习赋予职业教育教师专业化革新以新的意义，职业教育教师专业化革新赋予了职业院校效能发展新的意义，职业教育教师专业化革新与职业院校效能发展又赋予了职业教育变革以新的意义。未来，中国职业教育只有真正理解、深刻认同并坚持追求这样的意义，变革的目标方能真正实现。但是，正如富兰所告诫的，"如果人们看不到改革的意义，改革就绝不可能产生影响。"

附　录

附录1　职业教育教师工作场学习问卷

尊敬的老师：

您好！非常感谢您在百忙之中抽出时间接受这次问卷调查。调查的目的在于了解您在学校工作情境中学习的动机、策略、环境和绩效。请根据您在工作和学习中的实际情况，对照下列每个题项的描述，进行选择并打"√"。

此次调查所搜集到的资料只作学术研究之用。本问卷不记名，问卷中的各项答案无对错之分，请您放心作答每一道题。非常感谢您的支持与合作！

若有任何问题，欢迎与本人联系：E – mail: linkeson@ swu. edu. cn

基本信息

1. **工作学校类型：** ① 国家级重点高职学院（国家示范校或骨干校）

② 非国家级重点高职学院（非国家示范校或骨干校）

③ 国家级重点中职学校（国家示范校或骨干校）

④ 非国家级重点中职学校（非国家示范校或骨干校）

2. **工作岗位类型：** ①专业理论课教师；②专业实践课教师；③双

师型教师

3. **从事专业**＿＿＿＿＿＿＿＿（请您填写具体学科名称）

4. **职务：** ①校级领导兼教师；②主任兼教师 ③组长兼教师 ④普通
教师

5. **教龄：** ①0—2 年②3—6 年③7—15 年④16—20 年⑤20 年以上

问卷 A　职业教育教师工作场学习动机问卷

题号	条　　目	完全不符合	多数不符合	一半符合	大部分符合	完全符合
		1	2	3	4	5
A01	我在工作中学习是因为学习能够充实生活					
A02	我在工作中学习是出于对所教专业的兴趣或好奇					
A03	我在工作中学习是为了不断挑战自我发展现状					
A04	我在工作中学习是为了不断适应职业岗位技能的变化					
A05	我在工作中学习是想不断改进教学质量					
A06	我在工作中学习是为了解决教育教学过程中遇到的困惑或问题					
A07	我在工作中学习是为了更好满足学生成长的需要					
A08	我在工作中学习是为了成为一名"双师型"教师					
A09	我在工作中学习是为了赢得领导的肯定					
A10	我在工作中学习是为了获得同事的肯定					
A11	我在工作中学习是为了不落人后，维持自尊					
A12	我在工作中学习是为了给子女树立榜样					
A13	我在工作中学习是为了获得晋升机会					

题号	条　　目	完全不符合	多数不符合	一半符合	大部分符合	完全符合
		1	2	3	4	5
A14	我在工作中学习是为了取得职业资格					
A15	我在工作中学习是为了评职称而作准备					
A16	我在工作中学习是为了想拿到更多报酬					
A17	我在工作中学习是为了完成学校布置任务					
A18	我在工作中学习是因为学校的行政压力					
A19	学校的各种教学改革活动驱使我学习					
A20	学校制定的相关考评制度驱使我学习					
A21	我在工作中学习是受到学校振奋人心的发展目标的鼓舞					
A22	在工作中学习是出于学校对教学创新和工作创新的鼓励					
A23	我在工作中学习是受到学校高昂工作士气的感染					
A24	我在工作中学习是为了积极适应职业教育改革和发展的形势					

备注：关于工作场学习动机的问题，您还想与我分享的体会和看法

_____

_____

_____

_____

_____

问卷 B　职业教育教师工作场学习策略问卷

题号	条　　目	完全不符合 1	多数不符合 2	一半符合 3	大部分符合 4	完全符合 5
B01	遇到教育教学问题时，我经常通过研读参考书和教研文章来寻找解决方案					
B02	在学校，我经常浏览、阅读专业报刊					
B03	在学校，我主要借助网络资源来学习					
B04	我进行自我专业发展规划和设计					
B05	在学校，我经常自主制定学习计划或研究计划					
B06	我在考取资格证书的过程中学习					
B07	我不断反思课堂事件和自己的教学行为					
B08	我不断质疑他人眼里的惯例或习以为常的教学行为					
B09	我经常努力理解某个教学活动隐含的理论或原理					
B10	我不断尝试改善自己现行的教学行为					
B11	我独立进行课程教学革新探索					
B12	我长期撰写工作日志或教学反思笔记					
B13	我经常观摩学校组织的教学公开课并从中获得学习					
B14	我经常观摩学校同一专业其他教师的课并从中获得学习					
B15	我经常观摩学校不同专业教师的课并从中获得学习					
B16	我经常观摩学校组织的教学研讨会，从中获得学习					

续表

题号	条　目	完全不符合 1	多数不符合 2	一半符合 3	大部分符合 4	完全符合 5
B17	我经常参加学校组织的各种培训，从中获得学习					
B18	我经常深入职业岗位一线，在观摩中学习					
B19	我经常主动与同事分析自己的教学问题					
B20	我经常与同事分享教学经验以及教案					
B21	我经常与同事就各自的课堂情况互通有无					
B22	我经常与同事交流分享岗位的新知识或新技术					
B23	我经常与企业行业人员交流讨论专业发展情况					
B24	我拜有经验的教师为师并从中获得学习				—	
B25	我在指导其他教师过程中获得学习					
B26	我在指导学生参加各种技能比赛过程中学习					
B27	我在参加各种技能比赛过程中学习					
B28	我与同事共同备课					
B29	我经常与同事共同开展课题研究					
B30	我经常与企业行业人员共同完成项目					
B31	我经常与同事合作解决专业技术难题					
B32	我经常与同事一起探索专业课程教学改革					

备注：关于工作场学习策略的问题，您还想与我分享的体会和看法：

_____

_____

问卷 C 职业教育教师工作场学习环境问卷

题号	题　项	符合程度 完全不符合→ 完全符合					支持学习程度 完全没影响→ 影响非常大				
		1	2	3	4	5	1	2	3	4	5
C01	学校的图书报刊资源能够满足我的需求	□	□	□	□	□	□	□	□	□	□
C02	我可以在学校获得学习所需的网络资源	□	□	□	□	□	□	□	□	□	□
C03	我在学校有可供自主调配的工作时间	□	□	□	□	□	□	□	□	□	□
C04	在学校，我有个人专属的工作空间	□	□	□	□	□	□	□	□	□	□
C05	我校有较多可供教师讨论交流的场所	□	□	□	□	□	□	□	□	□	□
C06	我校制定的相关教师学习制度明确而有效	□	□	□	□	□	□	□	□	□	□
C07	我校经常向教师布置专业学习任务	□	□	□	□	□	□	□	□	□	□
C08	我校经常举办观摩课、评课及教学比赛、技能比赛或演示	□	□	□	□	□	□	□	□	□	□
C09	我校提供诱因以刺激教师继续学习发展	□	□	□	□	□	□	□	□	□	□
C10	在学校，我经常有参与课题的机会	□	□	□	□	□	□	□	□	□	□
C11	在学校，我经常聆听专家讲座或接受专家指导	□	□	□	□	□	□	□	□	□	□
C12	在学校，我经常有接受专业培训的机会	□	□	□	□	□	□	□	□	□	□
C13	在学校，我经常有和企业行业合作的机会	□	□	□	□	□	□	□	□	□	□
C14	我校积极求进，有明确的发展目标	□	□	□	□	□	□	□	□	□	□

续表

题号	题项	符合程度 完全不符合→ 完全符合					支持学习程度 完全没影响→ 影响非常大				
		1	2	3	4	5	1	2	3	4	5
C15	我校关心教师的专业成长	□	□	□	□	□	□	□	□	□	□
C16	我校崇尚自由开放和创新变革	□	□	□	□	□	□	□	□	□	□
C17	我校鼓励教师不仅能从成功经验中学习，也能从尝试和错误中学习	□	□	□	□	□	□	□	□	□	□
C18	我校领导班子锐意进取、带头学习	□	□	□	□	□	□	□	□	□	□
C19	我校教师工作士气高昂	□	□	□	□	□	□	□	□	□	□
C20	我校教师工作压力普遍较大	□	□	□	□	□	□	□	□	□	□
C21	我校教师之间经常讨论工作上的问题并且分享工作经验	□	□	□	□	□	□	□	□	□	□
C22	我校教师之间有互相尊重和信任的专业对话	□	□	□	□	□	□	□	□	□	□
C23	我校老、中、青教师之间"传、帮、带"	□	□	□	□	□	□	□	□	□	□
C24	我校教师之间合作完成课题或项目	□	□	□	□	□	□	□	□	□	□
C25	我校通过各种方式鼓励小组和团队学习	□	□	□	□	□	□	□	□	□	□
C26	我校有不同的学习小组或项目组活动	□	□	□	□	□	□	□	□	□	□
C27	我校教师之间经常跨学科、跨部门交流	□	□	□	□	□	□	□	□	□	□

备注：关于工作场学习环境的问题，您还想与我分享的体会和看法有＿＿＿＿＿＿＿＿＿＿＿＿＿＿＿＿＿＿＿＿＿＿＿＿＿＿＿＿＿＿

问卷 D　职业教育教师工作场学习绩效问卷

题号	题　目	完全不认同	大部分不认同	一半认同	大部分认同	完全认同
		1	2	3	4	5
D01	在学校，我积累了较多有关教育教学的知识和经验					
D02	在学校，我能及时掌握本专业的新知识及变化信息					
D03	在学校，我搜集了较多有关学生发展的知识					
D04	我校能及时了解搜集职业教育政策制度最新动态					
D05	我校能及时了解搜集职业教育课程教学改革信息					
D06	我校能及时了解搜集教师专业发展需求					
D07	我能及时发现自己教育教学过程中存在的问题					
D08	我能用学到的新知识解决工作中遇到的难题					
D09	我能灵活有效运用不同的教学方法和手段					
D10	我能灵活有效培养和激发学生学习动机					
D11	我校解决问题能力强					
D12	我校能综合多方需求推动专业改革					
D13	我校能依据专业知识推动课程教学改革					
D14	我主动将自己的教学和专业实践中的经验与其他教师共享					
D15	我主动将学习到的专业最新知识传授给同事					
D16	我将自己的教学工作经验撰写成文章供其他教师参考					

续表

题号	题　　目	完全不认同	大部分不认同	一半认同	大部分认同	完全认同
		1	2	3	4	5
D17	我校对教师教学研究成果进行整理保存					
D18	我校图书馆或网站提供学校各专业教师的优秀示范课或相关的教学研究资料					
D19	我校组织各种学习交流活动					
D20	我校与企业行业就岗位、人才培养信息互通有无					
D21	我形成有个人风格的课堂教学模式					
D22	我根据工作实际对专业课程做有效调整					
D23	我对本行业生产工艺做出更新					
D24	我校获得较多的专利发明					
D25	我校提炼有符合实际且行之有效的教学模式					
D26	我校开发有行之有效的校本教材					
D27	我校培育有专业学习共同体文化					

备注：关于工作场学习绩效的问题，您还想与我分享的体会和看法

有_____

_____

_____

_____

_____

附录2　职业教育教师工作场学习访谈提纲

一、访谈目的

1. 了解职业教育教师专业发展现状；
2. 了解职业教育教师对工作场学习的认识和态度；
3. 了解驱动/阻抗职业教育教师工作场学习的动机因素；
4. 了解职业教育教师是如何进行工作场学习的；
5. 了解支持/阻碍职业教育教师工作场学习的环境因素；
6. 了解工作场学习是如何促进职业教育教师完善知识体系的；
7. 了解工作场学习是如何促进学校效能发展的。

二、指导语

非常感谢您抽出宝贵时间参加本书的访谈。本次访谈主要是有关教师工作场学习的一些问题，请您就您本人的观点和自己的实际情况进行回答。欢迎畅所欲言！这里所说的工作场学习可以理解为：在职业院校中基于教育教学工作情境的学习。"工作学习化""学习工作化"是它的灵魂和主张。

三、访谈问题纲要

1. 您认为当前高（中）职教师在专业发展上存在哪些问题？最大的问题是什么？您认为什么原因导致了问题的产生？
2. 您认为高（中）职教师有无必要在工作场所中学习？为什么？您怎么看待教师在工作中的学习？
3. 您在工作中学习的动力主要来源于什么？是来自自身因素，还是学校因素？您认为哪些因素阻碍了您在工作中学习的积极性和创造性？请举例说明。
4. 学校教师学习有哪些方式？您通常采取什么方式学习？请描述几件您在工作过程中涉及学习活动的具体事件或情境。

5. 学校教师是否有小组（或学科组、专业组、团队等）集体学习形式？其过程是怎样进行的？这种集体学习形式对您有什么影响？

6. 您在工作场学习中主要会遇到什么样的障碍和困难？这些障碍和困难对您学习有什么影响？您认为这些障碍和困难是基于什么原因而产生的？

7. 您认为哪些因素影响了教师间的集体学习？学校有没有对教师集体学习的保障机制？

8. 您认为在工作中的学习对您知识结构产生了什么样的影响？这种影响是怎么发生的？

9. 您认为教师在工作中的学习对学校的发展是否有帮助？教师怎样的学习方式更有利于学校发展？

参考文献

一、中文文献

〔美〕安迪·哈格里夫斯：《知识社会中的教学》，熊建辉等译，华东师范大学出版社2007年版。

〔美〕埃蒂纳·温格等：《实践社团——学习型组织知识管理指南》，边婧译，机械工业出版社2003年版。

〔美〕B. R. 赫根汉、马修·H. 奥尔森：《学习理论导论》（第七版），郭本禹等译，上海教育出版社2011年版。

〔美〕彼得·圣吉：《第五项修炼》，张成林译，中信出版社2009年版。

〔美〕陈向明：《质的研究方法与社会科学研究》，教育科学出版社2012年版。

〔美〕杜威：《杜威教育论著选》，赵祥麟、王承绪、编译，华东师范大学出版社1981年版。

〔美〕戴维·克雷恩：《智力资本的策略管理》，孟庆国、田克录等译，知书房出版社2001年版。

〔美〕戴维·H. 乔纳森：《学习环境的理论基础》，郑太年、任友群译，华东师范大学出版社2002年版。

〔德〕菲利普·葛洛曼、菲利克斯·劳耐尔：《国际视野下的职业教育师资培养》，石伟平译，外语教学与研究出版社2011年版。

高文等：《学习科学的关键词》，华东师范大学出版社 2008 年版。

黄尧：《职业教育学——原理与应用》，高等教育出版社 2009 年版。

〔美〕海伦·瑞恩博德、艾莉森·富勒、安妮·蒙罗：《情境中的工作场所学习》，匡瑛译，外语教学与研究出版社 2011 年版。

〔美〕J. 莱夫、E. 温格：《情景学习：合法的边缘性参与》，王文静译，华东师范大学出版社 2004 年版。

〔丹麦〕克努兹·伊列雷斯：《我们如何学习：全视角学习理论》，孙玫璐译，教育科学出版社 2010 年版。

林正范、肖正德：《教师学习新视野——生态取向的理论与实践》，教育科学出版社 2013 年版。

刘电芝：《学习策略研究》，人民教育出版社 1999 年版。

刘永中、金才兵：《英汉人力资源管理核心词汇手册》，广东经济出版社 2005 年版。

陆根书、程光旭、杨兆芳：《大学课堂学习环境论》，西安交通大学出版社 2010 年版。

〔德〕马克斯·韦伯：《社会学的基本概念》，胡景北译，上海人民出版社 2005 年版。

〔加〕迈克·富兰：《教育变革的新意义》（第四版），武云斐译，华东师范大学出版社 2009 年版。

荣泰生：《AMOS 与研究方法》（第二版），重庆大学出版社 2010 年版。

〔美〕唐纳德·A. 舍恩：《反映的实践者——专业工作者如何在行动中思考》，夏林清译，教育科学出版社 2007 年版。

石中英：《知识转型与教育变革》，教育科学出版社 2007 年版。

王海燕：《实践共同体视野下的教师发展》，重庆大学出版社 2011 年版。

吴明隆：《问卷统计分析实务——SPSS 操作与应用》，重庆大学出版社 2011 年版。

吴明隆：《结构方程模型——AMOS 的操作与应用》，重庆大学出版社 2011 年版。

吴全全：《职业教育"双师型"教师基本问题研究——基于跨界视域的诠释》，清华大学出版社 2011 年版。

张敏：《教师学习的理论与实证研究》，浙江大学出版社 2008 年版。

张兆芹等：《学习型学校的创建——教师组织学习力的新视角》，教育科学出版社 2011 年版。

赵志群：《职业教育与培训学习新概念》，科学出版社 2003 年版。

郑葳：《学习共同体——文化生态学习环境的理想架构》，教育科学出版社 2007 年版。

〔美〕朱迪·奥尼尔、维多利亚·J. 马席克：《破解行动学习——行动学习的四大实施路径》，唐长军等译，江苏人民出版社 2012 年版。

安冬平、林克松：《失范与规范：高职院校实训教学改革探寻》，《职教论坛》2013 年第 3 期。

陈甜、林克松、朱德全：《论职业教育研究的理论迁移》，《职教论坛》2012 年第 27 期。

陈欣、和金生：《个人知识与组织知识相互转换的机理与机制》，《中国地质大学学报（社会科学版）》2004 年第 6 期。

陈向明：《"实践性知识"是如何生成的——对教育作为一种"实践"的反思》，《教育学报》2013 年第 4 期。

程勇、王丹：《合法的边缘性参与：教师实践性知识管理的新观点》，《教师教育研究》2010 年第 1 期。

崔允漷、王中男：《学习如何发生：情境学习理论的诠释》，《教育科学研究》2012 年第 7 期。

陈宗章：《文化生态意识与"学习共同体"的建构》，《南京社会科学》2010 年第 3 期。

杜瑞军、徐雪燕：《教师学习环境的分析》，《教育科学研究》2007年第 5 期。

杜育红：《论学习型学校》，《北京师范大学学报（社会科学版）》2004 年第 2 期。

邓运林：《成人教学与自我导向学习》，五南图书出版公司 1994 年版。

邓志伟：《关于教师反思性实践的批判性反思》，《开放教育研究》2008 年第 4 期。

弗雷德里克·赫茨伯格：《再谈如何激励员工》，《哈佛商业评论》2003 年第 3 期。

郭文富：《高等职业教育经费投入及地区差异分析》，《中国职业技术教育》2011 年第 4 期。

郭扬：《职业院校专任教师的角色转换：从"演员"到"导演兼演员"》，《职教论坛》2012 第 31 期。

胡航、詹青龙：《教与学的创新：职业教育中的工作场学习》，《职业技术教育》2009 年第 16 期。

黄健：《工作—学习研究：教育的新疆域——西方工作—学习领域理论成果评述》，《开放教育研究》2011 年第 2 期。

黄秋明：《"工作本位学习"抵及高职课程改革的核心》，《中国高教研究》2007 年第 4 期。

胡相峰：《专业化背景下教师学习的特点论略》，《教育评论》2005年第 6 期。

贺文瑾、石伟平：《我国职教师资队伍专业化建设的问题与对策》，《教育发展研究》2005 年第 10 期。

胡振坤：《学习型学校的理念与建构》，《开放教育研究》2003 年第 4 期。

姜大源：《中国职业教育发展与改革：经验与规律》，《职业技术教育》2011 年第 19 期。

焦峰：《教师非正式学习的特征及环境构建》，《中国教育学刊》2010 年第 2 期。

金语：《教师学习：从福利给予到权力保障》，《西北成人教育学报》2008 年第 3 期。

姜勇：《叙事研究与教师专业发展》，《外国中小学教育》2004 年第 12 期。

贾义敏、詹春青：《情境学习：一种新的学习范式》，《开放教育研究》2011 年第 5 期。

〔美〕克里斯·阿吉里斯，唐纳德·舍恩：《组织学习Ⅱ—理论、方法与实践》，姜文波译，中国人民大学出版社 2011 年版。

李飞龙：《西方职场学习：概念、动因与模式探析》，《外国教育研究》2011 年 3 月。

陆根书、杨兆芳：《学习环境与学生发展研究综述》，《比较教育研究》2008 年 7 月。

林克松、朱德全：《职业教育均衡发展与区域经济协调发展互动的体制机制构建》，《教育研究》2012 年第 11 期。

林克松：《近年来国外现代职业教育体系研究：盘点与省思》，《职教通讯》2013 年第 1 期。

林克松、朱德全：《教师职场学习环境：结构与测量》，《教育学术月刊》2013 年第 4 期。

林克松、朱德全：《中小学教师职场学习环境满意度现状调查与调控策略》，《现代教育管理》2013 年第 6 期。

林克松、朱德全：《区域职业教育发展路径选择的悖论及消解》，《中国职业技术教育》2014 年第 18 期。

卢乃桂、操太圣：《论教师的内在改变与外在支持》，《教育研究》2002 年第 12 期。

〔美〕罗伯茨、普鲁伊特：《学习型学校的专业发展——合作活动和策略》，赵丽等译，中国轻工业出版社 2004 年版。

李茂荣：《工作场所中成人学习研究新进展》，《教育学术月刊》2011 年第 11 期。

李茂荣、黄健：《工作场所学习概念的反思与再构：基于实践的取向》，《开放教育研究》2013 年第 2 期。

李冉：《教师实践性知识的特征与生成机制研究》，《教育与职业》2013 年第 3 期。

刘学惠、申继亮：《教师学习的分析维度与研究现状》，《全球教育展望》2006 年第 8 期。

林秀钦、周跃良：《学校组织知识的形成与组织记忆》，《中国电化教育》2007 年第 8 期。

刘艳萍、周延勇：《教师学习态度现状及特点》，《教育科学研究》2007 年第 5 期。

芦咏莉、栾子童、乔淼：《国外教师动机理论及研究》，《比较教育研究》2012 年第 6 期。

林正范：《学校领导与生态取向教师学习方式的变革》，"学校变革与教师发展：历史、理论与方法"国际学术研讨会，2009 年 11 月。

刘志华、郭占基：《初中生学业成就动机、学习策略与学业成绩关系研究》，《心理科学》1993 年第 4 期。

刘怡江：《组织愿景的价值及其构建》，《经济论坛》2005 年第 14 期。

孟繁华：《构建现代学校的学习型组织》，《比较教育研究》2002 年第 1 期。

孟繁华、周举坤：《试论学习型学校》，《教育研究》2004 年第 12 期。

米靖：《论知识管理与学习型学校的创建》，《教育理论与实践》2005 年第 9 期。

毛齐明：《教师学习——从日常话语到研究领域》，《华东师范大学学报（教育科学版）》2010 年第 3 期。

毛齐明：《"师徒制"教师学习：困境与出路》，《教育发展研究》2011 年第 22 期。

毛齐明：《论以专家型教师为目标的教师职场学习机制》，《教育研究与实验》2012 年第 1 期。

毛亚庆：《知识管理与学校管理创新》，《教育研究》2003 年 6 月。

彭文波等：《教师学习策略的结构及其问卷编制》，《重庆师范大学学报（自然科学版）》2013 年第 4 期。

钱旭升、靳玉乐：《教师个体专业发展与教师群体专业发展》，《教育科学》2007 年第 4 期。

孙德芳：《教师学习的生态现状及变革走向》，《教育研究》2011 年第 10 期。

孙玫璐：《工作场所学习的知识类型与学习途径》，《职教通讯》2013 年第 4 期。

桑新民：《从个体学习到团队学习——当代学习理论与实践发展的新趋势》，《复旦教育论坛》2005 年第 4 期。

石雪梅、陈东旭：《基于内在激励的工作设计方法探讨》，《经营与管理》2012 年第 7 期。

石伟平、唐智彬：《增强职业教育吸引力：问题与对策》，《教育发展研究》2009 第 Z1 期。

单中惠：《杜威的反思性思维与教学理论浅析》，《清华大学教育研究》2002 年第 1 期。

石中英：《波兰尼的知识理论及其教育意义》，《华东师范大学学报（教育科学版）》2001 年第 2 期。

汤霓、石伟平：《国际视野下的工作场所学习：特征与机制》，《外国教育研究》2012 年 6 月。

汤生玲、闫志利：《我国职业教育改革和发展的总体态势分析》，《河南科技学院学报》2011 年 2 月。

屠兴勇：《组织知识定义及多维立体型分类框架研究》，《管理学家（学术版）》2012 年第 2 期。

唐智彬、石伟平：《职业教育教师专业发展的校企联合支持模式初探》，《教育与职业》2009 年第 2 期。

唐智彬、石伟平：《国际视野下我国职教师资队伍建设的问题与思路》，《教师教育研究》2012 年第 2 期。

〔美〕韦恩·瓦伊尼、布雷特·金：《心理学史——观念与背景》，郭本禹译，世界图书出版公司 2009 年版。

王夫艳、卢乃桂：《自由与束缚：课程改革中教师的学科依附》，《教育研究》2012 年第 9 期。

王觅、钟志贤：《论促进知识建构的学习环境设计》，《开放教育研究》2008 年第 4 期。

王朋：《谈谈教学档案与教师的专业发展》，《徐州教育学院学报》2005 年第 1 期。

王文静：《人类视野中的情境学习》，《外国中小学教育》2004 年第 4 期。

吴雪萍、张桂莲：《成人学习动机探究》，《江苏技术师范学院学报》2008 年第 3 期。

王玉苗、刘冬：《职业教育教师专业化发展要关注实践性知识》，《中国职业技术教育》2006 年第 30 期。

王忠惠、林克松：《职业教育教师工作场学习的新视野》，《职教通讯》2013 年第 13 期。

王燕子、欧阳忠明：《工作场所中的行动学习：国际研究回顾与趋势》，《职业技术教育》2013 年第 10 期。

王毅军：《工作场所学习策略评价方法简析》，《中国成人教育》2012 年第 20 期。

王中男、崔允漷：《教师专业发展为什么要学校本位——情境学习理论的视角》，《上海教育科研》2011 年第 7 期。

徐国庆：《工作视野中的职业教育本质》，《职业技术教育》2007 年第 1 期。

肖久灵、颜光华：《组织知识内化的学习机制研究》，《科学学与科学技术管理》2006 年第 6 期。

肖正德、张素琪：《近年来国内教师学习研究：盘点与梳理》，《全球教育展望》2011 年第 7 期。

谢志平、周德义：《缄默知识视角下职业教育教师专业化发展》，《职教论坛》2010 年第 30 期。

徐方忠、朱祖祥：《目标倾向与自我调节活动及绩效的关系研究综述》，《应用心理学》2000 年第 1 期。

应方淦：《论职场学习的基本问题及影响因素》，《职教通讯》2007 年第 9 期。

于海波等：《组织学习整合理论模型》，《心理科学进展》2004 年第 12 期。

易凌峰：《组织学习理论及其对教师专业化实践的启示》，《教育发展研究》2004 年第 7－8 期。

〔美〕雅各布斯：《一个关于工作场所学习的建议性概念框架：对人力资源开发理论建设与研究的启示》，李宇晴译《中国职业技术教育》2011 年第 6 期。

阳丽娟、林克松、朱德全：《论职业教育课程的公共性》，《职教论坛》2013 年第 3 期。

尹睿：《情景学习与建构主义学习的批判：校本学习研究的视角》，《教育发展研究》2008 年第 10 期。

姚远峰：《自我导向学习及其与成人教育发展述评》，《河北师范大学学报（教育科学版）》2008 年第 3 期。

严奕峰：《体验学习圈：体验与学习发生的过程机制》，《上海教育科研》2009 年第 4 期。

于文浩：《辩证中的学习与绩效：个人发展与组织发展的双翼》，《远程教育杂志》2011 年第 1 期。

佐斌：《论人本主义学习理论》，《教育研究与实验》1998 年第 2 期。

张晨、郭文富：《职业教育经费投入水平的地区差异分析》，《职教论坛》2011 年第 25 期。

张春雨等：《工作设计的新视角：员工的工作重塑》，《心理科学进展》2012 年第 8 期。

朱德全：《中国职业教育发展的均衡测度与比较分析——基于京津沪渝的实证调查》，《教育研究》2013 年第 8 期。

朱德全、杨鸿：《职业教育城乡均衡发展问题表征与统筹保障——以重庆市为例》，《教育研究》2012 年第 3 期。

张静：《工作场所学习与情境学习探究》，《西北成人教育学报》2011 年第 1 期。

赵蒙成：《工作场的学习：概念、认知基础与教学模式》，《比较教育研究》2008 年第 1 期。

赵蒙成：《美国的工作场学习与中等教育改革》，《教育发展研究》2009 年第 3 期。

赵蒙成：《职场学习的优势和理论辩护》，《教育与职业》2010 年第 3 期。

赵蒙成：《职场中非正式的、偶发学习的框架、特征与理论基础》，《职教通讯》2011 年第 5 期。

曾萍、宋铁波：《国外组织学习与绩效关系的研究述评》，《图书情报工作》2010 年第 10 期。

钟启泉：《学习理论的历史和发展》，《全球教育展望》2001 年第 12 期。

庄西真：《行动、组织学习与职业技术院校的成长》，《职教论坛》2011 年第 21 期。

赵志群：《职业教育教师的新角色》，《职教论坛》2009 年第 33 期。

张兆芹：《构建学习型组织是学校内涵式发展的理想选择》，《教育科学研究》2005 年第 3 期。

蔡传明：《中学体育教师成长的学校生态环境研究》，博士学位论文，福建师范大学 2007 年。

林克松：《初中教师校本学习环境研究》，硕士学位论文，西南大学 2011 年。

毛齐明：《教师有效学习的机制研究——基于"社会文化——活动"理论的视角》，博士学位论文，华东师范大学 2012 年。

王美：《面向知识社会的教师学习——发展适应性专长》，博士学位论文，华东师范大学 2010 年。

吴刚：《工作场所中基于项目行动学习的理论模型研究——扎根理论方法的应用》，博士学位论文，华东师范大学 2013 年。

徐国庆：《实践导向职业教育课程研究》，博士学位论文，华东师范大学 2004 年。

辛朋涛：《教师工作动机研究》，博士学位论文，西北师范大学 2007 年。

徐瑾劼：《适应性下的理想：工作场所学习在职业教育中的价值及策略》，博士学位论文，华东师范大学 2011 年。

杨鸿：《教师教学知识的统整研究》，博士学位论文，西南大学 2010 年。

张素琪：《乡村教师学习机会状况及保障体系研究》，硕士学位论文，杭州师范大学 2012 年。

二、英文文献

D. Ashton, "The Impact of Organizational Structure and Practices on